AF318911

# RÉFUTATION COMPLÈTE

### DE LA

# GRAMMAIRE

### DE

## MM. NOËL ET CHAPSAL,

APPUYÉE SUR PLUS DE 3,000 EXEMPLES

Tirés de nos grands Écrivains,

ou

## GRAMMAIRE

### DES ÉCOLES PRIMAIRES SUPÉRIEURES,
### DES PENSIONS,
### DES COLLÉGES, ET DES GENS DU MONDE,

Conçue sur un plan plus simple, plus méthodique, plus complet et plus propre à l'instruction que tous les ouvrages du même genre publiés jusqu'à ce jour.

### PAR

### MM. Ch. MARTIN, BESCHERELLE AÎNÉ,
### ÉDOUARD BRACONNIER,

Et plusieurs Membres de la Société Grammaticale de Paris.

1 fr. 75 c. et 2 fr. 25 c. par la poste.

# PARIS,

### LIBRAIRIE DE LA SOCIÉTÉ D'ÉMULATION

POUR LE PERFECTIONNEMENT DE L'INSTRUCTION PRIMAIRE EN FRANCE,

### J. B. BRACONNIER ET Cie,

RUE SAINT-JACQUES, 38.

X

28718

# RÉFUTATION COMPLÈTE

## DE

# LA GRAMMAIRE

## DE

## MM. NOËL ET CHAPSAL

*On trouve à la même Librairie :*

**GRAMMAIRE POPULAIRE**, par Ch. Martin, soixante-troisième
édition, revue et considérablement augmentée d'exercices sur
les verbes irréguliers, sur les participes, sur les homonymes,
et enrichie d'une foule d'exemples extraits de nos grands
écrivains. 1 vol. in-12, sur beau papier, caractère neuf;
prix, cartonné 90 c.

M. Ch. Martin avait senti plus vivement que personne combien est déplorable l'instruction toute *théorique* dans les écoles
primaires. Ce fut pour remédier à cet abus qu'il composa sa
*Grammaire populaire* où l'on trouve une *théorie* simple et à la portée des plus jeunes enfants, et une *pratique* facile, appuyée sur
des *Exercices* bien gradués et en harmonie avec chaque règle qui
précède. Une méthode aussi heureuse par sa simplicité que
féconde en résultats, fut accueillie dans la haute administration
universitaire, chez les recteurs et chez les inspecteurs avec autant d'empressement que chez les maîtres de pension et chez les
instituteurs qui tous adoptèrent un livre qui les guide sûrement
et qui garantit à leurs élèves les plus prompts succès. Cet ouvrage vient d'être adopté par le ministre de la guerre pour les
écoles régimentaires de l'armée belge.

Pour répondre à un si brillant accueil, M. Ch. Martin a revu
avec soin cette soixante-troisième édition, et l'a mise entièrement à la hauteur des progrès que la langue a faits, il l'a enrichie d'une foule d'exemples extraits de nos plus grands écrivains ;
le chapitre des verbes irréguliers, celui des participes, et la
partie syntaxique, ont été considérablement augmentés. L'auteur
a aussi ajouté à cette édition bon nombre d'exercices sur les
homonymes; et cependant, bien que l'ouvrage se trouve avoir
24 pages de plus que n'en avaient les précédentes éditions, le
prix n'en est pas augmenté; c'est ainsi que l'auteur a cru répondre dignement à la confiance dont l'honorent la presque totalité de nos instituteurs.

**PRINCIPES D'ÉCRITURE** renfermant les cinq genres, adoptés
par l'Université.

Ce cahier contient 25 planches gravées par Rousset, avec des
tableaux modèles pour la comptabilité. Par *Marprez*, professeur
de calligraphie au collège royal de Reims. Prix 1 fr. 25 c.

---

Paris. — Imprimerie d'Amédée Saintin, rue Saint-Jacques, 38.

# RÉFUTATION COMPLÈTE

DE

# LA GRAMMAIRE

DE

## MM. NOËL ET CHAPSAL,

**APPUYÉE SUR PLUS DE 3,000 EXEMPLES**

TIRÉS DE NOS GRANDS ÉCRIVAINS;

OU

GRAMMAIRE DES ÉCOLES PRIMAIRES SUPÉRIEURES,

DES PENSIONS,

DES COLLÉGES ET DES GENS DU MONDE;

Conçue sur un plan plus simple, plus méthodique, plus complet et plus propre à l'instruction que tous les ouvrages du même genre publiés jusqu'à ce jour;

**Par MM. Ch. Martin, Bescherelle aîné,**
**Édouard Braconnier**

ET PLUSIEURS MEMBRES DE LA SOCIÉTÉ GRAMMATICALE DE PARIS.

—

1 fr. 75 c. et 2 fr. 25 c. par la poste.

# PARIS

LIBRAIRIE DE LA SOCIÉTÉ D'ÉMULATION

POUR LE PERFECTIONNEMENT DE L'INSTRUCTION PRIMAIRE EN FRANCE

## J. B. BRACONNIER ET COMPAGNIE

Rue Saint-Jacques, 38.

—

1838

*On trouve à la même Librairie :*

**ÉLÉMENTS DE LA GRAMMAIRE FRANÇAISE**, par Édouard Braconnier, ouvrage adopté par *l'Université* ; 1 fort vol. in-12 ; prix 1 fr. 25 cent.

Cet ouvrage, *éminemment classique*, a reçu dans Paris l'accueil le plus flatteur. Repoussant toute erreur hardie et toute innovation téméraire, l'auteur a su unir les traditions les plus pures de l'école aux décisions récentes de l'ACADÉMIE FRANÇAISE. L'ensemble des définitions, la simplicité du plan et surtout la clarté qui règne dans tout ce qui regarde le VERBE, suffiraient sans doute pour assurer le plus grand succès à cet ouvrage élémentaire du jeune professeur de l'Athénée royal de Paris.

**THÉORIE DU GENRE DES NOMS FRANÇAIS**, par le même, dédiée à M. de Caumont, Recteur de l'Académie de Nancy ; 1 beau vol. grand in-8° ; prix 3 fr. 50 cent.

M. Taillefer, inspecteur général de l'Académie de Paris, dans son rapport au *Conseil royal de l'Instruction publique*, a signalé la *Théorie du genre* non seulement comme une *œuvre rare* sous le rapport du style, mais encore comme un *des plus beaux ouvrages* qui aient paru depuis long-temps en *grammaire et en littérature*.

**LE COMPLÉMENT DES ÉTUDES SUR LA LANGUE FRANÇAISE**, par Ch. Martin, ou Rhétorique pratique des écoles primaires. Troisième édition.

La partie du maître, 1 vol. in-12 ; prix 1 fr. 75 cent.
La partie de l'élève, 1 vol. in-12 ; prix 90 c.

Après avoir donné à toutes les branches de l'enseignement de la grammaire tous les développements possibles, *M. Ch. Martin* a voulu offrir, dans un ouvrage très-élémentaire, tout ce que *l'art difficile d'écrire et de penser* peut présenter de préceptes utiles à l'enseignement primaire. La tâche était difficile et personne n'avait encore osé faire descendre la *Rhétorique* jusque dans nos modestes écoles primaires ; mais M. Ch. Martin a eu recours à son arme puissante, la *pratique*, et il a atteint son but. (Extrait des procès verbaux des séances de la Société d'Émulation pour le perfectionnement de l'Instruction primaire).

# PRÉFACE

Comme on remonte un grand fleuve, depuis son embouchure jusqu'à sa source, pour en connaître tous les sites, pour en contempler toutes les rives; de même nous avons revu la grammaire de MM Noël et Chapsal, à travers ses trente-deux éditions, remarquant ici les lacunes maintenues, là les erreurs conservées, partout les règles hasardées ou obscures, transmises comme une inaltérable tradition. Toutefois, dans cette revue sévère d'éditions successives, un fait grave nous a frappés. Malgré tous nos efforts, malgré toutes nos recherches, nous n'avons pu parvenir jusqu'à la première édition!!... La Bibliothèque Royale elle-même possède la seconde édition, mais elle ne peut présenter la première. Pourquoi ce mystère? Les auteurs auraient-ils spéculé sur un titre pour obtenir un succès plus prompt? Non, sans doute. Si l'on en croit la tradition, cette première édition, qui s'enveloppe d'une si mystérieuse obscurité, portait modestement le nom seul de M. Chapsal; elle fut, dit-on, anéantie, et la seconde édition parut pompeusement revêtue de tous les titres de M. Noël. Protégée par l'immense réputation et par l'influence toute-puissante de l'Inspecteur-général, lancée surtout à la suite des *Dictionnaires*, des *Gradus*, des *Cours de littérature*, qui fourmillent dans les collèges de France, la grammaire Noël et Chapsal inonda l'Université tout entière. Partout on accueillit avec empressement un livre que semblait publier un homme d'un grand pouvoir et d'une haute expérience.

Du reste les temps étaient favorables à un pareil succès. Depuis longtemps la foule était fatiguée des règles incomplètes de Lhomond, des abstractions de Wailly, de l'obscurité et de la diffusion de Letellier. On fut séduit par la simplicité du plan de la grammaire Noël et Chapsal; on sut gré aux auteurs, à M. Noël surtout, de l'économie des détails, de l'élégance des règles, de la généralité des principes. L'enthousiasme alla jusqu'à juger Bossuet, Racine, Voltaire, Rousseau, Lamartine, Châteaubriand, d'après les lois posées par MM. Noël et Chapsal!!... On ne s'aperçut pas qu'on étudiait une grammaire factice, dont les règles simples, en apparence, mais vagues et indécises, ne reposent point sur les faits que la langue nous offre dans les chefs-d'œuvre de nos grands écrivains. On ne s'apercevait pas surtout que ces règles vagues s'enveloppent d'un style élégant, il est vrai, mais abstrait jusqu'à en être inintelligible. En vain nos élèves luttaient de mémoire et d'intelligence contre ces abstractions stériles, leur esprit n'y pouvait saisir que des mots sonores et vides de sens. Quel est, en France, l'instituteur, quel est le professeur qui peut se vanter d'avoir fait comprendre à ses élèves la syntaxe de MM. Noël et Chapsal? Règles du style, concordance des temps, rapports des mots entre eux, tout s'enveloppe de considérations faussés ou hasardées, toujours difficiles, souvent même incompréhensibles. Étrange syntaxe qui étouffe la langue qu'elle comprime dans les plus étroites limites! Théories audacieuses de grammairiens inhabiles qui font mentir nos écrivains les plus illustres à chaque page de leurs chefs-d'œuvre!

Aujourd'hui l'enthousiasme a cessé; la critique s'est levée menaçante; on ne se sert plus de la grammaire Noël et Chapsal par besoin, mais par habitude. On va même jusqu'à lui préférer le petit Lhomond. Du moins les collèges royaux de Paris et les grandes

Institutions en sont là ! Et ce n'est pas seulement la capitale qui manifeste ces opinions hostiles. De toutes les parties de la France les instituteurs réclament contre MM. Noël et Chapsal. Les colonnes de l'*Écho des écoles primaires* sont trop étroites pour contenir toutes leurs critiques. L'un signale une règle incomplète, l'autre une règle trop absolue ; celui-ci une lacune, celui-là une contradiction, chacun une erreur ; tous accusent un livre dont les principes faussent la langue et en dénaturent le génie. Suspendant un instant les ardents débats de la politique, les grands journaux de la capitale ont aussi prêté leur voix, comme un puissant écho, à ces justes réclamations, et toute la France a vu s'écrouler ainsi la prétendue infaillibilité de la grammaire Noël et Chapsal.

Au milieu de cette conflagration grammaticale, nous offrons notre *Réfutation*, comme un complément nécessaire à toute étude élémentaire de la langue française (1). Il est inutile de dire que nos critiques sévères retombent aussi sur toute cette tourbe obscure de grammairiens ignorés, les Bonneau, les Caillot, les Thiel, les Meunier, les Bonnaire, les Peigné, les Meissas et Michelot, les Lorain et Lamotte, etc., etc., qui tous ont servilement copié Noël et Chapsal. La science gagnera à cette lutte. Notre ouvrage, en détruisant des principes réputés immuables, portera les esprits à la discussion, d'où résulte toujours la connaissance de la vérité, et l'étude de notre langue reposera désormais sur des bases plus larges, sur des faits mieux observés.

Persuadés que notre *Grammaire populaire* (2), ou nos *Éléments de la grammaire française* (3) suffisent à ceux qui commencent l'étude de notre langue, nous

---

(1) Cette Réfutation avait été annoncée, dès 1834, dans la *Grammaire nationale*, ouvrage de M. Bescherelle aîné. Voir tome 1, page 137.

(2) Ouvrage de M. Ch. Martin.

(3) Ouvrage de M. Édouard Braconnier.

n'avons traité, dans notre *Réfutation*, que de la *syntaxe*, puisque c'est la seule partie qui offre matière à discussions graves. D'ailleurs, n'est-il pas indispensable d'offrir aux professeurs et aux élèves les plus avancés un ensemble complet de règles puisées dans l'étude des grands modèles ? Car c'est toujours avec des faits pris dans Racine, dans Boileau, dans Bossuet, dans Voltaire, dans Buffon, dans Châteaubriand, etc., que nous réfutons MM. Noël et Chapsal.

Puissent nos efforts n'être pas stériles ! Puisse notre ouvrage ramener les esprits à l'étude sérieuse des grands écrivains, offrir des règles conformes au génie de notre langue, et montrer enfin tout le vide de cette multitude de livres, stériles et froides copies de la grammaire Noël et Chapsal ! Alors notre œuvre sera accomplie.

Paris, le 26 mars 1838.

LES EXEMPLAIRES VOULUS PAR LA LOI ONT ÉTÉ DÉPOSÉS.

*Je poursuivrai, suivant la rigueur des lois, tout contrefacteur ou débitant de contrefaçons de cet ouvrage, dont chaque exemplaire est revêtu de ma signature.*

# GRAMMAIRE

DES

## ÉCOLES PRIMAIRES SUPÉRIEURES (1).

---

### DE LA SYNTAXE.

1. La *syntaxe* est cette partie de la Grammaire qui a pour but de rechercher et d'établir les principes d'après lesquels les mots doivent être coordonnés entre eux pour exposer la pensée avec clarté et précision. C'est elle qui fixe les inflexions ou terminaisons sous

---

(1) *De l'introduction de MM. Noël et Chapsal.*

MM. Noël et Chapsal débutent par nous dire ce que c'est que la *Grammaire*, c'est-à-dire qu'ils commencent par où ils devraient finir. Il nous semble en effet que cette définition, pour être bien comprise, ne devrait venir qu'après que l'élève a une connaissance suffisante et pratique des parties du discours et de leurs relations mutuelles. Mais enfin, puisque ces grammairiens se sont crus, à l'exemple de tous les rudimentaires, dans l'obligation de mettre une définition en formule à la tête de leur ouvrage, comme si cette récapitulation sommaire de la science en quelques mots apprenait quelque chose à celui qui va commencer à l'étudier ; examinons un peu cette définition : « *La grammaire* FRANÇAISE, nous disent-ils, *est l'ART de parler et d'écrire* CORRECTEMENT EN FRANÇAIS. » Cela n'est ni clair ni logique. Comment, avant de nous dire qu'il existe une grammaire qui, s'élevant au-dessus des formes particulières et des coutumes locales, embrasse ce qu'il y a de commun dans le langage de toutes les nations, et cherche dans la nature de l'intelligence humaine la raison des faits qui se montrent partout les mêmes au milieu de la plus grande diversité, vous venez nous parler de la grammaire purement *française !* Mais moi qui désire savoir ce que c'est que la grammaire, abstraction faite de l'application que vous en faites à telle ou telle langue, croyez-vous que votre définition me sa-

lesquelles ils doivent paraître dans le discours pour marquer leurs rapports mutuels.

2. On divise la syntaxe en *syntaxe d'accord* ou *de concordance*, et en *syntaxe de régime* ou *de complément*.

3. La *syntaxe d'accord* consiste à mettre au même genre, au même nombre, et à la même personne les mots qui se rapportent au sujet du discours.

---

tisfasse, et ne suis-je pas porté à penser que la grammaire en général se définit d'une autre manière que la *grammaire française* ou que la grammaire particulière de tel ou tel peuple? D'ailleurs, puisque votre livre porte pour titre : *Grammaire française*, je vois bien, sans que vous soyez obligés de me le répéter, que vous n'avez pas intention de me parler de la langue des Basques ou des Iroquois. La critique que nous fesons de l'épithète *française* s'applique naturellement aux mots *en français* qui terminent la définition. Tout cela forme, selon nous, autant de pléonasmes assez ridicules. MM. Noël et Chapsal disent que la grammaire est un *art*; mais en sont-ils bien sûrs? c'est une question dont ils ne se sont sans doute pas doutés. Il y aurait une foule de choses à dire là-dessus. D'abord la grammaire est-elle bien un *art*? n'est-elle pas plutôt une *science*? ou encore n'est-elle pas tout à la fois une *science* et un *art*, ainsi que le prétendent quelques savants? Ces questions, souvent agitées dans nos écoles, exigeraient de longs développements qui ne peuvent naturellement trouver place ici. Comme elles seront amplement traitées dans l'*Echo des Ecoles primaires*, nous y renvoyons ceux qui désireraient en connaître la solution. Il nous reste une dernière critique à faire. *La Grammaire est l'art de parler et d'écrire* correctement. Le mot *art* ayant par lui-même une signification assez étendue et assez complète, à quoi sert ici, nous le demandons, le mot *correctement?* On n'a pas besoin d'art pour mal faire; cela est évident. L'architecture se définit l'*art de construire des édifices*; la peinture, l'*art de peindre*. On n'a jamais dit : l'art de BIEN construire des édifices, l'art de BIEN peindre; le mot *bien* serait ici un pléonasme tout aussi vicieux que l'est l'adverbe *correctement* dans la définition de MM. Noël et Chapsal. On voit par là à quels dangers exposent les *définitions*; et pour ne pas y tomber nous-mêmes, peut-être ferions-nous sagement de nous borner à dire : définisse la grammaire qui voudra, en comprène les définitions qui pourra! Mais comme il est reçu de définir même jusqu'aux choses qu'on ne peut définir d'aucune manière, que c'est une fureur, une manie; pour complaire aux amateurs des définitions, nous dirons que :

**4.** *La syntaxe de régime ou de complément* enseigne dans quels cas un mot est régi par un autre, et comment se marque cette dépendance.

---

# CHAPITRE I. — SYNTAXE DU SUBSTANTIF (1).

### § 1. Du genre des substantifs.

**5.** Les *substantifs* n'ont ordinairement qu'un genre ; plusieurs cependant font exception et adoptent les deux genres.

**6.** AIDE est masculin, quand il se dit de la per-

---

LA GRAMMAIRE EST LA SCIENCE DU LANGAGE, C'EST-A-DIRE LA SCIENCE DES SIGNES DE LA PENSÉE CONSIDÉRÉS DANS LEURS ÉLÉMENTS, LEURS MODIFICATIONS ET LEURS COMBINAISONS.

Et nous ajouterons que cette science a pour objet de déterminer les différentes espèces de mots qui correspondent aux différentes espèces d'idées ; d'indiquer les variations que les mots subissent dans leurs formes pour exprimer les diverses modifications et les nuances les plus délicates de la pensée ; enfin, de faire connaître les rapports des mots entre eux, et les règles d'après lesquelles ils se combinent et se réunissent en phrases pour rendre les combinaisons des idées. La première partie s'appelle *idéologie* ou *nomenclature* ; la deuxième, *lexigraphie* ou *orthographe* ; la troisième est généralement appelée *syntaxe* ou *construction*.

(1) Le *substantif*, suivant MM. Noël et Chapsal, *représente un être ou un objet quelconque.* Cette définition nous paraît incomplète, et par cela même incompréhensible. Avant de parler du *substantif*, il était indispensable, ce nous semble, de dire qu'il existe des *substances*, et de faire connaître ce qu'on doit entendre par *substances*. C'est alors que la dénomination de *substantif* eût pu facilement être comprise. Nous allons compléter la définition de MM. Noël et Chapsal.

On appelle *substance* tout ce qui existe dans la nature, comme *homme, rivière,* etc.

Le *substantif* est donc un mot qui désigne une *substance*.

De *substance* on a fait substantif, pour désigner en général tout nom de *substance*.                    (CONDILLAC.)

sonne qui aide : *C'est un excellent aide, un mauvais aide* (1).

7. Aide est féminin, quand il signifie secours, assistance, donnée ou reçue : *Vous êtes toute mon aide; aide prompte, assurée.* (Acad.) (*Omission de Noël et Chapsal.*)

8. Aigle est masculin, lorsqu'il désigne le mâle de l'oiseau de proie, ou, au figuré, un homme de génie : *L'aigle commun, l'aigle audacieux. Quand on sait bien les quatre règles, qu'on peut conjuguer le verbe* AVOIR, *on est* UN AIGLE *en finances.* (Mirabeau). On dit aussi du papier *grand aigle.* (*Omission de Noël et Chapsal.*)

9. Aigle est féminin, 1° quand il désigne précisément la femelle de l'oiseau de proie, circonstance dont ne parlent nullement Noël et Chapsal : L'AIGLE *est* FURIEUSE *lorsqu'on lui ravit ses aiglons.* (Buffon); 2° en termes d'armoiries, de blason, de devises, d'enseignes, de constellation : *Les aigles romaines, l'aigle française.* (Acad.)

10. Amour est masculin au singulier ; exemple : L'AMOUR DIVIN *est la source de toutes les vertus.* (Massillon). *Amours* au pluriel est masculin, quand il signifie les petits génies qui servent d'emblème dans les arts. Exemple: *Tous ces* PETITS AMOURS *sont bien* GROUPÉS. (Girault-Duvivier.)

11. Amour, au pluriel, est féminin, dans le sens de *passions.* Ex. : *Il n'y a pas de laides amours; les premières amours sont les plus vives* (2).

---

(1) Cependant on trouve, même dans ce sens, le mot *aide* avec le féminin : *Dieu dit aussi : il n'est pas bon que l'homme soit seul; donnons-lui* UNE AIDE *qui lui ressemble.*

(*Morale de la Bible.*)

(2) Telle est la règle posée par MM. Noël et Chapsal ; mais cette règle est inexacte. *Amour* doit être considéré comme étant masculin au singulier et au pluriel dans la langue usuelle. Ouvrez nos écrivains, et vous en aurez la preuve. Nous ne citerons que les exemples suivants : les dérèglements des Chananéens et leurs *amours monstrueux.* (Lettres de quelques Juifs.) L'amour immodéré de la vérité n'est pas moins dangereux que

**12.** AUTOMNE n'est pas des deux genres, ainsi que l'avancent Noël et Chapsal.

> Tu m'as quitté pourtant, mais je te le pardonne,
> Nous passâmes ensemble un si *charmant automne.*
>
> (COLLIN D'HARLEVILLE.)

> Et toi, *riant automne*, accorde à nos désirs?
> Ce qu'on attend de toi, des biens et des plaisirs.
>
> (SAINT-LAMBERT.)

> . . . . . . . . Dirai-je à quels désastres
> De l'*automne orageux* nous exposent les astres? (DELILLE.)

> Un *automne* fort sec.                         (Académie.)

Plusieurs de vos bons auteurs ont cependant employé *automne* au féminin. (*Voyez* Théorie du genre des NOMS.

**13.** COUPLE est masculin, quand il désigne deux êtres animés ou supposés tels, unis par la volonté, par un sentiment ou par toute autre cause qui les rend propres à agir de concert : UN COUPLE *de pigeons est* SUFFISANT *pour peupler une volière.* (GUIZOT). *Un couple d'amis* désigne deux personnes unies par l'amitié : Oreste et Pylade étaient *un couple d'amis.*

**14.** *Couple* est féminin, quand il désigne seulement deux êtres animés ou inanimés de la même espèce, unis accidentellement : UNE COUPLE *de pigeons ne sont pas* SUFFISANTS *pour le dîner de six personnes.* (GUIZOT). UNE COUPLE *d'amis* sont deux amis pris dans la généralité des hommes qui méritent ce titre. En nommant Euryale et Pylade, *je cite une couple d'amis* (DESSIAUX) (1).

**15.** DÉLICE et ORGUE sont masculins au singulier. **Ex. :** *C'est* UN *bien grand* DÉLICE *que de contribuer au bonheur des autres.* (TRÉVOUX.)

---

*tous* les autres *amours.* (LA ROCHEFOUCAULD.) Je connais deux sortes d'*amours* très-*distincts*, très-*réels*, quoique très-*vifs.* (J.-J. ROUSSEAU.) Des amours de voyage ne sont pas *faits* pour durer. (Le même.)

(1) Ces règles nouvelles sur le mot *couple* réfutent suffisamment celle de MM. Noël et Chapsal, qui se contentent de dire que ce mot, marquant le nombre deux, est féminin: *une couple d'œufs;* et que marquant l'union, l'assemblage, il est masculin : *voilà un couple bien assorti.*

Quand de l'orgue LOINTAIN , l'insensible soupir
Avec le jour aussi semble enfin s'assoupir,
    Pour s'éveiller avec l'aurore.     (LAMARTINE.)

**16.** DÉLICES et ORGUES sont féminins au pluriel ;
EX. : *Les* DÉLICES *du cœur sont plus* TOUCHANTES *que celles de l'esprit.* (S. ÉVREMONT). *Les* PREMIÈRES ORGUES *qu'on ait vues en France furent* APPORTÉES *par des ambassadeurs de l'empereur Constantin Copronyme, qui les offrirent au roi Pépin.* (Trévoux.)

**17.** Si cependant on parlait de l'orgue de Lübeck, de celui de Milan, de celui de Rome, etc. ; comme ces orgues sont réellement admirables, on pourrait employer le masculin, même au pluriel, et dire : Tous *ces* ORGUES *si* PARFAITS *sont de grands chefs-d'œuvre.* (CHATEAUBRIAND.)

On pourra donc dire aussi, malgré Noël et Chapsal : *L'*ORGUE *de St. Marc à Venise est* UN *des plus* BEAUX ORGUES *de toute l'Italie.* (CHATEAUBRIAND) Il en est de même du mot *délices.* Dites avec J. J. Rousseau : UN *de mes plus* GRANDS DÉLICES *était surtout de laisser toujours mes livres bien encaissés, et de n'avoir point d'écritoire.*

**18.** ENFANT est masculin, quand il désigne un garçon : *Ernest est* UN BEL ENFANT.

**19.** ENFANT est féminin, quand il désigne une petite fille : *Ernestine est* UNE JOLIE *et* EXCELLENTE ENFANT.

**20.** EXEMPLE est toujours masculin : *Suivez les* BONS EXEMPLES *de vos parents* (ACAD.) (1).

---

(1) Cependant Noël et Chapsal, Girault-Duvivier, etc., etc., veulent que le mot *exemple* soit féminin en parlant d'un modèle d'écriture. M. Lemare n'est pas de cet avis, et Ch. Nodier a dit qu'il était ridicule de réformer un principe sur la foi d'un maître d'écriture. Aujourd'hui, dit également M. Vanier, les professeurs d'écriture, un peu plus instruits que ne l'étaient leurs prédécesseurs, disent *un bel exemple, de beaux exemples, des exemples bien faits, faits de main de maître.* Les gens sensés ne les persiffleront plus en disant d'eux ce qu'on en disait autrefois : ce sont des professeurs de *belles lettres* et surtout de majuscules !

**21.** Foudre est régulièrement féminin au propre et au figuré. *Les prières ferventes apaisent Dieu et lui arrachent* LA FOUDRE *des mains.* ( Acad. ) LA FOUDRE *est dans ses yeux, la mort est dans ses mains.* ( Voltaire. ) *Les* FOUDRES *de Rome, quand* ELLES *sont injustes, ne sont que les foudres de Salmonée.* ( Mézerai. )

**22.** Mais si FOUDRE entraîne après lui l'idée d'une imagination fortement ébranlée, d'une crise violente où l'âme semble chercher un langage à part, il devient alors masculin, soit au propre, soit au figuré. SENS PROPRE : *On m'y verra braver ces* FOUDRES IMPUIS-SANTS *qu'en leurs mains vous peignez.* ( Corneille. )

Ses regards éblouis

Ne distinguèrent point, au fort de la tempête,

Les FOUDRES MENAÇANTS qui grondaient sur sa tête.

( VOLTAIRE. )

SENS FIGURÉ : *Mânes des grands Bourbons,* BRILLANTS FOUDRES *de guerre.* ( Corneille. ) *Songez qu'un grand homme ne doit point redouter les* VAINS FOUDRES *de Rome.* ( Voltaire. ) *La valeur d'Alexandre était à peine connue,* CE FOUDRE *était encore* ENFERMÉ *dans la nue.* ( Racine. )

Comment ! des animaux qui tremblent devant moi !

Je suis donc UN FOUDRE de guerre ?   ( LA FONTAINE. ) (1)

**23.** GENS est masculin, quand l'adjectif le suit : *voilà des gens bien* FINS, *des gens* HEUREUX.

**24.** GENS est féminin, quand l'adjectif le précède : *ce sont de* FINES *gens,* d'HEUREUSES *gens.*

**25.** *Remarque.* Au lieu de *toutes* on emploie *tous,* 1° quand *tous* est le seul adjectif qui précède le mot *gens :* TOUS *les gens d'esprit ;* 2° quand l'adjectif qui

---

(1) Ces règles nous semblent plus exactes que celles que donnent MM. Noël et Chapsal, et que nous croyons devoir reproduire ici :

FOUDRE, employé au propre, est féminin : *la foudre est tombée.* ( ACAD. )

FOUDRE, employé au figuré, est masculin : *un foudre d'éloquence, un foudre de guerre.* ( ACAD. )

FOUDRE, accompagné d'un adjectif, prend les deux genres : *la foudre vengeresse, les foudres menaçants.*

précède le mot *gens* se termine, au masculin comme au féminin, par un *e* muet, tels que *honnête*, *brave*, *habile*, *agréable :* TOUS *les honnêtes gens*, TOUS *les braves gens ;* mais dites : TOUTES *les bonnes gens*, parce que l'adjectif *bonnes* ne se termine pas au masculin comme au féminin.

**26.** A ces règles nécessairement incomplètes de Noël et Chapsal, nous ajouterons qu'on dit très-bien *quelles gens* et *quels gens*. Pascal a dit : *Voyez un peu* QUELS GENS *je vous cite :* Et Racine : QUELLES GENS *êtes-vous ? quelles sont vos affaires ?* Le féminin seul peut être employé dans l'ironie, dans le mépris : *De* TELLES GENS *il est beaucoup qui prendraient Vaugirard pour Rome.* (La Fontaine.) *De* SOTTES *gens.* TOUTES *gens d'esprit scélérat.* (La Fontaine.) QUELLES *villes gens !* TOUTES *les* SOTTES *gens !* Tandis que dans le style noble on doit dire : QUELS *braves gens !* Tous *les honnêtes gens ! O qu'*HEUREUX *sont les gens d'être instruits en cette doctrine !* (Pascal.) Ces harmonies délicates doivent être rigoureusement observées pour la pureté du style.

**27.** HYMNE est masculin, quand il désigne une pièce de poésie patriotique : *les hymnes* ANCIENS, *les hymnes* GUERRIERS.

**28.** HYMNE est féminin, quand on parle des chants de l'église : *Les* BELLES *hymnes du bréviaire de Paris* (1).

---

(1) L'usage, dit Ch. Nodier, a consacré ces exceptions ; mais il y a plusieurs sortes d'usages : celui qui crée les langues, et celui qui les dénature. Une fois que le genre d'un mot est établi, tout usage qui contrevient à cette règle est vicieux ; et il est ridicule de réformer un principe sur la foi d'un maître d'écriture ou d'un sacristain qui ne sait pas le français. Nous ajouterons que la règle de MM. Noël et Chapsal sur le mot *hymne* n'a pas toujours été observée par nos écrivains ; ils ont employé ce mot au masculin ou au féminin dans la signification de chant sacré ou de chant profane :

> Quelle sera la hauteur
> De l'HYMNE de ta victoire,
> Quand ELLE aura cette gloire
> Que Malherbe en soit l'auteur !          (MALHERBE.)

*Les* SAINTS HYMNES *dormaient sur les harpes de Dieu.* (LAMAR-

**29.** JUJUBE est masculin, quand il désigne le suc extrait de la jujube ; ex. : LE JUJUBE *pour la toux est préférable au réglisse. (Dict. des sc. médicales).*

**30.** JUJUBE est féminin, quand il désigne le fruit du jujubier ; *en Languedoc, comme en Italie, on mange les* JUJUBES FRAÎCHES. (*Dict. des sciences médicales.*) (*Omission de Noël et Chapsal.*)

**31.** OEuvre est masculin, quand on l'emploie pour désigner un ouvrage de peinture, de gravure, de sculpture, ou de musique ; ex. : *le* PREMIER ŒUVRE *de Callot, le* SECOND ŒUVRE *de Grétry.* (ACAD.)

**32.** OEuvre est féminin, quand il se dit d'un ouvrage, d'une action : ex. *les* ŒUVRES CHOISIES *de Racine.* (ACAD.) *C'est une* BONNE ŒUVRE. Dans le style noble *œuvre* est quelquefois masculin au singulier : UN ŒUVRE *de génie, le* SAINT ŒUVRE. (*Omission de Noël et Chapsal.*)

**33.** OFFICE est masculin quand il désigne cette obligation sacrée que la vertu nous impose de faire le bien ; qu'il exprime ces graves fonctions où l'homme est chargé de venger la vertu outragée, de flétrir le vice coupable et audacieux ; qu'il rappèle ces cérémonies religieuses où tout nous entraîne au recueillement le plus profond : *Je vous devrai beaucoup pour un si* BON OFFICE. (CORNEILLE.) *Charles-Quint, respirant à peine au fond de son cercueil, n'entendait que l'*OFFICE *des morts lentement* PSALMODIÉ. (*Narrations françaises.*)

**34.** OFFICE est féminin, quand il désigne le lieu où sont rassemblés les apprêts d'un festin : CETTE OFFICE *est* SPACIEUSE *et bien* MEUBLÉE. (ACAD.) (*Omission de Noël et Chapsal.*)

**35.** ORGE est masculin seulement dans *orge mondé, orge perlé.* (ACAD.)

---

TINE.) UN HYMNE *pour le Seigneur.* (LAMARTINE.) UN *véritable* HYMNE *à la gloire.* (GALIEN.) *Santeuil nous lit ses* HYMNES VAINS. (BOILEAU.) *De plus près le vent soufflant du bord aux oreilles d'Harold porte* UNE HYMNE *de mort.*

Chantez, chantez UN HYMNE,
O vierges de Lesbos! (LAMARTINE.)

4.

36. ORGE est féminin dans tout autre cas : CETTE *orge est bien* LEVÉE. (*Omission de Noël et Chapsal.*)

37. PAQUE, comme fête chrétienne, est masculin et rejète l'article : PAQUE *est* TARDIF *cette année.* (ACAD.)

38. PAQUE est féminin, lorsqu'il désigne la fête des Juifs, et alors il admet l'article. Ex. : *Je viens faire* LA PAQUE *chez vous avec mes disciples.* (*Evangile.*) On dit au pluriel : PAQUES FLEURIES ; *tout fidèle doit faire de* BONNES PAQUES. (GIRAULT-DUVIVIER.) *Quand Noël est vert, les* PAQUES *seront* BLANCHES. (*Proverbe.*) (*Omission de Noël et Chapsal.*)

39. PARALLÈLE est masculin, quand il désigne une comparaison. Ex. : TOUT PARALLÈLE *offense l'homme, parce qu'il se croit unique en son espèce.* (DUFRÉNY.) On dit aussi : *tous ceux qui sont sous le* MÊME PARALLÈLE *ont les jours et les nuits de la même longueur.* (ACAD.)

40. PARALLÈLE est féminin, quand il désigne une ligne à égale distance d'une autre dans tous les points : *tirer* UNE *parallèle.* (ACAD.) (*Omission de Noël et Chapsal.*)

41. PÉRIODE est masculin, quand on considère le plus haut point où une chose puisse arriver. Ex : *sa maladie est à son* DERNIER PÉRIODE. (ACAD.)

42. PÉRIODE est féminin, quand il marque le cours que fait un astre pour revenir au même point d'où il était parti. Exemple : *le soleil fait* SA *période en 365 jours et près de 6 heures.* (Acad.)

*Période* est également féminin lorsqu'il se dit de la révolution d'une fièvre qui revient en des temps réglés. Exemple : *la fièvre quarte et toutes les autres fièvres intermittentes ont leurs périodes réglées.* (Acad.) *Période* est encore féminin, lorsqu'il se dit d'une phrase composée de plusieurs membres dont la réunion forme un sens complet. Exemple : CETTE *période est obscure et embarrassée.* (Acad.)

43. PERSONNE est masculin, quand il est indéterminé et qu'il signifie *nul individu.* EX : PERSONNE *n'est plus* INSTRUIT *que lui.* (ACAD.)

44. PERSONNE est féminin, quand il est déterminé

et qu'il signifie un homme, ou une femme. Exemple :
*ce sont des* PERSONNES *fort* INSTRUITES. (ACAD.)

45. QUELQUE CHOSE est masculin, quand il est pris
dans un sens vague. Exemple : *il a fait* QUELQUE CHOSE
*de* BON (1).

46. QUELQUE CHOSE, signifiant quelle que soit la
chose, est féminin. Exemple : *quelque chose qu'il ait*
FAITE, *on ne le gronde pas.* (LEMARE.)

47. AUTRE CHOSE est masculin dans le sens vague :
*quelque chose est* PROMIS, *autre chose est* OFFERT. (*Omis-
mission de Noël et Chapsal.*)

48. *Autre chose* est féminin, quand il est déterminé. Exemple : TOUTE *autre chose me conviendrait.*
(BONIFACE.) (*Omission de Noël et Chapsal.* )

49. RÉGLISSE désignant le suc extrait de cette plante, est masculin. Exemple : LE RÉGLISSE , *tel qu'on le
trouve dans le commerce , est en espèce de bâtons presque
cylindriques* (*Dict. des sciences médicales*)

50. RÉGLISSE , plante , est féminin : *Il y a dans ce
jardin d'*EXCELLENTE RÉGLISSE. (MADAME DE GENLIS.)
(*Omission de Noël et Chapsal.* )

51. SENTINELLE est féminin , lorsqu'il désigne les
fonctions d'un soldat fesant le guet : *ces noires légions
d'oiseaux ont* LEURS SENTINELLES *et leurs gardes* AVANCÉES.
(CHATEAUBRIAND.) *Relever* LA *sentinelle ; sentinelle* EN-
DORMIE ; *poser une sentinelle* VIGILANTE. (ACAD.)

52. SENTINELLE prend aussi le genre masculin ,
quand il désigne celui qui fait le guet à une porte,
qu'il exprime une idée grande et forte , quand tout
ce qui l'entoure est énergique (2) :

---

(1) MM. Noël et Chapsal disent que *quelque chose* est masculin quand il signifie une chose : *il a fait quelque chose qui mérite d'être blâmé ;* c'est-à-dire , *il a fait une chose qui mérite* , etc.
MM. Noël et Chapsal ne terminent pas leur phrase ; car ils s'a-
perçoivent qu'ils seraient obligés d'écrire le participe *blâmé* au
féminin, ce qui serait loin de justifier que *quelque chose* est masculin quand il signifie *une chose.*

(2) C'est donc à tort que MM. Noël et Chapsal, dans leur
dictionnaire, blâment l'emploi du masculin. L'Académie elle-
même l'autorise , en disant : on a trouvé LE SENTINELLE *mort
dans sa guérite.* Le même reproche s'adresse à M. Munier.

> Ce sentiment si prompt, dans nos cœurs répandu,
> Parmi tous nos dangers *sentinelle assidu.* (VOLTAIRE.)

> Ces postes menaçants, ces *nombreux sentinelles*
> Qui veillent nuit et jour aux pórtes éternelles. (DELILLE.)

> Quand le cap africain, sous les traits d'un géant,
> *Sentinelle hideux* du dernier océan, etc. (PARSEVAL.)

**53.** TROMPETTE est masculin, quand il désigne celui qui sonne de la trompette, ou celui qui a coutume de publier tout ce qu'il sait.

**54.** TROMPETTE est féminin, lorsqu'il désigne un tuyau de métal dont on sonne à la guerre. (*Omission de Noël et Chapsal.*)

§ 2. Du nombre dans les substantifs.

**55.** Tous les mots employés accidentellement comme substantifs, n'ont pas de pluriel : *le beau, l'utile, les oui, les si, les car, les pourquoi, les on dit.* etc.

**56.** Les noms de métaux, d'aromates, quand ils signifient chacun une seule substance composée de plusieurs parties, comme *l'or, l'argent, le fer, l'acier, le plomb, le baume, la myrrhe, l'encens,* etc., n'ont pas de pluriel : dans ce cas, ils sont considérés comme noms propres. Cependant, lorsque ces noms sont considérés comme noms communs, on peut les employer au pluriel, quoi qu'en disent MM. Noël et Chapsal : *on connaît* LES FERS *de Perse, d'Arabie, et surtout* LES ACIERS FAMEUX *connus sous le nom de damas* (Buffon). On dit très-bien : DES ORS, DES CUIVRES *de différentes couleurs,* DES FERS, DES ENCENS *de différentes qualités.*

**57.** Les noms de vertus et de vices n'ont pas non plus de pluriel, quand ils n'expriment que la passion ou le sentiment, comme l'*innocence,* la *santé,* l'*humanité,* la *justice,* etc. On s'en sert pourtant bien au pluriel ; mais alors ils signifient les actes ou les effets de nos passions, de nos sentiments. Exemple : *choisissez des sujets dignes de vos* BONTÉS (CORNEILLE.)

**58.** Il y a aussi des noms qui, exprimant plusieurs

choses distinctes réunies sous la même dénomination, n'out point de singulier. Exemples : *ténèbres, pleurs, broussailles, mœurs, dépens, mânes, ancêtres, prémices, décombres, mathématiques,* etc.

59. Il n'existe pas encore de règles fixes sur le pluriel des substantifs qui dérivent des langues étrangères, et trop souvent c'est l'arbitraire seul qui en décide. Pourtant on est convenu de donner la marque du pluriel à la plupart de ces substantifs, qui, ayant reçu, pour ainsi dire, leurs lettres de naturalisatiou, sont traités comme substantifs français, et, à ce titre, soumis à la règle commune.

Voici la liste des substantifs étrangers auxquels nos meilleurs auteurs accordent la marque du pluriel : des *accessits,* des *agendas,* des *alinéas* (1), des *apartés,* des *bravos,* des *concettis,* des *débets,* des *déficits,* des *échos,* des *examens,* des *factums,* des *imbroglios,* des *incognitos,* des *macaronis,* des *magisters,* des *opéras,* des *panoramas,* des *numéros,* des *pensums,* des *pianos,* des *quiproquos,* des *zéros,* des *quolibets,* des *récépissés,* des *solos,* des *duos.*

Et, par une bizarrerie inconcevable, on écrit : des *allégro,* des *in-folio,* des *confiteor,* des *crescendo,* des *ex-voto*; des *in-quarto,* des *mezzo-termine,* des *post-scriptum,* des *requiem,* des *recto,* des *verso,* des *forté-piano,* des *pater,* des *ave.* Espérons que la raison fera bientôt justice de ces exceptions.

### § 3. Des substantifs composés.

60. Lorsqu'un substantif composé est formé de deux substantifs unis par le trait d'union, ils prènent tous déux la marque du pluriel. Exemples : des *chiens-loups,* des *gardes-bois,* des *choux-navets.*

Exceptions : Un *bec-figues,* des *bec-figues* (2), un *brèche-dents,* des *brèche-dents.* Ici, l'idée de pluralité se fixe

---

(1) C'est à tort que MM. Noël et Chapsal ne veulent pas qu'on pluralise ces mots, et d'autres semblables, qu'ils n'ont osé énoncer en coupant leurs citations par des etc., etc.

(2) L'Académie écrit aussi : *un becfigue, des becfigues.*

sur le second substantif seulement. Un *bec-figues* est un oiseau qui becquète des *figues*.

61. Lorsqu'un substantif composé est formé de deux substantifs séparés par une préposition, le premier substantif prend seul la marque du pluriel. Exemples : des *becs-de-canne*, des *arcs-en-ciel*, des *belles-de-nuit*, etc.

Exceptions : Des *coq-à-l'âne*, des *tête-à-tête*, des *pied-à-terre*, des *Fête-Dieu*, des *hôtel-dieu*, des *corps-de-garde*.

62. Lorsqu'un substantif composé est formé d'un substantif et d'un adjectif, ils prènent tous deux la marque du pluriel. Exemples : des *basses-cours*, des *pies-grièches*, des *loups-cerviers*, des *aigues-marines*, des *porcs-épics*.

Exceptions : Des *blanc-seings*, des *terre-pleins*, des *reine-claude*, des *rouge-gorge* (1), des *coiffe-jaune*.

63. Lorsqu'un substantif composé est formé d'un substantif et d'un verbe, ou d'une préposition, ou d'un adverbe, le substantif seul prend la marque du pluriel. Exemples : des *porte-mouchettes*, des *gobe-mouches*, des *arrière-pensées*, des *avant-goûts*, des *contre-danses*.

64. Lorsqu'un substantif composé n'est formé que de mots invariables de leur nature, comme *verbe*, *préposition* ou *adverbe*, aucune des parties de ce substantif ne prend la marque du pluriel. Exemples : des *oui-dire*, des *pour-boire*, des *passe-passe*, des *passe-partout*.

Le raisonnement seul doit présider à l'orthographe des substantifs composés. Il faut remarquer :

65. 1° Que si le substantif qui entre dans le substantif composé, renferme en lui *l'idée d'unité*, comme dans des *gardes-chasse*, c'est-à-dire qui gardent *la chasse*, ce substantif, quoique précédé d'un article pluriel, reste au singulier. Exemples : des *prie-dieu*, meuble qui sert à *prier Dieu* ; des *serre-tête*, qui *serrent la tête* ; des *appuie-main*, qui servent d'*appui* à la *main* ; des *abat-jour*, des fenêtres qui abattent *le jour* ; des *brise-*

---

(1) L'Académie écrit aussi : des *rouges-gorges*.

*raison*, des hommes qui brisent *la raison*; des *garde-manger*, des lieux où l'on garde *le manger*; des *chèvre-feuille* (1), des arbrisseaux dont les feuilles grimpent comme *la chèvre*.

66. 2° Que si, au contraire, le substantif qui entre dans le substantif composé, renferme en lui une idée de *pluralité*, ce substantif s'écrit toujours au pluriel, bien qu'il soit précédé d'un article singulier. Exemples : un *cure-dents* ( petit instrument qui sert à nettoyer les DENTS ); un *essuie-mains* ( linge qui sert à essuyer les *mains* ); un *entre-côtes* ( morceau de viande coupée entre deux CÔTES ). Plusieurs de nos bons auteurs écrivent, et l'usage, à cet égard, est en leur faveur : un *entre-sol*, un *entre-acte*, le journal l'*Entre-acte*, un *entre-côte*. Des *blanc-seings* sont des SEINGS en *blanc*; des *terre-pleins* sont des lieux pleins de TERRE; des *chevaux-légers* (2) sont des cavaliers du régiment de *Chevaux-légers*; des *Cent-Suisses* sont des soldats du régiment des *Cent-Suisses*; des *courte-haleine* sont des hommes qui ont l'*haleine courte*; un *couvre - pieds*, étoffe qui couvre les *pieds*; un *casse-noisettes*, instrument avec lequel on casse les *noisettes*; un *serre-papiers*, un meuble où l'on serre des *papiers*.

67. Tous les substantifs féminins où l'*e* de l'adjectif *grande* est remplacé par l'apostrophe, comme : *grand'mère*, *grand'messe*, *grand'salle*, *grand'chambre*, *grand'merci*, *grand'peine*, *grand'peur*, *grand'chose*, *grand'chère*, etc., font au pluriel *grand'mères*, *grand'-messes*, etc.

### § 4. Des mots ail, ciel, œil, etc.

AIL fait *aulx* au pluriel, disent Noël et Chapsal; cependant on dit mieux des *gousses d'ail*. *Ciel*, *œil* et

---

(1) L'Académie écrit aussi : du *chèvre-feuille*.

(2) Nous repoussons de toutes nos forces cette orthographe des *chevau-légers*; la raison, le bon goût veulent qu'on écrive des *chevaux légers*. Cette orthographe est la seule que l'on doive adopter, parce qu'elle est en harmonie avec la pensée; et c'est certainement blesser le bon sens que d'écrire des *chevau-légers*; il y a tout à la fois barbarisme et solécisme.

*aieul* ont deux pluriels. L'Académie écrit des ails.

**68.** *Ciel* fait *cieux*, pour désigner toute l'immensité de la voûte céleste; *ciel* fait *ciels* pour énoncer la température particulière à chaque contrée; on dit : le *ciel de l'Italie*, le *ciel de la France*, le *ciel de l'Espagne*, sont des CIELS favorisés des Dieux.

**69.** *OEil* fait *yeux*, lorsqu'il désigne l'organe de la vue. Malgré Noël et Chapsal, on dit aussi les *yeux* du pain, du fromage, du bouillon (Académie). *OEils* prend régulièrement un *s* comme terme d'art, d'architecture, d'histoire naturelle : des *œils-de-bouc* (coquillages); des *œils-de-serpent* (pierreries); des *œils-de-perdrix* (broderie); les *œils-de-bœuf* de la cour du Louvre.

**70.** *Aïeuls* se dit au pluriel, quand on veut désigner le grand-père paternel et le maternel. Exemple : *Ses deux aïeuls ont rempli les premières charges de l'État.* (ACAD.) On dit *aïeux* pour parler de ceux qui, en général, nous ont précédés dans la vie. Exemple : *qui sert bien son pays, n'a pas besoin d'*AÏEUX. (VOLTAIRE.)

**71.** TRAVAIL. Ce substantif fait au pluriel *travaux*, lorsqu'il fait naître l'idée de la fatigue, de la peine, de la douleur; dans toute autre acception, il fait *travails*. Dites : *ce maréchal a deux* TRAVAILS *pour ferrer les chevaux; ce commis a trois* TRAVAILS *par semaine avec le ministre.* (ACAD.)

§ 5. Des noms propres (1).

**72.** Les noms propres, quand ils représentent les seuls individus pour lesquels ils ont été créés, ne

---

(1) MM. Noël et Chapsal disent que le *substantif propre*, ou *nom propre*, ne convient qu'à une seule personne ou à une seule chose, comme *Alexandre*, *Virgile*, *Paris*, *Vienne*, etc. Cette définition est inexacte, car le nom propre peut servir à plusieurs individus. Ainsi le mot *Vienne*, que citent ces grammairiens dans les exemples ci-dessus, convient à deux villes et à une rivière de ce nom. Il en est de même d'une foule d'autres mots. Par exemple, les noms de famille qui conviennent à tous les membres de cette famille; les prénoms *Pierre*, *Paul*, etc., qui sont communs à plusieurs individus, sont cependant des noms propres,

prènent pas la marque du pluriel. Exemple : *les deux* CORNEILLE *n'ont pas cultivé l'art dramatique avec un égal succès.* (BEAUZÉE.)

73. Cependant les noms propres prènent bien la marque du pluriel, lorsque, par extension, ils s'appliquent à plusieurs individus semblables à celui dont on cite le nom. Exemple : *la France a eu ses* CÉSARS, *ses* CATONS *et ses* POMPÉES; c'est-à-dire des hommes semblables à *César*, à *Caton* et à *Pompée.*

74. Les noms propres, qui désignent plusieurs individus d'une même famille, ne se pluralisent jamais; l'addition d'une lettre de plus à ces noms les défigurerait et pourrait les faire prendre l'un pour l'autre. Nous avons *Dupui* et *Dupuis*, *Lévi* et *Lévis*, *Lavau* et *Laveaux*, *Villar* et *Villars*, *Andrieu* et *Andrieux*, qui sont des noms de différentes familles. Si vous en changez l'orthographe, vous les confondrez ; chacun de ces noms doit donc rester invariablement tel qu'il est. Il faut écrire : *les* DUPUI *se sont alliés aux* DUPUIS; *les* VILLARS *ont intenté un procès aux* VILLAR, *qui avaient ajouté un* s *à leur nom.* (BONIFACE.) ( *Omission de Noël et Chapsal.* )

75. On écrit des *Plines*, des *Lahires*, pour des édi-

---

car ils ne conviènent pas à toute une classe, à toute une espèce.

Une autre lacune qu'on doit leur reprocher, c'est d'avoir omis de dire que le nom commun peut devenir nom propre, et qu'à son tour le nom propre peut devenir nom commun. Quand on dit :

Tout bourgeois veut bâtir comme les grands *seigneurs.*

(LA FONTAINE.)

*Seigneurs,* éveillant une idée commune à tous les individus de la même classe, à tous les seigneurs, est un nom commun.

Mais si l'on dit :

. . . . . . . . . . . Heureux mille fois

L'enfant que le *Seigneur* rend docile à ses lois!

*Seigneur,* éveillant une idée particulière, propre seulement au Créateur, devient substantif propre.

Nous définirons donc le nom propre, *mot qui sert à distinguer un individu de tous les autres.*

tions de *Pline*, de *Lahire*. On écrit aussi des *Raphaël*, des *Poussins*, des *Callots*, pour des tableaux de *Raphaël*, de *Poussin*, de *Callot*. (*Omission de Noël et Chapsal.*)

### § 6. Nombre du substantif après une préposition.

**76.** L'emploi du nombre du substantif après les prépositions *de*, *à*, *par*, *sans*, *en*, etc., est une des plus grandes difficultés de notre langue, et sur laquelle les grammairiens sont peu d'accord : aussi MM. Noël et Chapsal se sont-ils bien gardés d'en parler.

**77.** Quand deux substantifs sont unis par la préposition *de*, le second se met au singulier, si l'objet qu'il désigne n'entre que comme *matière composante*. Ainsi on doit écrire :

Sirop, gelée de *groseille*.
Gelée de *pomme*.
Fécule de *pomme de terre*.
Marmelade de *pomme*, d'*abricot*.

Parce que la groseille, la pomme de terre, l'abricot, n'entrent que comme *matière composante*; leur forme première a disparu, ce sont des mots purement *déterminatifs*.

**78.** Si, au contraire, les mêmes fruits conservaient leur forme primitive, qu'on les comptât pour ainsi dire, il faudrait mettre le second substantif au pluriel, parce que l'idée de nombre serait jointe à l'idée de détermination. Ainsi, on doit écrire :

Confitures de *groseilles* sans *pépins*.
Compote de *pommes*.
Ragoût de *pommes* de terre.
Ratafia de *cerises*, d'*abricots*.

**79.** Comme l'usage permet de dire, dans un sens partitif, *de la violette*, *de la mauve*, *du blé*, *de la liqueur*, *du poisson*, etc., et que l'on dit, au contraire, des *haricots*, des *écrevisses*, des *lentilles*, des *roses*, etc. on écrira également :

| | |
|---|---|
| Un boisseau de *blé*. | Un boisseau de *haricots*. |
| Conserve de *violette*, de *mauve*. | Conserve de *roses*, de *pistaches*. |
| Jus de *citron*. | Jus d'*herbes*. |
| Coulis de *chapon*. | Coulis d'*écrevisses*. |
| Cent bouteilles de *liqueur*. | Purée de *pois*, de *lentilles*. |

80. Enfin, on peut dire un panier de *fruit*, ou un *panier de* FRUITS (ce dernier nombre sera surtout préféré, s'il y a des fruits de plusieurs espèces) ; un *panier de* RAISIN, et un *panier de* RAISINS, etc., selon l'idée qui plaira le plus à l'écrivain.

81. Lorsque le second substantif est pris dans un sens *général* et *indéfini*, c'est-à-dire qu'il exprime une *espèce*, un *tout*, qui ne se considère qu'en *masse*, on doit le mettre au singulier ; mais s'il est pris dans un sens *déterminé*, *particulier*, ou *individuel*, c'est-à-dire s'il exprime des *individus* d'une espèce, et qu'il soit susceptible de pluralité, on le met au pluriel. Ainsi on écrira :

| | |
|---|---|
| Des caprices de *femme*. | Une pension de *femmes*. |
| Des scrupules de *juge*. | Une assemblée de *juges*. |
| Des hommes de *plume*. | Un marchand de *plumes*. |
| Des gestes de *comédien*. | Une répétition de *comédiens*. |
| Des usages de *marchand*. | Une liste de *marchands*. |
| Des marchands de *drap*. | Un marchand de *draps fins*. |
| Un fabricant de *toile*. | Un fabricant de *toiles grises*. |

NOTA. Le second substantif étant pris dans un sens *général* et *indéfini*, et exprimant toute l'*espèce* ou la *classe* d'individus qu'on appèle *femme, juge, plume, comédien, marchand, drap, toile*, renferme l'idée de l'*unité*, et doit être mis *au singulier*.

Le second substantif étant pris dans un sens *déterminé* et exprimant plusieurs *individus* d'une *espèce* ou d'une *classe*, qu'on appèle *femmes, juges, plumes, comédiens, marchands, draps, toiles*, renferme l'idée de *pluralité*, et doit être mis *au pluriel*.

82. Les substantifs précédés des prépositions *en* et *sans*, se mettent au singulier, lorsqu'ils réveillent l'idée de l'*unité*, à moins qu'ils n'aient pas de singulier. On les met au pluriel, lorsqu'ils réveillent l'idée de *pluralité*, à moins qu'ils ne soient pas susceptibles de prendre ce nombre. Ainsi dites :

| *Avec le singulier.* | *Avec le pluriel.* |
|---|---|
| Les armées commencèrent tard à entrer *en action.*<br>(ACADÉMIE.)<br>Aller de *ville* en *ville*, de *contrée* en *contrée.* (*Id.*)<br>Je veux t'entretenir un moment sans *témoin.* (RACINE.)<br>Il n'est point de plaisir sans *honneur* et sans *vertu.*<br>(PRÉVOT.)<br>NOTA. Je veux t'entretenir *sans témoin,* c'est-à-dire sans *aucun témoin.* Le singulier est ici nécessaire. | La comédie est l'art d'enseigner la vertu et les bienséances *en actions* et *en dialogues.* (VOLTAIRE.)<br>Ainsi donc sans *témoins* je ne puis lui parler? (RACINE.)<br>Il est mort aveugle et sans *honneurs* au fond d'une île étrangère. (DE FONTANES.)<br>NOTA. Je ne puis lui parler *sans témoins,* c'est-à-dire, je puis lui parler, mais il faut *des témoins.* Le pluriel était indispensable. |

**83.** La même règle s'applique aux substantifs précédés des prépositions *à, par.* Exemples :

| *Singulier.* | *Pluriel.* |
|---|---|
| Les hommes *à imagination* sont exposés à faire bien des fautes. (LÉVIZAC.)<br>Deux nations rivales se sont disputé la gloire d'avoir donné le jour à l'inventeur des machines à *vapeur.*<br>(*Encyclop. méthod.*)<br>Je vous ai entendue raisonner mieux que de vieux derviches à *longue barbe* et à *bonnet* pointu. (VOLTAIRE.)<br>Les grands hommes ont par *moment* des idées triviales.<br>(ANONYME.)<br>NOTA. Les hommes *à imagination,* c'est-à-dire les hommes qui se laissent aller à leur *imagination.* Le singulier est nécessaire. | J'aime mieux être homme *à paradoxes* qu'homme *à préjugés.* (J.-J. ROUSSEAU.)<br>On dit d'un homme qui prétend à l'esprit, aux talents, à la naissance, à la considération, que c'est un homme *à prétentions.* (PLANCHE.)<br>Le froment à *barbes* serrées est cultivé dans le département de Vaucluse.<br>(*Dict. des sc. médicales.*)<br>Je sens par *moments* mon âme défaillir. (LAMARTINE.)<br>NOTA. Un homme *à paradoxes, à préjugés,* c'est-à-dire un homme qui se plaît à soutenir des *paradoxes,* dont l'esprit est livré à toutes sortes de *préjugés.* D'où le pluriel est nécessaire. |

**§ 7.** Du nombre des substantifs compléments de verbes, et non déterminés.

**84.** Lorsque plusieurs substantifs compléments

de verbes ne sont accompagnés d'aucun article, on met ces substantifs au singulier, si l'on ne veut exprimer qu'une idée d'*unité*; on les met au pluriel, si, au contraire, on veut désigner plusieurs objets ou plusieurs individus. Exemples :

| *Singulier.* | *Pluriel.* |
|---|---|
| Le jeu est un gouffre qui n'a ni *fond* ni *rivage*.  (THOMAS.) | Il n'existait en Amérique ni *brebis*, ni *chèvres*, ni *gazelles*, ni *chevrotins*.    (BUFFON.) |
| Le lait tombe; adieu *veau*, *vache*, *cochon*, *couvée*.    (LAFONTAINE.) | Et mon homme d'avoir *chiens*, *chevaux* et *carrosses*.    (LAFONTAINE.) |
| Dans cette île, il n'y a ni *port*, ni *commerce*, ni *hospitalité*, ni *homme* qui y aborde volontairement.    (FÉNELON.) | Les enfants des sauvages n'ont ni *caprices*, ni humeur, parce qu'ils ne désirent que ce qu'ils savent pouvoir obtenir.    (CHATEAUBRIAND.) |

85. Lorsque le substantif *sorte* a pour complément un nom singulier, *sorte* prend aussi le *singulier*; si son complément est au pluriel, on peut employer pour *sorte* l'un ou l'autre nombre. Exemples : Je vous souhaite *toute sorte* de *bonheur*. Dieu vous préserve de *toute sorte* de *maux*, de *toutes sortes* d'*infortunes*. (GRAMMAIRE DES GRAMMAIRES.) (*Omission de Noël et Chapsal.*)

86. Le mot *soir* s'emploie de cette manière. On dit : dimanche, lundi *au soir*; hier, demain *au soir*. Mais, absolument et sans rapport au jour dont on parle, on dit : les *réunions* qui se tiènent le soir. (*Omission de Noël et Chapsal.*)

Quant au mot *matin*, l'Académie admet ces deux locutions, *demain* AU *matin* et DEMAIN MATIN. Cette dernière façon doit être préférée, non seulement parce qu'elle est la plus courte, mais parce que le mot *matin* étant ici adverbe n'a pas plus besoin de l'article que dans l'expression se *lever matin*. (*Omission de Noël et Chapsal.*)

87. Les écrivains mettent indifféremment au singulier ou au pluriel le mot *grâce*. Exemples :

Baléazar, délivré de ce monstre, rendit *grâces* aux dieux.

                               (FÉNELON.)

> En rendre *grâce* à ta tendresse,
> C'est assurer à ma faiblesse.
> Un nouveau droit à tes secours.         (RACINE.)

**88.** Bien des grammairiens disent qu'on forme le pluriel dans les substantifs terminés par *ant*, *ent*, en supprimant le *t* et en y ajoutant un *s*. Mais c'est selon nous une bizarrerie inconcevable. Quoi, vous écrirez des *accidens*, des *diamans*, des *méchans*, des *enfans*, etc., et vous serez forcés d'écrire des *dents*, des *vents*, des *gants*, des *chants!* Pourquoi retrancher le *t* dans les mots de plusieurs syllabes, et le conserver dans ceux qui n'en ont qu'une ? N'est-il pas plus régulier de le laisser dans les uns comme dans les autres? et n'est-ce pas multiplier les difficultés de l'orthographe et de l'analogie que de le supprimer ? Car *enfant* fait *enfantin ; méchant* fait *méchante ; riant* fait *riante ; prudent* fait *prudente*, etc. D'ailleurs ne conserve-t-on pas le *t* dans le pluriel des mots *pot*, *assaut*, *ballot*, *transport*, *support*, etc.?

Nos meilleurs typographes, tels que *Didot*, *Michaud*, *Éverat ;* nos bons auteurs, comme Racine, Boileau, Fénelon, J. J. Rousseau, Corneille ; et nos grammairiens philosophes, comme Condillac, Beauzée, d'Olivet, Domergue, Lévizac, Boiste, Lemare, Vanier, etc., conservent le *t* au pluriel des mots terminés par *ant* et *ent*.

Les seuls mots dans lesquels on retranche le *t* sont les mots *tout* et *gens* : *tous* les hommes sont *mortels*. Ce sont de sottes *gens*. Cependant *tout* employé substantivement conserve le *t* au pluriel : les mots sont des *touts* syllabiques. (DARJOU) C'est donc à tort que certains grammatistes, entre autres MM. Caillot et Bonneau, écrivent *touts les gents* au lieu de *tous les gens*. Avant tout, il faut bien se garder d'être ridicule.

# CHAPITRE II. — DE L'ARTICLE (1).

**89.** On répète l'article ou les équivalents de l'article, tels que *mon, ton, son, ma, ta, sa, mes, tes, ses, ces, un, deux, trois, chaque, tout, toute,* etc., avant chaque substantif mis en sujet ou en complément, quand le premier substantif est précédé de

---

(1) Que n'a-t-on pas dit sur cette partie du discours, depuis Ramus jusqu'à MM. Noël et Chapsal! Parmi les définitions que nous ont laissées les grammairiens, il y en a qui sont vraiment curieuses, et d'autres qui vont jusqu'à la bouffonnerie, comme celle-ci, par exemple : *les articles servent comme de clef, de chevalet ou de gouvernail pour diversifier les noms.* Voilà du pittoresque, j'espère! et ceci réfute d'une manière triomphante l'assertion de M. Boussi, qui regardait comme une œuvre impossible la *Grammaire pittoresque.* Qu'il donne cette définition à un peintre, et il verra! Ramus disait que l'article est un *nom.* Régnier-Desmarais, Buffier, Port-Royal et l'académie de 1772 l'appelaient *particule.* Suivant Lhomond, Lévizac, l'abbé Guillon et Girault-Duvivier, c'est un *petit mot.* Jusque-là tout va encore assez bien ; on reconnaît à l'article une valeur quelconque, celle de *nom,* de *particule,* ou, ce qui n'est qu'une variante, de *petit mot.* Mais arrivent Wailly et Estarac, qui, ne reconnaissant aucune espèce de valeur à l'article, affirment que c'est un mot *qui ne signifie rien!* Un mot qui *ne signifie* rien! Que penseront de cette définition ceux qui ont la bonhomie de croire que tout mot est signe d'idée? MM. Noël et Chapsal ont esquivé la difficulté d'une manière excessivement adroite. Ils n'ont pas dit : l'article est un *nom,* ni l'article est un *adjectif,* ni l'article est une *particule,* ni encore l'article est un *petit mot,* ni enfin l'article est un *mot.* Foin! plus prudents en cela que leurs devanciers, ils n'ont pas voulu s'exposer aux coups de la critique en disant ce que l'article est ou n'est pas ; ils ont plus sagement fait ; ils se sont bornés à dire : *Nous n'avons qu'*UN ARTICLE *en français, qui est* LE. *Sa fonction est de précéder les substantifs communs pour annoncer qu'ils sont employés dans un sens déterminé.* Vous nous parlez de la fonction, de l'usage de l'article, c'est très-bien sans doute ; mais est-ce un petit ou un gros mot, un nom ou un adjectif, une particule, ou un simple mot vide d'idée? Voilà ce que vous ne nous apprenez pas, et ce que précisément nous aurions

l'article; dans le cas contraire, on les emploie tous sans article.

Exemples :

| | |
|---|---|
| *La gloire, les richesses, le génie, les honneurs,* ne sont rien auprès de Dieu. | *Gloire, richesses, génie, honneurs,* ne sont rien auprès de Dieu. |

90. On répète encore l'article ou les équivalents de l'article, disent MM. Noël et Chapsal, avant chaque substantif exprimé ou sous-entendu, et avant chaque adjectif qui ne qualifie pas un seul et même substantif (1).

---

désiré savoir. Mais c'est assez attaquer MM. Noël et Chapsal sur ce qu'ils n'ont pas dit, examinons un peu ce qu'ils ont dit. Or, ils avancent que l'article ne se met qu'avant les noms *communs ;* — ils se trompent, car l'article se met aussi avant les noms *propres.* On dit très-bien LE *Camoëns,* LE *Tasse,* LA *Champmêlé,* LE *Guarini,* LE *Canada,* LE *Pérou,* LA *Guadeloupe,* LA *Martinique,* LES *Cordilières,* LES *Alpes,* etc., etc.

Il s'emploie aussi avant les adjectifs ; exemple : LA plus vertueuse, LA plus belle, LA plus riche des femmes. Ne dit-on pas aussi, LE pour, LE contre ?

Il résulte de tout ceci que la définition que nous attaquons est non-seulement incomplète, mais inexacte.

Nous croyons donc devoir lui substituer celle-ci : *L'article est un mot qui, comme tous les autres adjectifs déterminatifs, sert à déterminer, sous le rapport de leur étendue, de leur signification, les substantifs et les mots pris substantivement,* comme quand on dit : *les si, les mais, les car, le boire, le manger,* etc.

C'est pour ne pas trop nous éloigner des idées reçues, que nous fesons des *articles* une espèce de mots particulière ; car prendre un mot unique dans les langues pour en faire une partie du discours, c'est déjà admettre une division inutile, et que rien ne justifie. Ce mot a d'ailleurs une analogie si frappante avec les adjectifs déterminatifs, qu'il est beaucoup plus rationnel de le ranger dans cette classe.

Il ne faudra donc pas s'étonner de trouver réunis dans ce chapitre les mots *mon, ma, mes, ce, cet, ces,* etc., etc.; qui sont soumis aux mêmes règles de syntaxe que les articles *le, la, les.*

(1) Nous pensons cependant, contre l'opinion de Noël et Chapsal, que lorsqu'on a besoin d'une grande précision, l'usage et l'autorité de nos bons auteurs permettent d'employer un article pluriel avant des substantifs ou des adjectifs singuliers.

Ainsi, suivant eux,

| *Il faut dire :* | *Et non :* |
|---|---|
| J'ai lu le 14ᵉ et le 15ᵉ siècle par Voltaire. | J'ai lu les 14ᵉ et 15ᵉ siècles par Voltaire. |
| Ton père et TA mère sont contents. | Tes père et mère sont contents. |
| Cueillez LES bons et LES mauvais fruits. | Cueillez les bons et mauvais fruits. |

91. On ne répète pas l'article, quand les adjectifs qui le suivent, expriment des qualités opposées, et qu'on peut les attribuer au même substantif.

Dites : *admirez* LA *diligente et industrieuse abeille*, (BUFFON.); l'abeille est tout à la fois *diligente* et *industrieuse*. Mais ne dites pas : *le bon* et *le naïf* Lafontaine; on croirait que vous parlez de deux Lafontaine, dont un bon et un naïf.

Cependant on pourrait dire, en supprimant la conjonction ET : LE *bon*, LE *naïf Lafontaine;* LES *bons,* LES *vrais dévots.* C'est une espèce de gradation. (*Omission de Noël et Chapsal.*)

On dit bien au superlatif : *la mer noire est la plus terrible et la plus orageuse.* (GIRAULT-DUVIVIER.)

92. *Du, des, de la,* avant un *substantif partitif,* c'est-à-dire ne désignant qu'une *partie,* signifient *quelque, quelques : nous avons du* TEMPS, c'est-à-dire *quelque temps;* il a fait *des progrès,* c'est-à-dire *quelques progrès ;* nous vous connaissons de la *douceur,* c'est-à-dire *quelque douceur.*

---

Exemples : LES *père et mère sont responsables des délits de leurs enfants. Les femmes seules peuvent imiter tous les chants des oiseaux* MALES ET FEMELLES. (BERNARDIN DE ST-PIERRE.) *Tout fut états-généraux dans les républiques* GRECQUES *et* ROMAINES. (VOLTAIRE.) *Les langues* ROMANCE *et* TUDESQUE *furent les seules en usage jusqu'au règne de Charlemagne.* (DUCLOS.)

Bien que M. Lemare ne soit pas de cette opinion, il ne peut s'empêcher de reconnaître qu'il est souvent bien difficile de résister au besoin d'abréger, surtout lorsque le danger de l'équivoque est presque nul, comme dans cette expression : *les philosophes* ANCIENS *et* NOUVEAUX. L'Académie elle-même ne dit-elle pas *des mots* GRECS *et* LATINS?

2

**93.** Quand le substantif partitif est précédé d'un adjectif, on met DE au lieu de *du, des, de la* : *je mange DE bon pain ; je bois DE bonne bière ; je fréquente DE bonnes sociétés.*

**94.** Mais si l'adjectif désigne une partie inséparable par le sens, et forme, en quelque sorte, un substantif composé avec le nom qui suit, comme : *bon-mot, petit-pois, belles-lettres, petits-maîtres, jeunes-gens, grand homme,* on fait usage de l'article : j'ai vu *des jeunes-gens* qui se croyaient *des grands seigneurs;* j'ai mangé *des petits-pâtés* pour mon déjeûner.

**95.** On dit aussi : J'ai bu *de bon* vin, j'ai pris *de grand* papier, dans le sens général ; et j'ai bu *du* bon vin, j'ai pris *du grand* papier, dans le sens particulier ; il y a eu choix entre le bon et le mauvais vin, le grand et le petit papier. (*Omission de Noël et Chapsal.* ) Examinez encore les exemples suivants :

| | |
|---|---|
| Locke n'admet point *d'idées* innées. (VOLTAIRE.) | L'enfant ne reçoit pas *des* idées, mais *des* images. (J.-J. ROUSSEAU.) |
| NOTA. Ici la négation tombe sur le substantif. | NOTA. Ici la négation tombe sur le verbe, la différence est sensible. |
| Le mensonge n'a point *de* douleurs sincères. (VOLTAIRE.) | Madame, je n'ai point *des* sentiments si bas. (RACINE.) |
| NOTA. Parmi les douleurs il n'en est point de telles. | NOTA. Mes sentiments sont plus élevés, le sens est général. |

Enfin, on dira : il parle sans faire *de* fautes, ( il ne fait point de fautes. ); et :

Il ne peut parler sans faire *des* fautes, ( c'est-à-dire il fait des fautes.) (*Omission de Noël et Chapsal.*)

**96.** On emploie encore l'article quand on veut fixer particulièrement l'attention sur le substantif, et lui donner un sens précis et déterminé : *voilà* DE LA *vraie poésie : j'ai* DU *bon tabac.*

**97.** Quand un substantif est précédé d'un collectif ou d'un adverbe de quantité, ou qu'il est complément direct d'un verbe accompagné d'une négation, l'article doit encore être remplacé par le mot *de*.

Mais si le substantif est déterminé (1) par les mots qui suivent, on emploie l'article.

| *Sans article :* | *Avec l'article :* |
|---|---|
| *Je connais beaucoup* DE *personnes ici.* | Je connais beaucoup *des* personnes que vous m'avez montrées. |
| *Je ne vous donnerai pas* DE *fleurs.* (GIRAULT-DUVIVIER.) | Je ne vous donnerai pas *des* fleurs qu'on m'a envoyées ce matin. (GIRAULT-DUVIVIER.) |

98. Quand la proposition est *négative* ou *interrogative*, on emploie ou l'on supprime l'article, selon le sens *partitif* ou *négatif* que l'on veut exprimer. Ex. :

| *N'avez-vous pas* DU *pain ?* | N'avez-vous point DE pain ? |
|---|---|
| N'avez-vous pas DES enfants ? | N'avez-vous point D'enfants ? |
| | (DESSIAUX.) |

99. Les noms propres d'hommes prennent l'article : 1° quand ils sont précédés d'un adjectif ; 2° quand ils sont employés comme noms communs. Exemples :

*Le* sublime Corneille et *le* tendre Racine. (VOLTAIRE.)

Sybaris était-il le berceau *des* Achilles ? (DELILLE.)

100. On dit aussi, à l'imitation des Italiens : *le Tasse* (poète), *le* Corrège (peintre). On se permettait autrefois de mettre l'article avant le nom propre, comme *la* Champmêlé, *la* Dubarri, *la* Pompadour ; mais cette façon de parler n'est plus usitée. (*Omission de Noël et Chapsal.*)

101. Dans quelques circonstances, on emploie l'article avant les noms de contrées éloignées que l'on considère, non quant à l'étendue, mais comme des points géographiques où l'on arrive difficilement. Exemples : Il vient *d'*Espagne ; il vient *de la* Chine. Il va en Espagne, il va à la Chine. (DESSIAUX.) (*Omission de Noël et Chapsal.* )

102. On emploie *le* avant *plus, mieux, moins,* quand ces mots modifient un verbe, un adjectif, un parti-

---

(1) On connaît qu'un substantif est déterminé, lorsqu'on peut le faire précéder d'un article ou d'un déterminatif quelconque.

cipe (1) ou un adverbe, parce qu'alors on veut désigner la qualité portée au plus haut degré; l'article invariable *le* forme, en ce cas, avec *plus, mieux, moins*, une expression adverbiale. Exemples :

*C'est cette pensée qui me tourmente LE plus.*
(MADAME DE SÉVIGNÉ.)

*On écrit aujourd'hui assez ordinairement sur les choses qu'on entend LE moins.*　　(P. L. COURIER.)

Nous avons intention d'offrir à nos divinités les fleurs qui leur sont *le* plus agréables.　　　　　　(BARTHÉLEMY.)

**103.** Mais l'article prend le genre et le nombre du substantif exprimé dans la phrase, toutes les fois qu'on veut établir une comparaison entre plusieurs personnes, plusieurs objets. Exemples :

Les peuples qui vivent de végétaux sont, de tous les hommes, *les moins* exposés aux maladies et aux passions.
(BERN. DE ST-PIERRE.)

Ces inégalités auxquelles les femmes *les mieux* nées sont *les plus* sujettes.　　　　　　(DIDEROT.)

**104.** Le mot *cent* prend un *s* au pluriel, quand il y a plusieurs cents, et qu'il est suivi d'un substantif. Exemple : *deux* CENTS *écus, cinq* CENTS *francs*; mais, quoiqu'il y ait plusieurs *cents*, si ce mot est suivi d'un autre nombre, il ne prend pas d's : *deux* CENT *cinq écus, trois* CENT *dix chevaux.*

Nous ferons remarquer cette phrase : *J'ai payé* LES CENT *francs pour* LES CENTS *d'œufs* que j'ai achetés.

**105.** Le mot VINGT prend un *s* dans *quatre*-VINGTS *francs, quatre*-VINGTS *hommes*, et dans *quinze*-VINGTS; mais quand après *quatre*-VINGT, il y a un autre nombre, il ne prend pas d's : *quatre*-VINGT *cinq centimes*, vous avez *quatre*-VINGT *huit* chevaux, votre frère en a *quatre*-VINGTS.

**106.** Quand *quatre-vingt* est mis pour *quatre*-VINGTIÈME et *cent* pour *centième*, comme page *quatre-vingt*, pour *quatre*-VINGTIÈME; Charlemagne régnait l'an huit *cent*, pour l'an huit *centième*, on ne met pas d's.

---

(1) C'est par omission que MM. Noël et Chapsal ne parlent ni de l'adjectif, ni du participe.

**107.** On dit *vingt-un* ou viugt ET un, *quarante-un* ou quarante ET un, et ainsi de suite jusqu'à *soixante*. On est libre de mettre ou d'omettre la conjonction *et*. Boileau, La Fontaine, Voltaire, Vertot, Montesquieu, Buffon l'ont employée. Mais on dit toujours sans conjonction : *vingt-deux, vingt-trois, trente-cinq, quarante-neuf*, etc. L'homme est majeur à l'âge de *vingt* ET un ans. ( Acad. ) Descartes avait *vingt-un* ans quand il sortit de France. (Thomas.) On dit *cent-un, deux cent-un*. On a dit pourtant : *Les cent* ET un contes, les *mille* ET une nuits.

**108.** Quand il est question de la date des années, *vingt et cent* ne prènent pas la marque du pluriel : *l'an mil sept* CENT *quatre*-VINGT; *cent* et *vingt* étant employés pour *centième, vingtième*.

**109.** On écrit MILLE de trois manières : 1° pour la date des années on écrit MIL, au lieu de *mille* : *l'an* MIL *huit cent trente-huit* (1). 2° on écrit MILLE, pour signifier le nombre dix fois *cent*, et il ue prend jamais d's : *trois* MILLE *hommes; cinq* MILLE *francs;* 3° MILLE, signifiant une étendue de chemin, prend un *s* au pluriel : *ce village est d trois* MILLES *de la ville*.

**110.** On remplace les articles possessifs, *mon, ma, mes, son, sa, ses, leur, notre, votre*, par les articles *le, la, les*, quand il est clairement indiqué à qui appartient l'objet dont on parle, ou quand ils sont suivis d'une proposition qui en tient lieu. Ne dites pas : *j'ai mal d* MA *tête; vous vous êtes cassé* VOTRE *bras; je tiendrai* MA *parole que je vous ai donnée*. Dites : *j'ai mal à* LA *tête : je* indique suffisamment que c'est à la tête de MOI que j'ai mal. *Vous vous êtes cassé* LE *bras : vous* indique suffisamment que c'est le bras de VOUS que vous avez cassé.

Mais dites : *Je vois que* MA *jambe enfle*; car si vous disiez : *je vois que* LA *jambe enfle*, on ue saurait si c'est *votre jambe* ou celle *de Paul* qui enfle. On fait

---

(1) Cependant on écrit *mille*, en parlant des années qui ont précédé notre ère et de celles qui suivront le millésime où nous sommes : *L'an du monde quatre* MILLE *quatre cent seize*. (VERTOT.) (*Omission de Noël et Chapsal*.)

encore usage de *son, sa, ses,* etc., pour désigner une chose habituelle : *mon rhumatisme* ME *tourmente,* sa *goutte ne l'a pas quitté.*

**111.** On emploie bien *son, sa, ses, leur,* etc. pour un nom de chose, quand l'objet possesseur est sujet de la même proposition où se trouve l'objet possédé. On dit bien : CHAQUE *âge a* SES *plaisirs,* SON *esprit et* SES *peines ;* parce que *plaisirs, esprit* et *peines,* qui sont les objets possédés, sont dans la même proposition que l'objet possesseur AGE. **(1)**

**112.** Si le substantif possesseur en sujet est un nom de chose, on remplace ordinairement *son, sa, ses, leur,* par l'article et le pronom *en* : Quand on est dans un pays, il faut *en* suivre *l'usage.* (MONTESQUIEU.) Cependant, l'harmonie, la clarté, l'énergie, ont souvent fait que nos bons auteurs ont dérogé à ce principe, surtout quand l'objet possédé est le sujet d'un verbe qui marque une action. Exemple : ces arbres sont bien exposés, cependant *leurs fruits* mûrissent difficilement ; ici l'objet possédé *fruits* est sujet du verbe *mûrissent* qui exprime une action.

---

(1) Mais, suivant MM. Noël et Chapsal, on ne dirait pas : *j'habite la campagne,* SES *agréments sont sans nombre ; ces langues sont riches, j'admire* LEURS *beautés ;* les substantifs possesseurs *campagnes* et *langues* n'étant pas les sujets des propositions où figurent *ses* et *leurs.*

Cette règle, donnée d'une manière si absolue, est nécessairement erronée ; nos meilleurs écrivains se sont servis très-fréquemment de *son, sa, ses, leur* en rapport avec des noms de choses, toutes les fois qu'ils voulaient rendre l'expression plus énergique. Exemples :

Le récit de nos *maux* adoucit *leurs* rigueurs.

(GUYMON DE LA TOUCHE.)

Le commerce est comme certaines *sources* ; si vous voulez détourner *leur* cours, vous les faites tarir. (FÉNELON.)

Mais la mollesse est douce, et *sa* suite est cruelle.

(VOLTAIRE.)

La patience est amère, mais *son* fruit est doux.

(J.-J. ROUSSEAU.)

Combien ceux qui ont cru anéantir le christianisme, en allumant des bûchers, ont méconnu *son* esprit ! (CHATEAUBRIAND.)

113. Quelque s'écrit de trois manières :

1° Quelque, écrit d'un seul mot, est article, et sert à déterminer un ou plusieurs individus pris dans un plus grand nombre ; dans ce cas, il est placé avant un substantif avec lequel il s'accorde. Exemple : *je vous paierai dans* QUELQUES *jours ; je vous paierai* QUELQUE *jour.*

114. Si entre quelque.... et que, il y avait un substantif seul ou accompagné d'un adjectif, quelque s'accorderait avec le substantif. Exemples : QUELQUES *vains lauriers* QUE *nous promette la guerre.* (BOILEAU.)

QUELQUES *superbes distinctions* QU'*obtiènent les hommes, ils ont tous une même origine.* (BOSSUET.)

QUELQUES *grands biens* QUE *l'on possède.* (RÉGNIER-DESMARAIS.)

115. Cependant si quelque modifiait l'adjectif qui précède le substantif, et qu'il signifiât : à quelque degré que, il resterait invariable. Exemples : *Quelque bons traducteurs qu'ils soient, ils ne comprendront pas ce passage.* (BONIFACE.) *Quelque fins politiques que fussent Burrhus et Sénèque, ils ne purent découvrir le fond du cœur de Néron.* (SAINT-RÉAL.) (*Omission de Noël et Chapsal.*)

116. 2° QUELQUE est adverbe, et par conséquent invariable, lorsque entre quelque.... et que, il se trouve un adjectif seul. Exemples : *les rois* QUELQUE *puissants qu'ils soient* ; QUELQUE *méchants que soient les hommes, ils n'osent paraître ennemis de la vertu.* (LA ROCHEFOUCAULD.)

117. 3° Quelque suivi immédiatement d'un adverbe est invariable. (*Omission de MM. Noël et Chapsal.*) quelque *heureusement* doués que nous soyons, nous ne devons pas en tirer vanité. (BONIFACE.)

118. QUELQUE, suivi d'un verbe, s'écrit en deux mots, QUEL QUE : la première partie quel est adjectif, et s'accorde en genre et en nombre avec le substantif sujet du verbe. Exemples : QUEL QUE SOIT *votre pouvoir* ; QUELS QUE SOIENT *vos desseins* ; QUELLES QUE *soient vos connaissances* ; *vos ressources,* QUELLES QU'*elles soient.*

119. Suivi de plusieurs noms unis par *et,* quel se

met au masculin pluriel, quand les noms sont de différent genre ; et au féminin pluriel, s'ils sont féminins. Exemples :

> Mais *quels* que soient ton *culte* et ta *patrie*,
> Dors sous ma tente avec sécurité.          (CAMPENON.)

L'étude de l'histoire est la plus nécessaire aux hommes, *quels* que soient leur *âge* et la *carrière* à laquelle ils se destinent.
(SÉGUR.)

> *Quelles* que soient votre *fortune* et votre *position*.
> (*Grammaire nationale*.)

**120.** Mais si *quel* est suivi de plusieurs noms liés par *ou*, il prend le genre et le nombre du premier nom. Exemples :

> Un meurtre, *quel* qu'en soit le prétexte *ou* l'objet,
> Pour les cœurs vertueux fut toujours un forfait.
> (CRÉBILLON.)

On pourrait déterminer QUELLES *réflexions* ou *jugements* ferait un homme, en conséquence des faits qu'il aurait dans la mémoire. (HELVÉTIUS.)

Voilà de ces grandes difficultés qu'ont habilement évitées MM. Noël et Chapsal.

**121.** TOUT est adjectif ou employé comme *adverbe*. Tout est adjectif, quand il exprime la totalité des personnes ou des choses, et alors il est placé avant un substantif. Exemples : TOUS *les hommes devraient être justes* ; TOUTE *puissance est faible, à moins que d'être unie ; j'ai vu* TOUTES *vos sœurs.* (ACAD.)

**122.** *Tout* est adverbe, quand il signifie *tout-à-fait, entièrement* ; et alors il reste invariable, s'il est placé avant un adjectif qui commence par une voyelle ou un *h* muet, que cet adjectif soit masculin ou féminin. Exemples :

> *Vos frères sont* TOUT *endormis,* TOUT *heureux.*
>
> *Vos sœurs sont* TOUT *endormies,* TOUT *heureuses.* (ACAD.)

**123.** *Tout* est encore invariable avant un adjectif masculin qui commence par une consonne ou un *h* aspiré. Exemple : *ces hommes sont* TOUT *stupéfaits,* TOUT *honteux.* (ACAD.)

**124.** *Tout*, adverbe, prend néanmoins le genre

et le nombre, quand il est placé avant un adjectif féminin qui commence par une consonne ou un *h* aspiré. Exemple : *vos cousines, en apprenant cette nouvelle, restèrent* TOUTES SAISIES, TOUTES *honteuses.* (ACAD.)

**125.** *Tout*, placé avant un adverbe, est toujours invariable. Exemple : La joie de faire du bien est TOUT *autrement* douce que la joie de le recevoir. (MASSILLON.)

**126.** On écrira : *ces enfants sont* TOUS *aimables*, si l'ont veut exprimer qu'ils le sont tous sans exception; et l'on écrira : *ces enfants sont* TOUT *aimables*, si l'on veut exprimer qu'ils sont ENTIÈREMENT *aimables.* ( *Omission de Noël et Chapsal.* )

**127.** On dit : *ces hommes ou ces femmes étaient* TOUT YEUX, TOUT OREILLE ; mais quand TOUT est placé avant le mot AUTRE, il n'est pas toujours facile de distinguer si *tout* est adverbe ou adjectif. Ecrivez : *cette ferme est* TOUT *autre qu'elle n'était sous votre père* ; c'est-à-dire *entièrement autre.* Mais écrivez : *votre mère ne vous a point écouté;* TOUTE AUTRE *se serait rendue à vos promesses.* *Toute* est ici adjectif, parce qu'il ne peut pas être remplacé par *entièrement*, et qu'on analyserait : TOUTE *personne autre qu'elle*, etc.

**128.** *Tout*, employé dans le sens de *chaque*, disent presque tous les grammairiens, se met toujours au singulier; mais l'usage est contre eux. Exemples :

| *Avec le singulier :* | *Avec le pluriel :* |
|---|---|
| *En* TOUTE *chose il faut considérer la fin.* (LAFONTAINE.) | *En* TOUS *pays, tous les bons cœurs sont frères.* (FLORIAN.) |
| *La sotte gloire est de* TOUT *pays.* (M<sup>me</sup> DE SÉVIGNÉ.) | *Ceux que nous appelons anciens, étaient véritablement nouveaux en* TOUTES CHOSES. (PASCAL.) |

**129.** MM. Noël et Chapsal prétendent que *tel* ne doit pas s'employer ni pour *quel*, ni pour *quelque*, et que par conséquent on ne doit pas dire : TEL *qu'il soit*, TEL *riche* que vous soyez. (1)

---

(1) Mais nos meilleurs écrivains donnent un démenti formel à cette règle. Voltaire a dit : *Ce grand choix*, TEL QU'IL SOIT, *peut n'offenser personne. On prouve très-bien à cet enfant que*

**130.** *Tel* peut être suivi ou séparé du relatif *qui.* Exemples : TEL *vous semble applaudir*, QUI *vous raille et vous joue.* (BOILEAU.) TEL QUI *rit vendredi, dimanche pleurera.* ( *Omission de Noël et Chapsal.* )

**131.** *Aucun* et *nul* excluent, suivant Noël et Chapsal, toute idée de pluralité. Cette règle est inexacte.

*Nul* et *aucun* s'emploient, il est vrai, ordinairement au singulier; mais quand le sens, quand la pensée de l'écrivain réclame le pluriel, il est permis d'employer ce nombre. Exemples : *il n'a fait* AUCUNS *préparatifs.* (Acad.) *Ils n'ont* NULLES *provisions*, NULS *vivres.* (FONTENELLE.) *Il n'y a* NULS *vices extérieurs et* NULS *défauts qui ne soient aperçus des enfants.* ( LA BRUYÈRE. )

**132.** *Chaque*, selon MM. Noël et Chapsal, demande toujours un substantif après lui. On ne doit donc pas dire : *ces volumes coûtent cinq francs* CHAQUE : IL FAUT *cinq francs* CHACUN. (1)

**133.** *Leur, notre, votre* s'emploient au singulier, lorsqu'on envisage les objets d'une manière générale, ou qu'il n'est question que d'un seul objet. Ils se mettent au pluriel, lorsqu'au contraire on veut exprimer collectivement plusieurs objets. Exemples :

| *Singulier.* | *Pluriel.* |
|---|---|
| La plupart des hommes emploient la première partie de *leur vie* à rendre l'autre misérable. (LA BRUYÈRE.) | Je vous ai dit un mot sur Aristide et sur Epaminondas; mais je vous ferai connaître *leurs vies* (GIRAULT-DUVIVIER.) |
| Il ne faut pas s'étonner de l'avidité de *notre cœur* à désirer de nouvelles félicités. (PASCAL.) | Le ciel, je le vois trop, met au fond de *nos cœurs*, Un sentiment secret au-dessus des grandeurs. (VOLTAIRE.) |

*cette religion*, TELLE QU'*elle soit*, *est la seule véritable.* (J.-J. ROUSSEAU.) *Une jeune fille*, TELLE *innocente qu'elle soit, a toujours un grain de coquetterie.* (MAUGARD.) *Qu'y a-t-il de plus évident que cette vérité, qu'un nombre*, TEL QU'*il soit, peut être augmenté?* (PASCAL.)

(1) Encore une règle erronée, car les nombreux exemples qu'on trouve dans les écrivains prouvent que *chaque* peut très-

# CHAPITRE III. — SYNTAXE DE L'ADJECTIF (1).

### § 1. Accord de l'adjectif.

**134.** Le rapport d'un qualificatif ne doit jamais être équivoque, c'est-à-dire pouvoir également s'appliquer à deux mots énoncés dans la même phrase. Il

---

bien s'employer sans qu'on soit obligé de répéter le substantif. Ex. : *Salomon avait douze mille écuries de dix chevaux* CHAQUE. (L'abbé GUÉNÉE.) *Mille arpents sont souvent mis en valeur par dix familles domestiques de cinq personnes* CHAQUE. (BERNARDIN DE ST-PIERRE.) *Il a acheté deux maisons de vingt mille francs* CHAQUE. *(Grammaire nationale.)*

(1) *L'adjectif*, nous disent MM. Noël et Chapsal, *exprime les* QUALITÉS DU SUBSTANTIF, *les différentes manières d'être sous lesquelles nous le considérons. Quand je dis :* HABIT BLEU, *le mot* BLEU *est un adjectif, parce qu'il exprime la* QUALITÉ *du* SUBSTANTIF *habit!* Qui, même jusqu'aux bambins de nos écoles, n'a pas ri de cette définition? *Bleu* est un adjectif, parce qu'il exprime la qualité du *substantif* HABIT!! N'est-ce pas une chose plaisante, en effet, que de vouloir nous faire entendre qu'un substantif est *rouge* ou *bleu*, *grand* ou *petit?* Il nous semble que ces qualifications ne peuvent tomber que sur les objets désignés par les substantifs, et non sur les substantifs eux-mêmes ; et si MM. Noël et Chapsal avaient lu l'*Encyclopédie*, ils y auraient vu, au mot *adjectif*, la critique faite par Beauzée de cette manière de parler aussi fausse qu'abusive.

Parmi les adjectifs qualificatifs, disent MM. Noël et Chapsal, il en est qui dérivent des verbes, et qu'on appelle pour cette raison adjectifs *verbaux* ; tels sont : *charmant*, *menaçant*, *voltigeant*, etc.; ces adjectifs sont toujours terminés en *ant*. MM. Noël et Chapsal se trompent ; les adjectifs verbaux ne sont pas tous terminés en *ant*, il y en a aussi qui se terminent en *é*, en *i*, *u*, *is*, *os*, *ert*, *us*, etc., comme *abandonné*, *flétri*, *perdu*, *éclos*, *couvert*, *reclus*, etc. *Abandonné*, aussi bien qu'*abandonnant*, dérive du verbe *abandonner* ; ce sont donc tous deux des adjectifs verbaux.

### *Adjectifs terminés en* AL.

Dans les règles que donnent MM. Noël et Chapsal sur la formation du pluriel des adjectifs en *al*, ils disent que *vocal* et *médicinal* ne s'emploient pas au pluriel. C'est une erreur. Court de

ne faut pas dire : *attachant* un grand prix à la bonne foi, votre ami sera pour vous un guide que vous pourrez consulter. On ne sait si le qualificatif *attachant* se rapporte à *ami* ou à *vous*. (1)

---

Gébelin dans sa grammaire, Volney dans son alphabet européen, et l'Académie, disent : *des effets* vocaux. On trouve dans le Dictionnaire de médecine l'adjectif *médicinaux* plusieurs fois employé.

Voici la règle que nous proposons pour le pluriel des adjectifs terminés en *al* :

Un grand nombre d'adjectifs terminés par *al* changent au pluriel *al* en *aux* : total, totaux; trivial, triviaux; vocal, vocaux; nasal, nasaux, etc. (*Académie.*)

Exceptions : *Fatal, final, théâtral, naval, glacial, pénal, frugal, initial, labial*, etc., prènent *s* au pluriel.

Plusieurs astronomes ont dit *les signes* boréaux et austraux. Boinvilliers et Regnard ont dit des devoirs *conjugaux*. Lemare, Boiste, La Bruyère et Delille disent *impériaux, inégaux*. Gattel et Bernardin de St-Pierre disent *des* rochers *pyramidaux*. On trouve des tons *musicaux* dans Volney.

L'Académie ne s'était pas prononcée, jusqu'à son édition de 1835, sur les adjectifs suivants : des avis *doctrinaux*, des points *équinoxiaux*, des principes *grammaticaux*, des actes *illégaux*, des mouvements *machinaux*, des droits *matrimoniaux*, des caractères *musicaux*.

Nos bons médecins donnent sans exception, dans tous leurs ouvrages, la terminaison *aux* au pluriel des adjectifs en *al*; ils disent *des nerfs cruraux*, des remèdes *médicaux*, etc. En termes d'anatomie, on dit bien : *des remèdes martiaux, muscles pectoraux, os nasaux*.

Nos bons auteurs en mathématiques disent : des nombres *décimaux*.

Quelques adjectifs en *al*, comme *brumal, colossal, expérimental, lustral, mental*, n'ont pas été employés au pluriel masculin. (*Académie.*)

Jeux *floraux*, frais *préjudiciaux* n'ont pas de singulier.

(1) MM. Noël et Chapsal disent que tout qualificatif, soit adjectif, soit participe passé ou présent, doit toujours se rapporter à un mot exprimé dans la phrase, et que son rapport avec ce mot ne doit donner lieu à aucune équivoque. Ils citent cet exemple : JALOUX *des droits de sa couronne, son unique ambition était de la transmettre à ses successeurs.* Cette règle est inexacte;

**135.** Quand un adjectif qualifie plusieurs substantifs de différent genre , on le met au pluriel masculin : mais alors l'oreille exige que l'on énonce le substantif masculin le dernier. Dites : Il a montré une prudence et un courage *étonnants ;* et non : il a montré un courage et une prudence *étonnants.*

**136.** L'adjectif placé après deux ou plusieurs substantifs, s'accorde avec le dernier :

1° Lorsque les substantifs ont à peu près la même signification : Socrate a montré à l'heure de sa mort un courage et une modération *étonnante ;* toute sa vie n'a été qu'un travail, qu'une application *continuelle.* (Massillon.)

2° Lorsque les substantifs sont unis par la conjonction *ou* : Il lui faut un courage *ou* une prudence *étonnante.*

Dans le premier cas, il n'y a proprement qu'un

---

car nos bons auteurs, ces excellents modèles de goût et de clarté, n'ont pas craint et ne craignent pas encore de la violer. Voltaire avait donc raison d'écrire :

> *Endormi* sur le trône, au sein de la mollesse,
> Le poids de sa couronne accablait sa faiblesse.

En effet, le poids de *sa* couronne, veut dire le poids de la couronne *de lui.* Donc il n'y a point d'équivoque, car on ne pourrait faire rapporter *endormi* à *poids.*

> *Environné* d'enfants, soutiens de *ma puissance,*
> Il ne manque à mon front que le bandeau royal. (Racine.)

> *Obéi* dans sa vie, à sa mort adoré,
> Son palais fut *un* temple.              (Voltaire.)

> *Indomptable* taureau, dragon impétueux,
> Sa croupe se recourbe en replis tortueux.       (Racine.)

M. Lemare dit, avec beaucoup de raison, que ces sortes de phrases sont justifiées par l'ellipse. En effet, on voit que ces mots, *sa croupe,* signifient *la croupe* DE LUI taureau, dragon.

> Une fois nés, la douleur est notre partage.    (La Roche.)

C'est-à-dire : *une fois* QUE NOUS SOMMES *nés,* la douleur, etc.

seul mot à qualifier, puisqu'il n'y a qu'une seule idée d'exprimée. Dans le second cas, la conjonction *ou* donne l'exclusion à l'un des deux substantifs. Dans les deux cas, c'est sur le dernier substantif, comme fixant le plus l'attention, que tombe la qualification.

137. Si cependant l'écrivain voulait que la qualification s'appliquât à la fois à deux objets unis par *ou*, il serait indispensable, quoi qu'en disent MM. Noël et Chapsal, de faire accorder l'adjectif avec les deux substantifs : *Quel est en effet le bon père de famille qui ne gémisse de voir* SON FILS OU SA FILLE PERDUS *pour la société ?* ( VOLTAIRE.) *Les Samoïèdes se nourrissent de* CHAIR OU DE POISSON *crus.* ( BUFFON.)

138. Quand un adjectif est placé après deux substantifs unis par la préposition *de*, ou par un des articles *du*, *de la*, *des* ; l'accord a généralement lieu avec le premier. Exemples : Après six mois de temps *écoulés ;* il se reposa après cinq jours de la semaine *employés* au travail. Remarquez que nous disons *généralement*, parce que le rapport de l'adjectif est quelquefois difficile à saisir ; il faut alors se bien pénétrer du sens que l'on veut exprimer, et voir auquel des substantifs convient la modification. On dira : *on a trouvé une* PARTIE *du* PAIN *mangée ;* c'est la partie, et non tout le pain, qui est mangée ; et on a cuit une partie du pain destiné aux pauvres : c'est le PAIN qui *est destiné* et non *la partie.*

Le roi d'Égypte était suivi de deux mille prêtres vêtus de *robes* de lin plus *blanches* que la neige. (VOLTAIRE.)

Le roi des Scythes présenta cent chevaux de bataille couverts de housses de peaux *de renards noirs.* (Le même.)

( *Omission de Noël et Chapsal.*)

139. Quand l'adjectif est précédé d'un nom collectif, il s'accorde avec ce nom, s'il occupe le premier rang dans la pensée de l'écrivain, si l'attention se porte particulièrement sur ce mot. Exemples :

Si le *nombre* des cultivateurs propriétaires était *doublé* dans le royaume, les terres en rapporteraient au moins une fois davantage. (BERNARDIN DE ST-PIERRE.)

Le lendemain arriva une *escorte* de cavaliers et de fantassins *envoyée* par le sultan. (ALBERT MONTÉMONT.)

**140.** L'adjectif s'accorde, au contraire, avec le nom pluriel qui suit le collectif, si ce collectif ne joue qu'un rôle secondaire. Exemples :

Une foule de *peuple* ÉPERDU et CONSTERNÉ implora en vain la clémence du vainqueur. (VERTOT).

Le peu de *jours* que les dieux me destinent encore à passer sur la terre seront *environnés* de gloire et d'honneurs. (VOLTAIRE.)
(Omission de *Noël et Chapsal.*)

**141.** Les adjectifs *nu, demi, excepté, supposé, entendu, ouï, passé, vu, compris*, restent invariables lorsqu'ils précèdent le substantif : *nu*-tête, *demi*-heure, *supposé* ces motifs, *attendu* ces faits, *ouï* les témoins, *passé* dix jours, *excepté* votre ami, *vu* ses services, *compris* ce jardin.

**142.** Quand ces adjectifs sont placés après le substantif, ils en prennent le genre et le nombre : tête *nue*, les motifs *supposés*, etc.

Remarque. *Demi*, placé après le substantif, en prend seulement le genre : deux aunes et *demie* de drap, quatre heures et *demie*.

Cet adjectif ne prend la marque du pluriel que quand il est employé substantivement : cette pendule sonne les heures et les *demies*.

**143.** Les adjectifs *sûr* signifiant certain; *mûr*, dans le sens de maturité, et le participe *dû*, prennent l'accent circonflexe sur l'û : cet homme est *sûr* de lui ; cette pêche est *mûre*.

**144.** Quand l'adjectif *feu*, qui ne se dit que de ceux qui sont morts depuis peu de temps, précède l'article, il est considéré comme adverbe, et reste invariable : *feu* la reine, *feu* votre mère. Mais *feu* varie, quand il est placé après l'article : *la feue reine, votre feue mère.*

Cependant la Société grammaticale de Paris a porté atteinte à cette règle en approuvant le féminin dans la phrase suivante : *un des salons est entièrement orné de têtes d'étude d'après l'antique, toutes dessinées par la princesse royale,* FEUE *reine de Würtemberg (Journal Grammatical.)*

**145.** Quand un adjectif ne figure dans la phrase

que pour modifier un verbe auquel il est joint, comme *sentir bon, rester court ;* il remplit alors la fonction d'adverbe, et reste invariable : *Ces propriétés coûtent cher, ces fleurs sentent bon, ces hommes marchent vite.*

**146.** Cependant on peut dire : mesdemoiselles, marchez *droites,* c'est-à-dire le corps droit ; et marchez *droit,* c'est-à-dire, *allez droit devant vous.* On peut dire aussi : J'ai pris mes mesures *justes,* et *ces pierreries sont estimées juste à leur valeur.* (ACAD.) *Ils sont restés* COURTS, c'est-à-dire, ils étaient *courts,* ils sont restés tels ; *ils sont restés court,* c'est-à-dire, ils ont perdu le fil de leur discours. (*Omission de Noël et Chapsal.*)

**147.** Dans les adjectifs composés tels que *mort-né, ivre-mort,* si le premier adjectif est employé adverbialement, il reste invariable. Exemples : *les enfants* NOUVEAU-*nés* des nègres sont très-sensibles aux impressions de l'air. (BUFFON.) Légère et COURT-*vêtue,* elle allait à grands pas. (LAFONTAINE.) On excepte *fraîches cueillies, fraîches écloses,* et cela pour céder à l'euphonie, car on ne peut pas dire que des roses ni des herbes sont *fraîches ;* mais qu'elles sont *frais* ou *fraîchement* cueillies ou écloses.

**148.** Si, au contraire, le premier adjectif n'est pas employé adverbialement et qu'il serve, ainsi que le second, à qualifier le substantif exprimé, il doit varier. Exemples : *Peu d'heures avant que Montesquieu expirât, on renvoya Routhe et son compagnon* IVRES-*morts.* (VOLTAIRE.) DESTRUCTEURS-NÉS *des êtres qui nous sont subordonnés, nous épuiserions la nature, si elle n'était inépuisable.* (BUFFON.) (*Omission de Noël et Chapsal.*)

**149.** Quand deux adjectifs sont placés l'un après l'autre, et que le dernier qualifie le premier, ils restent invariables : Des cheveux *châtain-clair,* des étoffes *rose-tendre ;* c'est comme s'il y avait des cheveux d'un châtain clair, des étoffes d'un rose tendre. (*disent Noël et Chapsal.*)

Pourtant on écrira bien : *des étoffes* BLEUES CLAIRES, pour désigner des étoffes dont la couleur est *bleue,* et le tissu *clair.* (*Journal de la langue Française.*) *Les cheveux de cette petite fille étaient* CHATAINS BRUNS ET *fins.* (BUFFON.) Des *plumes bleues fines.* (*Grammaire Nationale.*) Ces exemples prouvent que deux adjectifs réunis peuvent aussi varier : c'est quand ils qualifient l'un et l'autre le substantif auquel ils se rapportent.

150. MÊME est adjectif ou adverbe ; il est adjectif, quand il précède le substantif : Les *mêmes* vertus qui servent à conquérir un empire, servent aussi à le conserver. *Même* est encore adjectif, quand il est placé après un pronom où un seul substantif : adorés de leurs peuples, ils sont des dieux eux-*mêmes*. Les rois *mêmes* sont sujets à la mort.

151. *Même* est *adverbe*, quand il a le sens d'*aussi*, de *plus*, d'*encore* : pardonnez à tout le monde, *même* à vos ennemis; on peut dire : et à vos ennemis *aussi*. *Même* est encore adverbe, et par conséquent invariable, quand il est placé après plusieurs substantifs, ou quand il qualifie un adjectif, un verbe, ou un participe : la sagesse, la vertu *même*, doivent avoir des bornes. Les hommes médisants n'épargnent pas *même* leurs amis.

Voulez-vous, pour témoins de vos faits éclatants,
Des pays inconnus *même* à leurs habitants?     (RACINE.)

152. Il ne faut pas appliquer aux personnes des adjectifs qui ne conviènent qu'aux choses ; tels sont : *contestable, incontestable, pardonnable, impardonnable, déplorable,* etc. Ces adjectifs ne se disent que des choses, parce qu'ils viènent des verbes *pardonner, contester,* qui, employés pour des personnes, sont intransitifs (neutres.) Comme on ne peut pas dire : *pardonner quelqu'un, contester quelqu'un,* on ne peut pas dire non plus : quelqu'un est *pardonnable, contestable,* etc.

153. Ne confondez pas *danger éminent* et *danger imminent.* Le premier signifie danger *très-grand*, mais qu'on peut encore éviter ; le second signifie *danger présent* et INÉVITABLE. Un homme qui est sur le bord d'un précipice, est dans un danger *éminent*; un homme qui se noie, est dans un danger IMMINENT. *Éminent* signifie aussi, *haut, élevé.* Dites : j'occupe un

poste *éminent*; ne dites pas : j'occupe une place IM-
MINENTE.

**154.** Ne dites pas non plus : cette porcelaine est *casuelle*; cette promesse est *fragile*. Dites : la porcelaine est *fragile*; cette promesse est *casuelle*.

**155.** Ne dites pas non plus : cette affaire est *rigide,
sévère, respectable*; une douleur *inconsolable*.

**156.** Ne dites pas : ce fleuve est *conséquent*; cette
ville est *conséquente*, cet homme a une place *conséquente*. Dites : *considérable, importante*; CONSÉQUENT
ne peut s'appliquer qu'aux personnes, et signifie qui
agit, qui raisonne *conséquemment*.

**157.** *Moindre* et *plus petit* ne sont point synonymes.
Le premier se dit des choses qui s'évaluent : la *moindre*
difficulté vous arrête; le second se dit des choses qui
se mesurent : ma cousine est *plus petite* que son frère.
(DOMERGUE.) (*Omission de Noël et Chapsal.*)

**158.** DIGNE se prend en bonne et en mauvaise part :
il est digne de louange, il est digne de mépris. Avec
une négation, il ne se dit qu'en bien : il n'est pas digne de votre estime; ne dites pas : il n'est *pas digne
de punition*. INDIGNE se prend toujours en mauvaise
part : *il est indigne de vos bontés*.

**159.** L'adjectif qui suit *avoir l'air* s'accorde avec
le sujet du verbe *avoir* ou avec le mot *air*. Quand la
locution *avoir l'air* marque *l'apparence*, l'adjectif s'accorde avec le sujet du verbe; quand *avoir l'air* exprime le ton, les manières, l'adjectif s'accorde avec
le mot *air*. Exemples :

| | |
|---|---|
| Cette femme a l'air *campa-gnarde, sérieuse*. (Elle semble *campagnarde, sérieuse*.) | Cette femme a l'air *campagnard, sérieux*. (Elle a l'air, les manières, le ton *campagnard, sérieux*.) |
| Elle a l'air *parisienne, bonne*; c'est-à-dire, elle a l'apparence, elle semble *bonne*. (*Omission de Noël et Chapsal.*) | Elle a l'air *parisien*, l'air *bon*; c'est-à-dire, les manières, le ton parisien, un air de bonté. |

**160.** Il y a des adjectifs qui expriment des qualités qui ne sont pas susceptibles de comparaison;
tels sont : *premier, aveugle, suprême, immense*, etc.
Mais a-t-on pu dire : *cette erreur était* LA PLUS UNIVER-

SELLE (BOSSUET.) ; *image du courtisan d'autant* PLUS PARFAITE (LA BRUYÈRE) ; *rien n'est* PLUS DIVIN *que la morale du christianisme* (CHATEAUBRIAND) ; LES PLUS EXCELLENTS *ouvriers* (LA BRUYÈRE) ; *l'auteur* LE PLUS DIVIN (BOILEAU), etc. ? Oui, car il ne faut pas s'y méprendre ; il y a une universalité, une perfection, une excellence relatives. D'Alembert a même écrit : *cela est* PLUS IMPOSSIBLE *que vous* ne pensez. ( *Omission de Noël et Chapsal.* ) (1)

§ 2. Complément des adjectifs.

**161.** Il y a des adjectifs qui s'emploient d'une manière absolue ; il y en a d'autres qui s'emploient d'une manière restreinte et déterminée par un complément qui se marque au moyen d'une des prépositions *à, de, par, contre, pour, envers*, etc., selon le point de vue. Exemples : dédaigneux *de s'instruire.* (VOLTAIRE.) La jeunesse est facile *à* séduire. (LE MÊME.) Celui qui aime le travail trouve son plaisir toujours *prêt.* (BOISTE.)

**162.** Un substantif peut être accolé à deux adjectifs, pourvu que les rapports qui les lient soient exprimés par la même préposition. Exemple : *ce père est* UTILE *et* CHER À SA FAMILLE. Cette phrase est correcte, parce que les adjectifs *utile* et *cher* exigent la préposition *à ;* on dit : *utile à, cher à.* Mais on ne pourrait pas dire : *cet homme est* UTILE *et* CHÉRI *de sa famille*, parce que *utile* et *chéri* ne veulent pas la même préposition ; dans ce cas il faut faire suivre chaque adjectif de la préposition qui lui convient, et dire : *cet homme est utile à sa famille et* EN *est chéri.*

**163.** Lorsque le verbe employé impersonnellement précède l'adjectif, il faut mettre *de* après l'adjectif ; si le verbe *être* est précédé de *ce*, il faut mettre *à*. Exemples : *il est plus glorieux* DE *se vaincre soi-même que de vaincre les autres.* (SCUDÉRY.) *C'est un spectacle horrible* À *voir.* (THIERS.) ( *Omission de Noël et Chapsal.* )

-----

(1) Voyez aussi l'ouvrage intitulé : *Les Classiques et les Romantiques*, article *Boileau*, par M. Quitard, Président de la Société grammaticale de Paris.

## CHAPITRE IV. — DU PRONOM (1).

**164.** Les pronoms, ayant toujours par eux-mêmes une signification déterminée, ne doivent pas représenter un substantif pris dans un sens indéterminé, c'est-à-dire employé sans article ou sans aucun adjectif déterminatif (2).

---

(1) « Le pronom est un mot qu'on met à la place du substan- « tif ou nom, pour en rappeler l'idée et pour en épargner la ré- « pétition. »

Si cette définition que nous donnent MM. Noël et Chapsal est exacte, qu'ils nous disent de quels noms les mots *je*, *tu*, *nous*, *vous*, tiènent la place? Puisque l'on ne peut remplacer ces mots par aucun substantif sans altérer la forme du verbe, sans changer l'idée, il faut donc convenir avec Condillac, Lemare et la Société grammaticale, que les prétendus pronoms sont de vrais substantifs.

*On* est l'abrégé de *homme*. *Autrui* n'est nullement un pronom. *Tout*, substantif collectif universel, un pronom; et *rien*, un substantif! De quel nom *personne* tient-il la place? C'est une vraie mystification.

Tous ces mots sont, à notre avis, ou des substantifs indéterminés, ou des adjectifs employés elliptiquement comme substantifs. ( Voir l'*Examen critique de la Grammaire des Grammaires*, par M. Dessiaux.)

(2) Voilà ce que disent MM. Noël et Chapsal. Mais cette règle nous semble trop absolue; car si nous consultons les écrivains, nous voyons qu'ils ne se sont pas fait scrupule de se servir des pronoms après les substantifs indéterminés. En effet, Racine a dit:

Quand je me fais *justice*, il faut qu'on se *la* fasse.

J.-J. Rousseau : En devenant capable d'*attachement*, il devient sensible à *celui* des autres. Condorcet : Une âme noble rend *justice*, même à ceux qui *la* lui refusent. Marmontel : Je suis en bonne *santé*, je *la* dois à l'exercice et à la tempérance. Voltaire : On a raison d'appeler son bien *fortune ;* car un moment la donne, un moment *l'*ôte. Maugard : Vous leur faites apprendre beaucoup de règles, et ensuite traduire du français qu'ils entendent mal, en *latin* qu'ils n'entendent pas du tout.

Il n'y a rien à opposer à ces faits, et à des milliers d'autres

**165.** Quand un même pronom est employé deux fois comme sujet, il ne faut pas que ce pronom se rapporte tantôt à un substantif, tantôt à un autre. Ne dites pas : *Mon père a voyagé dans votre pays, et* IL *lui a paru si beau qu'*IL *a voulu y rester.* On voit que le premier *il* se rapporte à PAYS, et le second à *père.* Dans ce cas, on emploie une autre tournure. Dites : *Votre père a voyagé dans votre pays,* QUI *lui a paru si beau qu'il y est resté.* Ne dites pas non plus : *j'ai vu avec plaisir cette comédie,* QUI *a été jouée par un acteur* QUI *a de l'aplomb sur la scène.* On voit que le premier *qui* se rapporte à *comédie*, et le second à *acteur.* Dites : *j'ai vu avec plaisir cette comédie jouée par un acteur* QUI *a de l'aplomb*, etc.

**166.** Le rapport d'un pronom employé comme sujet, doit être clair et sans équivoque. Ne dites pas : *Molière a surpassé Plaute dans ce qu'*IL *a fait de mieux. Il* semble se rapporter à Molière et à Plaute. Dites : *Molière, dans tout ce qu'*IL *a fait de beau, a surpassé Plaute ;* ou : *Molière a surpassé Plaute dans tout ce que* CELUI-CI *a fait de mieux.*

**167.** Les pronoms personnels sujets se placent avant le verbe, excepté :

1°. Dans les propositions incidentes qui annoncent qu'on va rapporter les paroles de quelqu'un. Exemple : *Nous connaissons,* DIRENT-ILS, *vos travaux.*

2°. Quand le verbe est au subjonctif, sans conjonction exprimée. Exemple : PUISSENT-ILS *nous rapporter de bonnes nouvelles !*

3°. Dans les phrases interrogatives. Exemples : AIMEZ-VOUS *l'étude ?* AURONS-NOUS *bientôt fini ce thème ?* On voit par ce dernier exemple que, dans les temps simples, le pronom se place après le verbe, et dans les temps composés, entre l'auxiliaire et le participe.

4°. Après les mots *aussi, peut-être, à peine, en vain, encore, combien, toujours, du moins, au moins*, etc.

semblables que nous pourrions citer au besoin. Il faut donc conclure que toutes les fois que l'idée du substantif pris indéterminément, est assez saillante pour se faire considérer à part, on peut le représenter par un pronom.

Exemples : A peine une résolution était-*elle* prise. (FÉ-
NELON.) Aussi les habitants ont-*ils* le teint d'une couleur cadavéreuse. (ALBERT-MONTÉMONT.) Encore les
rois qui les ont bâties (*les pyramides*) n'ont-*ils* pas eu
le pouvoir d'y être inhumés. (CHATEAUBRIAND.) Peut-
être viendra-t-*il* ? Combien ceux-là sont-*ils* à plaindre ! Cependant cette exception n'est pas de rigueur,
car on peut dire sans se servir du pronom : à peine
ces funestes paroles *frappent* leurs oreilles. (FÉNELON.)
Aussi les bons rois *jouissaient* d'un bonheur infini,
(*le même*) etc. etc.

168. La répétition des pronoms donne plus de gra-
vité à la phrase ; leur suppression, dans les propositions secondaires, lui donne plus de vivacité : *il*
s'écoute, *il* se plait, *il* s'adonise, *il* s'aime. (J. B.
ROUSSEAU.) — *Il* prit, quitta, reprit la cuirasse et la
haire. (VOLTAIRE.)

169. Quand les verbes sont à des temps différents,
la répétition ou la suppression du pronom personnel
sujet est une affaire de goût, soit quand les propositions sont affirmatives, comme dans cet exemple :
*J'aurai vécu* sans crime et *mourrai* sans remords. (LA-
FONTAINE.), soit quand on passe du sens affirmatif au
sens négatif, comme dans ce vers : J'ai trompé l'univers, et ne *puis* me tromper. (VOLTAIRE.) Mais en
passant du sens négatif à l'affirmatif, il faut absolument répéter le pronom comme dans cet autre
vers : *Tu n'*as point d'aîles, et *tu veux* voler ? Rampe.
(VOLTAIRE.)

170. La répétition des pronoms personnels employés comme sujets, est indispensable quand les
propositions sont liées par toute autre conjonction
que *et, ou, ni, mais* : il est aimé parce qu'*il* est sage ;
il est savant, quoiqu'*il* soit bien jeune.

*Remarque.* Les pronoms personnels *moi* et *nous*,
joints à un substantif ou à un autre pronom, ne
doivent être placés qu'en dernier lieu. Ne dites
donc pas : *moi* et *vous* nous irons à Paris. Dites : *vous*
et *moi*, etc.

171. On emploie quelquefois *nous* pour *moi* ou *je*,
principalement dans les actes. Un auteur s'en sert

aussi en parlant de lui-même, et cette façon de parler est plus modeste. Cependant elle est particulièrement réservée pour les actes émanés d'un chef suprême; dans ce cas les adjectifs ou participes qui se rapportent à *nous*, restent au singulier. (*Omission de Noël et Chapsal*) Exemples : Nous nous sommes *cru* dans l'obligation de commencer par examiner si l'on doit instruire le peuple. (NAVILLE.) Nous sommes trop *persuadée* du peu d'intérêt qu'offrent ces mémoires. (Mᵐᵉ de PUISIEUX.) Il nous a *déshonoré*. (MOLIÈRE.)

**172.** Par respect ou par honnêteté on dit aussi *vous* au lieu de *tu, toi*. Exemples : et qui vous a *chargé* du soin de ma famille? (RACINE.) Songez bien dans quel rang vous êtes *élevée*. (RACINE.) (*Omission de Noël et Chapsal.*)

**173.** Les pronoms personnels compléments se répètent avant chacun des verbes qui ont des compléments différents, et qui sont à un temps simple :

Son visage odieux M'afflige et ME poursuit.

**174.** Mais les pronoms compléments peuvent ne pas se répéter avant les verbes qui ont le même complément, et qui sont à des temps composés. Exemple : *ce maître NOUS a promis et donné des récompenses.* Dans ce cas on supprime aussi l'auxiliaire.

**175.** Tous les pronoms compléments se placent avant le verbe, excepté quand il est à l'impératif; alors ils se mettent après ce mode avec un trait d'union. Exemple : Ouvre-moi ta porte.

**176.** *Remarque.* S'il y a deux pronoms, on les met après l'impératif avec deux traits d'union, en énonçant le complément direct le premier. Exemple : *vous avez caché ses livres; rendez-les lui.*

**177.** Quand la proposition est négative, les pronoms compléments reprènent leur place avant l'impératif : *ne les lui rendez pas.* (*Omission de Noël et Chapsal.*) Dites : *envoyez-y moi, menez-y le, promènes-y toi,* pour éviter le son désagréable de *envoyez-m'y, menez-l'y, promène-t'y,* etc.

**178.** Quand le pronom *soi* se rapporte au sujet

de la proposition, doit-il s'exprimer par *lui*, par cela seul que le sujet est précis, et qu'il ne consiste pas dans une de ces expressions *on*, *chacun*, *personne*, *quoique*, *ne*, ou dans un *infinitif*, etc. ? Nos bons auteurs, dans lesquels nous devons puiser nos règles de grammaire, ont reconnu que trop souvent, dans ce cas, l'emploi du pronom *lui* offre une équivoque, et généralement ils font usage de *soi*. Exemples :

Si jamais l'Angleterre revient à soi, la postérité n'aura jamais assez de louanges pour célébrer les vertus de la religieuse Élisabeth.                (BOSSUET.)

Le chat ne paraît sentir que pour soi.       (BUFFON.)

Apprenez qu'il n'en est pas une qui ne traîne après soi le trouble et la douleur.       (Mᵐᵉ DESHOULIÈRES.)

Idoménée revenant à soi remercia ses amis.       (FÉNELON.)

L'ardeur de s'enrichir chasse la bonne foi;
Le courtisan n'a plus de sentiment à soi.       (BOILEAU.)

Ou mon amour me trompe, ou Zaïre aujourd'hui
Pour l'élever à soi descendrait jusqu'à lui. (1).       (VOLTAIRE.)

**179.** C'est encore à tort que MM. Noël et Chapsal disent que le pronom *soi* est *toujours* du nombre singulier; on le trouve aussi en rapport avec des mots pluriels. Exemples : *tous les animaux* ont en soi un instinct qui ne les trompe jamais. (BUFFON.) Des *soi*-disant docteurs. (ACAD.) Des *soi*-disant beaux-esprits. (VOLTAIRE.)

**180.** On emploie *soi* au lieu de *lui*, *elle*, *eux*, *elles*, lorsque ces pronoms pourraient donner lieu à quelque équivoque. L'égoïste, en travaillant pour quelqu'un, travaille pour soi. — Si l'on mettait travaille pour LUI, *lui* pourrait se rapporter à égoïste ou à quelqu'un.

**181.** La plupart des grammairiens veulent que

---

(1) Maintenant que devient la règle de MM. Noël et Chapsal, qui avancent que le pronom *soi* ne peut se construire qu'avec un sujet vague et indéterminé, comme *on*, *quiconque*, *chacun*, etc. ? Cette règle est évidemment fausse.

lorsqu'un verbe a plusieurs pronoms pour complément, on les fasse précéder de *vous* ou de *nous*, selon la personne ; que par conséquent il faut dire : la fortune *nous* a persécutés lui et moi, et non la fortune a persécuté *lui* et *moi*. Cette règle nous semble trop absolue, et il ne serait pas difficile de trouver dans nos écrivains bon nombre d'exemples du contraire. Exemple : *Pénélope ne voyant revenir ni lui ni* MOI *n'aura pu résister à tant de prétendants*. (FÉNELON.) Voici des exemples analogues pour ces mêmes pronoms en sujets : *Albert* et *moi* sommes tombés d'accord (MOLIÈRE) ; ni *vous* ni l'*empereur* ne voulez courir au Bosphore. (VOLTAIRE.) *Son père, sa mère et moi, le lui* AVONS *défendu*. (ACADÉMIE.) On voit, par ces exemples, que les pronoms *nous* et *vous* peuvent être supprimés ; c'est une affaire de goût.

182. Les pronoms *lui, eux, elles*, employés comme compléments, ne se disent point des objets inanimés ; on les remplace par *le, la, les*. Ne dites pas : est-ce là votre château ? oui c'est *lui* ; il faut ce *l'est* ; ni sont-ce là vos livres ? oui ce sont *eux* ; il faut : ce *les* sont, ou bien encore : *ce sont les miens*. Sont-ce là vos gants ? ce *les* sont en effet. (REGNARD.)

183. Les pronoms *lui, leur, eux, elle, elles*, employés comme régimes indirects, ne s'appliquent qu'aux personnes et aux choses personnifiées. Ainsi il ne faut pas dire : *cette maison menace ruine, n'approchez pas d'elle ; ce cheval est méchant, ne* LUI *touchez pas ; ces bâtiments n'étant pas assez grands,* JE LEUR *ferai ajouter une aile ;* dans ce cas on se sert des pronoms *en* et *y* : n'*en* approchez pas, n'*y* touchez pas, j'*y* ferai ajouter, etc. (1).

_____________

(1) Cette règle que donnent MM. Noël et Chapsal nous semble trop absolue. En effet, la substitution qu'ils proposent n'est pas toujours possible ; aussi nos bons auteurs se sont-ils souvent écartés de cette règle. Exemples : *On ne saurait dire si Ésope eût su et de remercier la* NATURE *ou de se plaindre d'*ELLE. (LA FONTAINE.) *Les arts et les sciences doivent être encouragés, c'est par* EUX *que les nations deviennent florissantes*. (RAYNAL.) *Il faut acquérir les cœurs défiants pour venir à bout d'*EUX. (PIRON.)

184. Le pronom est invariable, quand il représente
un adjectif, ou un substantif pris adjectivement, ou
enfin une proposition entière. Mais, si c'est un substantif, ou un adjectif pris substantivement, il faut
*la* au féminin, et *les* au pluriel. Exemples :

Ma mère et ma sœur ont été enrhumées, et *le* sont
encore. Ici *le* est invariable, parcequ'il représente un
adjectif ; elles sont CELA, *enrhumées.*

Madame, êtes-vous mariée ? Oui, je *le* suis, CELA,
*mariée.* N'êtes-vous pas *la mariée* ? Oui, je *la* suis, *la*
*mariée.* Ici, *la* représente le substantif féminin, *la*
*mariée.* Êtes-vous mère ? Oui, je *le* suis. Êtes-vous
la mère de cet enfant ? Oui, je *la* suis, *la mère.* —
Messieurs, êtes-vous coupables ? Oui, nous *le* sommes. — Êtes-vous les coupables ? Oui, nous *les* sommes (1).

185. L'emploi du pronom *le,* disent MM. Noël et
Chapsal, n'est pas à imiter dans cette phrase :

*On ne détruit pas ces abus comme il devrait l'être.*
En général, ajoutent-ils, tout pronom doit se rapporter à un mot précédemment énoncé, et ici *le*
pronom *le* représente le participe *détruit* qui n'est
pas exprimé dans la phrase (2).

---

(1) Il est des cas où, contrairement à cette règle, *le* est en relation avec des substantifs déterminés, et reste invariable ; alors
il y a syllepse, et le mot *le* signifie *cela, ce que je dis.* Exemples :

*Les objets* de nos vœux *le* sont de nos plaisirs. (CORNEILLE.)

Est-ce que nous sommes *la cause* qu'ils s'en éloignent ? Oui,
nous *le* sommes.                              (MARMONTEL.)

Voyez Aigues-Mortes, Fréjus, Ravenne qui ont été *des ports,*
ils ne *le* sont plus.                        (VOLTAIRE.)

          (*Omission importante de MM. Noël et Chapsal.*)

(2) Les nombreux exemples que nous avons trouvés dans nos
grands écrivains, prouvent que le relatif *le* peut très-bien s'employer quand on passe du passif à l'actif ; dès-lors sachant combien est légère la différence des temps simples aux temps composés, on doit voir que cette syllepse est très-naturelle. Exemples :
*Je ne* l'AIMERAIS *pas si je ne croyais* L'*être.* (MOLIÈRE.) *Le bœuf*
REMPLIT *ses premiers estomacs tout autant qu'ils peuvent* L'*être.*
(BUFFON.) *Il est difficile* d'EMBELLIR *ce qui ne doit* L'*être que*
*jusqu'à un certain degré.* (THOMAS.) *On ne peut vous* ESTIMER *et*
*vous* AIMER *plus que vous ne* L'*êtes du vieux solitaire.* (VOLTAIRE.)

**186.** Les pronoms *le*, *la*, *les*, ne peuvent se rapporter ni au sujet ni au déterminatif du sujet de la proposition où il figure. Ne dites pas : *l'allégresse du cœur s'augmente à LA répandre*, ni *le fils d'Ulysse LE surpasse déjà en éloquence*. (*Omission de Noël et Chapsal.*)

**187.** Les pronoms possessifs *le mien, le tien, le nôtre, le vôtre*, etc. doivent, comme les autres pronoms, se rapporter à un substantif exprimé précédemment. Ne dites pas : j'ai reçu LA VÔTRE le premier du courant ; dites : j'ai reçu VOTRE LETTRE le, etc.

**188.** *Le mien, le tien, le nôtre, le vôtre*, etc. ne peuvent représenter des noms de choses, comme *âme, esprit, tête, plume, épée*, etc., quand ces noms tiènent lieu de la personne à qui l'on parle. Ne dites pas, en parlant d'un auteur, il n'y a pas de meilleure PLUME que la SIENNE. Dites : *Il n'y a pas de meilleure plume* QUE LUI ; car cela signifierait, non que l'auteur *est bon*, mais que la plume dont il se sert est la meilleure des plumes pour écrire. Si, en parlant d'un homme d'état, vous lui disiez : il n'y a pas de plus *forte tête* que *la vôtre*, il pourrait se croire insulté. Dites : Il n'y a pas de plus forte tête que vous.

**189.** Quand CE et ÊTRE, comme *c'était, c'est, ce sera*, se trouvent placés avant plusieurs substantifs singuliers, ou avant les pronoms NOUS et VOUS, le verbe reste au singulier : C'est le feu et l'or. C'est nous, c'est vous qui, etc., et non : *ce sont le fer et l'or, ce sont nous que, ce sont vous qui.*

*Ce* veut le verbe au pluriel, quand ce dernier est suivi d'un substantif pluriel, ou d'un pronom de la troisième personne du pluriel : CE FURENT *les Phéniciens qui inventèrent la navigation.* Ne dites donc pas : *C'est les vices* qui dégradent l'homme ; il faut : *ce sont les vices qui*, etc.

**190.** Dans les phrases interrogatives, le verbe ÊTRE ne se met au pluriel, avant un pronom du même nombre, que quand il est à l'imparfait de l'indicatif, ou à l'un des conditionnels. Ne dites pas : *sont-ce eux* qui vous ont écrit ? Dites : *est-ce eux ?* Ne dites pas : *seront-ce elles* qui viendront avec nous ? Dites :

*sera-ce elles* qui etc. Mais dites : *étaient-ce eux ? se-raient-ce eux ?* ou *auraient-ce été elles ?* Il n'est permis de dire *sont-ce* qu'avant un substantif pluriel : *sont-ce* les Anglais qui ont fait cela ? (Académie.)

D'un courage naissant *sont-ce* là les effets ?    (RACINE.)

**191.** Quand *ce* est suivi du verbe *être* et du complément indirect d'un autre verbe, le verbe *être* reste au singulier. Exemple : C'EST *aux vertus que nous devons nos premiers hommages.* Ne dites pas : CE SONT *à vos sollicitations* que je dois ma place. Dites : C'EST *à vos sollicitations*, etc.

**192.** On doit faire usage de la conjonction *que*, quand *ce* et *être* sont suivis d'un substantif ou d'un pronom précédé d'une préposition ou de l'un des articles *au, à la, du, des.* Quand *ce* et *être* sont joints à un infinitif, on ne met *que de.*

| C'EST suivi de *que*. | C'EST suivi de *que de*. |
|---|---|
| C'est à la chambre des députés QUE je m'adresse. | C'est se moquer de la chambre QUE D'agir ainsi. |
| C'est de vos discussions QU'il s'agit. | C'est se tromper QUE DE compter sur sa bonne foi (1). |

(LUCET DE LAMAILLARDIÈRE.)

**193.** Le pronom CE, disent MM. Noël et Chapsal, placé au commencement d'une phrase, doit être répété dans le second membre de la phrase, lorsque celui-ci commence par le verbe *être.*

Ce que je désire le plus, *c'est* d'aller vous voir.
Ce qui m'indigne, *ce sont* les injustices des hommes.

Cependant la répétition du pronom *ce* n'est pas de rigueur, lorsque le verbe *être* est suivi d'un *substantif* SINGULIER ; l'usage permet de dire :

Ce qui mérite le plus notre admiration, *c'est ou est la* vertu (2).

---

(1) Cependant l'usage permet dans ce cas de supprimer la conjonction *que*, et de dire : *c'est se tromper* DE *compter sur sa bonne foi.* C'est le goût qui en décide.

(2) MM. Noël et Chapsal se trompent ; car l'usage permet de

**194.** C'est pour donner plus de force ou d'élégance à la phrase, que souvent on répète le pronom *ce*. Voici une phrase qui prouve combien la répétition de *ce* a d'élégance :

> *Laisser le crime en paix, est s'en rendre complice.*
> *Laisser le crime en paix, c'est s'en rendre complice.*

**195.** Quand l'attribut est un infinitif, généralement on répète le sujet *ce*. Exemple : *épargner* les plaisirs, *c'est les multiplier* (FONTENAI). On permet cependant la suppression de *ce* avec la négative dans le style familier. Exemples : souffler *n'est* pas jouer ; brûler *n'est* pas répondre. (VOLTAIRE.)

**196.** CE, joint au verbe ÊTRE suivi d'un nom ou d'un pronom de la troisième personne plurielle, veut ce verbe au pluriel. Exemple : *ce ne sont* ni *les arts* ni les *sciences* qui dégradent l'homme, *ce* SONT les vices. (BERNARDIN DE ST-PIERRE.)

Cependant plusieurs de nos bons auteurs n'ont pas craint de violer cette règle. Ex : *c'est* donc les *dieux* et non la mer qu'il faut craindre. (FÉNELON.) *Ce n'est* pas les Troyens, c'est Hector qu'on poursuit (RACINE.) *Est-ce* les *Anglais* que vous aimez ? (ACAD.) Dans ce cas le mot pluriel n'offre pas l'idée dominante, il n'est placé qu'en seconde ligne dans la pensée, aussi n'est-il pas suivi du pronom relatif *qui.* (*Omission de Noël et Chapsal.*)

**197.** Les pronoms *celui, ceux, celle*, prétendent MM. Noël et Chapsal, ne doivent pas être suivis immédiatement d'un adjectif ou d'un participe, soit présent, soit passé. Ne dites pas : le goût de la philosophie est celui *dominant.* Dites : *est le goût dominant.*

---

répéter ou de supprimer le pronom *ce* avec un nom PLURIEL aussi bien qu'avec un nom *singulier.* Exemples : *Après les bonnes* leçons, CE qu'il y a de plus instructif SONT les ridicules. (DUCLOS/) CE qu'on souffre avec le moins de patience, SONT les perfidies, les trahisons, les noirceurs. (TH. CORNEILLE.)

> CE poison, préparé des mains de l'artifice,
> SONT les armes d'un sexe aussi trompeur que vain.
>
> (VOLTAIRE.)

Ne dites pas non plus : *celle imprimée*; dites : *celle qui est imprimée* (1).

198. *Celui*, *celle* peuvent être en relation avec des substantifs singuliers ou pluriels Exemples : *de toutes les* CHOSES *entreprises par Bonaparte,* CELLE *qui lui coûta le plus fut indubitablement son concordat.* (CHATEAUBRIAND.) *L'influence du luxe se répand sur toutes les* CLASSES *de l'état, même sur* CELLE *du laboureur.* (MARMONTEL.) *Vous porterez en vous-même un* TÉMOIGNAGE *qui vous dispensera de* CEUX *des hommes.* (J. J. ROUSSEAU.)

Il est vrai qu'on peut éviter cette construction en répétant le substantif, et que souvent même cette répétition est élégante : par exemple Marmontel aurait pu dire : *l'influence du luxe se répand sur toutes les* CLASSES *de l'état, même sur la* CLASSE *du laboureur.* Mais ce n'est pas là un motif pour proscrire la première construction. ( *Omission de Noël et Chapsal.* )

199. *Celui-ci*, *celui-là* s'emploient de cette manière : *celui-ci* pour représenter la personne ou l'objet dont on a parlé en dernier lieu ; *celui-là* pour représenter la personne ou l'objet dont on a parlé en premier lieu. *Le corps périt, et l'âme est immortelle ; cependant on néglige* CELLE-CI (l'âme) *et les soins sont pour* CELUI-LA (le corps.)

200. Ne dites pas : CELUI-LA *qui aime Dieu garde ses commandements.* Dites : CELUI *qui aime Dieu,* etc.; jamais on ne doit faire usage du pronom *celui* avec *là* adverbe, quand CELUI est immédiatement suivi d'un des pronoms *qui* ou *lequel.* Mais on peut dire : CELUI-

---

(1) Cependant nos bons auteurs se sont très-souvent écartés de cette règle. Exemples : J'ai joint à ma lettre *celle écrite* par le prince. (RACINE.) Les éditions postérieures à *celles données* par Corneille. (VOLTAIRE.) Le goût de la philosophie n'était pas alors *celui dominant.* (Id.)

Et récemment encore M. Thiers disait du haut de la tribune nationale : *Il faut du courage et du dévouement pour accepter, dans des circonstances comme* CELLES ACTUELLES, *un pouvoir écrasant par son poids.* Le journal de la langue française a soutenu que cette phrase, *apportez-moi des fruits, et surtout* CEUX CUEILLIS *ce matin,* est correcte.

... avoit, etc.; ... en le prenant celui-là ... relatif qui par un verbe. ( Omission de ... et ... )

114. Cependant nos bons écrivains ne se sont pas fait scrupule de faire suivre les pronoms celui-ci, celui-là de que ou de qui. Exemples : c'est celui-là qui ... d'époque. ( DEMOUSTIER. ) L'endurcissement de ... qui s'en font un titre contre elle. ( VAU-VENARGUES. ) Il n'y a point de doctrine plus propre à l'homme que celle-là qui l'instruit. ( PASCAL. ) Celui-là qui vit ignoré, vit heureux. ( BOINVILLIERS. )

... second ne s'emploie qu'en parlant de deux objets. Ainsi dites d'un ouvrage qui n'a que deux volumes : le *premier* et le *second* tome; où en parlant d'une maison qui n'aurait que deux étages : le *premier* et le *second* étage. Si l'ouvrage ou la maison a plus de *deux volumes*, plus de *deux étages*, on peut dire indifféremment : le *second* ou le *deuxième* volume; le *second* ou le *deuxième* étages.

115. Le pronom relatif qui prend toujours le nombre et la personne du mot auquel il se rapporte et les communique au verbe; il faut dire : moi qui *suis* estimé, toi qui *es* estimé, lui qui *est* estimé, nous qui *sommes* estimés, etc.

C'est moi qui *suis* Guillot, berger de ce troupeau.
( LA FONTAINE. )

Et c'est *nous* trop souvent qui *fesons* nos malheurs.
( CHÉNIER. )

Je ne vois que *nous deux* qui *soyons* raisonnables.
( COLIN D'HARLEVILLE. )

Ce principe posé, les exemples suivants sont-ils corrects?

Il ne voit à son sort que *moi* qui *s'intéresse*. ( RACINE. )

Il n'avait que *moi* qui *pût* le secourir. ( VOLTAIRE. )

Demandre approuve cette construction où il ne voit qu'une ellipse très-simple. En effet, l'analyse de cette phrase, *il ne voit à son sort que moi qui s'intéresse*, est celle-ci : *il ne voit* AUCUNE *personne*, AUCUN *individu, autre que moi qui s'intéresse à son sort.*

Aussi, dit ce savant grammairien, toutes les fois que l'on peut sous entendre *personne*, *nul individu*, il est permis, dans des phrases semblables, d'imiter Racine, Voltaire, Molière, Fénelon, etc. C'est donc à tort que MM. Noël et Chapsal ont critiqué ce vers de Molière : *ce n'est pas moi qui se ferait* prier.

**204.** Plusieurs grammairiens ont avancé que toutes les fois que le relatif *qui* est précédé des mots *le seul*, *le premier*, il est préférable de mettre le verbe à la troisième personne, parce qu'il y a ellipse du mot *homme*. Mais la vérité est que ces mots *le seul*, *le premier* sont tellement identifiés avec le pronom qui les précède, que le verbe peut également en prendre le nombre et la personne. Exemples :

| *Accord avec la 1re ou la 2e personne.* | *Accord avec la 3e personne.* |
|---|---|
| Vous êtes *le seul* qui PARAISSIEZ me conduire à la félicité. (J.-J. ROUSSEAU ) | Tu étais *le seul* qui FÛT me dédommager de l'absence de Rica. (MONTESQUIEU.) |
| C'est vous qui, *le premier*, AVEZ rompu nos fers. ( VOLTAIRE.) Vous êtes le *seul* qui vous PLAIGNIEZ qu'on ne sait à quoi s'en tenir. (MASSILLON.) | Je suis le *premier* qui AIT fait connaître en France la poésie anglaise. (VOLTAIRE.) Souviens-toi que je suis *le seul* qui t'a déplu. (FÉNELON.) |

**205.** Quand un pronom et son attribut ne présentent pas à l'esprit deux êtres distincts, le relatif *qui* se rapporte nécessairement au premier ; dans ce cas le verbe se met à la première ou à la seconde personne, soit du singulier, soit du pluriel.

Mais si le pronom et son attribut, quoique identiques, font naître l'idée de deux êtres séparés ; dans ce cas *qui* est relatif à l'attribut et demande conséquemment le verbe, dont il est le sujet, à la troisième personne. Exemples :

| *Accord avec la 1re ou la 2e personne.* | *Accord avec la 3e personne.* |
|---|---|
| Je suis *Diomède*, roi d'Etolie, qui *blessai* Vénus au siège de Troie. (FÉNELON.) Vous êtes *des enfants* qui, | Je suis l'homme qui *accoucha* d'un œuf. (VOLTAIRE.) Vous êtes *un génie* tutélaire |

dans vos jeux, ne savez que faire du mal aux hommes. (J.-J. Rousseau.)

Nous sommes *deux religieux* de St-Bernard qui *voyageons* pour nos affaires. (Florian.)

Je suis *une bourgeoise* qui *sais* me mesurer justement à ma toise. (Regnard.)

qui est venu consolider la paix. (Laveaux.)

Nous sommes au milieu de l'Italie, comme des *enfants abandonnés* qui *errent* parmi les ruines des palais de leurs aïeux. (Villemain.)

Je suis *ce Tancrède* qui *a* ceint l'épée pour Jésus-Christ. (*Jérusalem délivrée.*)

(Voilà de ces grandes difficultés qu'ont adroitement évitées MM. Noël et Chapsal.)

**206.** Le pronom relatif doit être placé près de son antécédent, de manière à écarter toute équivoque. Ne dites pas : J'ai acheté une MAISON pour votre *sœur que* je trouve fort jolie.

On ne sait si c'est *la maison* ou la *sœur* qu'on trouve *jolie.* Ces sortes de phrases sont vicieuses puisqu'elles offrent deux sens opposés.

**207. Remarque.** *Qui,* pronom absolu, ne s'emploie point en parlant des choses. Ne dites pas : j'ai plusieurs raisons à alléguer contre ce que vous dites ; qui sont-elles ? dites : *quelles* sont-elles ? mais en parlant des personnes, on dira bien : il y avait chez vous beaucoup de personnes, *qui* sont elles ?

**208.** *Qui,* précédé d'une préposition, ne s'emploie que pour les personnes. Quand il est question de choses ou d'êtres vivants autres que des *personnes,* on emploie *lequel, laquelle* au lieu de *qui.* Dites : la grammaire à *laquelle* je m'applique, et non : *à qui* je m'applique. Ne dites pas le cheval *sur qui* je suis monté. Dites : *sur lequel* ; mais on dit bien, la personne *à qui* ou à *laquelle* je me confie. En poésie il est permis de déroger à ce principe et nos meilleurs poètes en offrent l'exemple :

Soutiendrez-vous un faix sous QUI Rome succombe ?
(Corneille.)

Je pardonne à la main *par qui* Dieu m'a frappé.
(Voltaire.)

Racine, J.-J. Rousseau, Delille en présentent aussi

des exemples. Mais si cette inexactitude grammaticale est tolérée, c'est qu'elle donne plus de nerf et de précision à l'expression, et qu'en poésie tout s'anime, et qu'on personnifie souvent les objets. (*Omission de Noël et Chapsal.*)

209. On remplace encore *que* et *qui*, par *lequel*, *laquelle*, et *dont* par *duquel*, de *laquelle*, *desquels*, pour éviter une équivoque. Ne dites pas : la fille du roi *qui* n'était pas moins affable : on ne sait si le *qui* rappelle le roi ou la fille ; dites : la fille du roi *lequel*, etc., ou la fille du roi *laquelle*, etc. Il faut encore employer *duquel* ou *desquels*, si le sujet auquel se rapporte le pronom relatif est précédé d'une préposition : *l'homme à la réputation* DUQUEL *vous voulez nuire*, si vous écriviez l'homme à la réputation *dont* vous voulez nuire, il y aurait encore équivoque.

210. Quand les mots *qui*, *quel*, *lequel*, etc., sont suivis de la conjonction *ou*, doit-on exprimer ou supprimer la préposition *de* avant les noms ou pronoms unis par cette conjonction ?

L'usage, comme on peut s'en convaincre par la lecture de nos bons auteurs, est encore partagé et permet de dire également : *lequel* des deux fut le plus intrépide, *de* César ou *d'*Alexandre ? ou bien : *lequel* des deux fut le plus intrépide, *César* ou *Alexandre*. ( *Omission de Noël et Chapsal.*)

| *Avec* DE. | *Sans* DE. |
|---|---|
| Nous t'avons élu pour nous dire *qui* a raison *de* moi ou de ma fille ?          (MOLIÈRE.) | *Lequel* des deux a tort, ou celui qui cesse d'aimer, ou celui qui cesse de plaire ?                (MARMONTEL.) |
| *Lequel* doit ici vaincre *de* vous ou *de* moi? (CORNEILLE.) | *Qui* des deux est plus fou, le *prodigue* ou l'*avare*?                (REGNARD.) |

211. Il ne faut pas confondre *dont*, qui marque la relation, avec *d'où*, qui ne s'emploie que pour marquer le lieu d'où l'on vient, d'où l'on sort. Dites : la personne *dont* je parle, la ville *d'où* je viens ; et non : la ville DONT je viens.

212. Cependant, quoiqu'il s'agisse, en quelque

sorte, de lieu, lorsque l'on parle de descendance, de naissance, il faut employer DONT :

> Je jure par le ciel qui me voit confondue,
> Par ces grands Ottomans *dont* je suis descendue. (RACINE.)

**213.** *La non-existence de Dieu est une chose que l'on ne peut supposer qui ait été adoptée par des hommes de bon sens.* On voit que, dans cette phrase le substantif *chose* est représenté deux fois par *que* et *qui*, quoiqu'il ne reçoive qu'une seule et même attribution. C'est comme si l'on disait : *la non-existence de Dieu est une chose* LAQUELLE CHOSE *on ne peut supposer* LAQUELLE CHOSE *ait été adoptée par des hommes de bon sens*. Ces *que*, *qui*, en ce cas-là, sont très-désagréables. Dites : la non-existence de Dieu est une chose *que* l'on ne peut supposer *avoir été adoptée par des hommes de bon sens*.

**214.** L'adjectif ou le participe qui se rapporte au pronom *on* se met au féminin, quand ce pronom s'applique spécialement à une femme ; et au pluriel, quand il s'applique à plus d'une personne, et qu'on sous-entend un substantif pluriel en rapport avec cet adjectif. *Ma fille*, ON *n'est vraiment aimée que lorsqu'*ON *est aimable ;* ON *est heureux en ménage quand* ON *est bien* UNIS. (ACAD.)

**215.** Le mot *quiconque* est ordinairement du masculin et ne peut se dire que des personnes : *Quiconque est né envieux et méchant, est naturellement triste.* (POMILLY.) On peut l'employer au féminin singulier ; Exemple : *quiconque de vous, Mesdames, sera assez hardie pour médire de moi, je l'en ferai repentir.* (ACAD.) Ce pronom n'a point de pluriel.

**216.** Ne dites pas : l'on a fait paraître jusqu'ici plusieurs journaux d'éducation. La lettre euphonique *l'* ne se met avant *on* que pour la douceur de la prononciation. Il serait ridicule, disent nos meilleurs grammairiens, de commencer une phrase et même un alinéa par *l'on*.

Ne dites pas non plus : *si on excepte la matinée du 18 qui fut pluvieuse.* Dites : si L'ON *excepte la*, etc.

Il faut employer l'articulation *l* après *et*, *si*, *ou*,

comme : et *l'on* dit, où *l'on* est, si *l'on* veut, à moins
que *et*, *si*, *où* ne soient suivis de *le*, *la*, *les*, *lui*, *leur*.
On ne dirait pas : *et* L'on LE *dit*, *où* L'on LE *voit*, *si*
L'on LE *veut*.

**217.** On doit encore mettre l'articulation *l* avant
*on*, quand ce mot est précédé de la conjonction *que* et
suivi d'une syllabe qui répéterait le même son ; ainsi
évitez de dire : les choses qu'*on conçoit*, qu'*on comprend*.
prend. Dites : les choses que *l'on* conçoit, que *l'on*
comprend.

**218.** Ne dites pas : *on* dit qu'*on* a pris Constantine.
tine. Le pronom *on*, comme tous les autres pronoms,
ne doit pas être répété avec des rapports différents.
Dans cette phrase le premier *on* se rapporte à ceux
qui disent qu'on a pris Constantine, et le second à
ceux qui l'ont prise.

**219.** Quand *quelqu'un* est suivi d'un adjectif, on
place la préposition *de* avant cet adjectif : *Est-il quelqu'un*
*qu'un D'assez juste pour me soutenir dans cette affaire?*

**220.** Généralement les auteurs font usage de *son*,
*sa*, *ses*, etc. après *chacun*, *chacune*, si dans la proposition
sition antécédente le verbe a un complément qui précède
cède ce pronom, de telle sorte que la phrase arrivée
là, offre un sens complet. Exemples :

Les deux rois fesaient chanter des te-deum, *chacun* dans *son*
camp. (VOLTAIRE.)

Après la cérémonie, toute la compagnie se retira, chacun
chez *soi*. (LAVEAUX.)

**221.** Mais si le verbe était distrait de son complément
ment par le pronom, ou bien encore que ce dernier,
formant une incidente, séparât une des parties de la
proposition antécédente, il faudrait alors se servir
de *les*, *leur*, *leurs*; Exemples :

Les langues ont, *chacune*, LEURS bizarreries. (BOILEAU.)

Les deux partis regardèrent, *chacun*, cette élection comme
LEUR ouvrage particulier. (VERTOT.)

Les abeilles dans un lieu donné bâtissent, *chacune*, leurs cellules.
lules. (BUFFON.)

**222.** MM. Noël et Chapsal veulent que *chacun* soit toujours suivi de *son, sa, ses,* etc. quand le verbe de la proposition principale n'a pas de complément, et que celle-ci offre un sens fini avant *chacun ;* mais nous pensons, avec Laveaux, Trévoux et tous nos grands écrivains qu'on peut très-bien dire : *tous les juges ont opiné* CHACUN *selon* SES *lumières,* OU CHACUN *selon* LEURS *lumières :* à notre avis, la différence des deux manières d'écrire est toute dans la ponctuation. Voulons-nous dire : *les juges ont opiné,* CHACUN, *selon* LEURS *lumières?* nous mettrons *chacun* entre deux virgules pour indiquer que ce mot *chacun* est l'élément d'une proposition elliptique et tout-à-fait indépendante de celle où elle est incorporée ; si au contraire, nous voulons nous exprimer de cette manière : *les juges ont opiné,* CHACUN *selon* SES *lumières ;* il n'y aura qu'une virgule après *opiné.*

Ils sont venus, *chacun* avec SES gens. (TRÉVOUX.)

Ils sont venus, chacun, avec LEURS gens. (*Id.*)

Ils pensaient, chacun de son côté. (FONTENELLE.)

Ils revenaient, chacun, de LEUR maison. (*Gram. des Gram* )

**223.** Lorsque dans les parallèles, dans les comparaisons on parle de deux personnes ou de deux choses, *l'un, l'une, les uns, les unes* sont relatifs au premier des substantifs exprimés ; *l'autre, les autres* au second (1). Exemple :

Cette *bouche,* cet *œil,* qui séduisent les cœurs,
L'UNE par un sourire, et L'AUTRE par des pleurs.

(LEGOUVÉ)

---

(1) Telle est la règle que vont répétant l'un après l'autre tous les grammairiens. Mais lisez nos meilleurs écrivains, et vous serez tout étonné de trouver souvent le contraire. Marmontel a dit : *Comme le* GESTE *suit la* PAROLE, *ce que j'ai dit de* L'UNE *peut s'appliquer à* L'AUTRE. Raynal : *Les* FORTUNES *particulières tiennent essentiellement à la* FORTUNE *publique;* L'UNE *ne saurait être ébranlée sans que* LES AUTRES *en souffrent.* La différence des genres et des nombres détruisant toute équivoque, la concision ne peut-elle pas faire excuser cette légère infraction à la règle?

224. *L'un l'autre* ne doit pas être confondu avec *d'un et l'autre*. Quand on dit : *Pierre et Paul se louent* L'UN L'AUTRE, ces mots *l'un l'autre* marquent ici une idée de réciprocité, c'est-à-dire font entendre que Pierre loue Paul et que Paul loue Pierre ; mais il n'en est pas de même quand on dit : *Pierre et Paul se louent* L'UN ET L'AUTRE. Il n'y a pas là d'idée de réciprocité ; on veut dire tout simplement que Pierre et Paul se louent chacun de leur côté.

225. Quand il y a plus de deux objets, la réciprocité, disent MM. Noël et Chapsal, doit s'exprimer par *les uns les autres*, et non pas par *l'un l'autre*. *Mille soldats s'excitent* LES UNS LES AUTRES *au combat*. *L'un et l'autre* serait contre la grammaire (1).

226. Quand *l'un et l'autre* sont employés comme compléments d'un verbe, ils doivent être précédés de *les*, qu'on place avant ce verbe. Exemples : *Je les connais* L'UN ET L'AUTRE. (ACAD.) *Je veux* LEUR *parler à* L'UN *et à* L'AUTRE. (LAVEAUX.) Cependant nous croyons qu'il est permis quelquefois d'ellipser les pronoms *les, leur*. La Fontaine a dit :

> Grippeminaud, le bon apôtre,
> Mit les plaideurs d'accord, en croquant *l'un et l'autre*.
> ( *Omission de Noël et Chapsal.* )

---

(1) Il est possible, en effet, que ce soit contre la grammaire de MM. Noël et Chapsal ; mais à coup sûr cette manière de s'exprimer n'est point du tout contre l'usage de nos meilleurs écrivains. Exemples : *Les préceptes passent trop rapidement pour ne pas s'effacer* L'UN L'AUTRE. (MARMONTEL.) *Mille prospérités* L'UNE A L'AUTRE *enchaînées*. (RACINE.) *Les perfectionnements industriels s'entraînent* L'UN L'AUTRE. (SAY.) *Les citoyens se fuyaient* L'UN L'AUTRE. (SISMONDI.) *Il n'est pas possible que les petits vers n'enjambent* L'UN SUR L'AUTRE. (J.-B. ROUSSEAU.) A la règle de MM. Noël et Chapsal nous substituerons donc celle-ci : Quand le sujet énonce un grand nombre d'objets, ces pronoms se mettent au pluriel, si l'on veut exprimer une idée collective ; et au singulier, si l'idée est distributive : le singulier est presque de rigueur quand il s'agit d'une chaîne, d'une suite d'objets qui vont un à un.

lorsqu'il s'agit de trois objets, les écrivains mettent ces pronoms au singulier ou au pluriel. Exemples : *Trois souverains indépendant* LES UNS *des* AUTRES. (VERTOT.) *Ces trois genres rentrent souvent* L'UN *dans* L'AUTRE. (VOLTAIRE.) (Omission de Noël et Chapsal.)

228. Quand *l'un l'autre* est employé séparément, et que *l'un* est précédé d'une préposition, il faut répéter cette préposition avant *l'autre*. Ne dites pas : il a mal agi *envers* l'un et l'autre de ses protecteurs. Dites : il a mal agi *envers* l'un et *envers* l'autre de ses protecteurs (1).

229. Après *l'un et l'autre*, on peut mettre au singulier ou au pluriel l'adjectif et le verbe dont ils sont

---

(1) « Telle est du moins la règle posée dans toutes les grammaires. Cependant La Bruyère a dit : *La jeunesse de l'un et l'autre sexe*, en supprimant la préposition *de* avant *l'autre*, et les exemples de cette suppression ne sont pas rares. En voici plusieurs :

Il s'était informé ensuite plus en détail de ce qui s'était passé dans *l'une et l'autre* armée.
(VOLTAIRE.)

Et qui parle le mieux de *l'un et l'autre* ouvrage. (MOLIÈRE.)

Ce fut ce vœu fameux de *l'une et l'autre tante*
Qui se renouvela pour lors à mon esprit. (DUFRESNY.)

Sous *l'une et l'autre* époque il périt un très-grand nombre de citoyens. (BARTHÉLEMY.)

Et par *l'une et l'autre* ouverture,
L'onde entre et fuit à flots égaux. (LAMOTTE.)

Nous pensons qu'il faut laisser aux poëtes surtout, la liberté de supprimer la préposition.

Bien mieux, dans certains cas, on ne doit point la répéter, c'est quand les êtres désignés par *l'un et l'autre* sont unis de manière qu'ils ne forment qu'un tout. Ainsi nous dirons d'un homme qui se serait battu contre deux individus à la fois : *Il s'est battu contre l'un et l'autre.* S'il avait eu un duel avec chacun d'eux séparément, nous dirions : *Il s'est battu contre l'un et contre l'autre.*

Nous ajouterons que la répétition de la préposition ne saurait avoir lieu lorsqu'elle se compose de plusieurs syllabes, telle que *suivant, malgré, nonobstant, moyennant*, etc.

le sujet ; cependant le pluriel est plus généralement adopté. Exemples :

> *L'un et l'autre* consul vous *avaient* prévenue. (VOLTAIRE.)

> Étudiez la cour et connaissez la ville :
> *L'une et l'autre* EST toujours en modèles fertile. (BOILEAU.)

230. De même que *le second* se met en opposition
avec *le premier*, de même *l'autre* se met en opposition avec *l'un*. Ne dites pas : le PREMIER *voulait pleurer*,
L'AUTRE voulait chanter ; ou L'UN voulait pleurer, le
SECOND voulait chanter ; dites : le PREMIER voulait
pleurer, le SECOND voulait chanter ; ou *l'un voulait
pleurer, et* L'AUTRE *voulait chanter*.

231. Ne dites pas : Demarate, *un* des principaux
citoyens de Corinthe, s'exila de sa patrie. Dites : Demarate, *l'un* des principaux, etc.

*L'un de* doit être préféré à *un de* au commencement d'une proposition incidente. *L'un de* est encore
préféré à *un de* lorsque le mot qui suit *l'un de* est
un pronom : et j'y vois L'UN DE vous prendre une
destinée. (MOLIÈRE.)

Les lois de l'euphonie, qui ont proscrit les hiatus
produits par le choc d'une voyelle contre le mot *on*,
comme dans *si on*, *et on*, etc., proscrivent aussi ceux
qui résulteraient de *si un de*, *et un de*, *à un de*, etc.
Dites : *si* L'UN DE *vos amis a besoin de faire toucher* de
l'argent à Smyrne, etc. la poste fera son affaire.
Mais on dit bien : L'Egypte *est une* des contrées où le
culte des animaux s'est établi le plus anciennement.
(BUFFON.)

Parceque ici *un de* n'est pas à la tête d'une proposition incidente ; que le substantif qui le suit, n'est
pas remplacé par un pronom, et que cette locution
ne forme ni un hiatus, ni une cacophonie. (Journal
de la langue française.)

232. *Autrui* n'est susceptible ni de genre ni de
nombre, et il ne se joint jamais avec les articles possessifs *son*, *sa*, *ses*, *leur*. *En* est le seul pronom qui
puisse être en rapport avec lui. Ne dites pas : on ne
médit souvent d'*autrui* que parcequ'on craint de voir
relever SON mérite. Dites : parcequ'on craint d'EN

voir relever LE mérite. Ne dites pas non plus : en épousant les intérêts d'*autrui*, nous ne devons pas épouser *ses* passions. Dites : en épousant les intérêts d'*autrui*, nous n'EN devons pas épouser LES passions. Dans bien des cas, nos bons auteurs remplacent le mot *autrui* par *les autres*. Exemple : la vanité est la mère d'une injustice continuelle ; elle s'attribue sans façon tout ce qui n'est point à elle, et refuse presque toujours *aux autres* ce qui peut leur appartenir. AUX AUTRES est mis pour A AUTRUI. (*Omission de Noël et Chapsal.*)

---

# CHAPITRE V. — DU VERBE (1).

### § 1. Accord du verbe avec son sujet.

**233.** Tout verbe employé à un mode personnel doit avoir un sujet, et réciproquement tout sujet doit avoir un verbe. Ne dites donc pas : *en quoi Bonaparte*

---

(1) « Le verbe, disent MM. Noël et Chapsal, exprime l'*affir-mation* ; quand je dis : *Le soleil est brillant*, j'affirme que la qualité marquée par l'adjectif *brillant* convient au soleil, et le mot *est*, qui exprime cette affirmation, est un verbe. »

Mais affirmer, c'est juger, c'est décider que le fait est ou n'est pas ; aussi ne reconnaît-on que deux sortes de jugements, le positif : *La terre est ronde*, et le négatif : *La terre n'est pas carrée.* Or le verbe n'exprime l'affirmation qu'au mode indicatif ; il n'est donc pas exclusivement signe d'affirmation, et cela est évidemment démontré puisqu'il a d'autres modes que l'affirmatif. Où est l'affirmation, nous le demandons, dans : *La terre tourne-t-elle ? La terre tournerait, si... Que la terre tourne !* etc., etc. Cette définition est donc défectueuse, puisqu'elle n'embrasse pas tous les faits. Mais ce n'est pas la seule attaque que nous ayons à diriger contre MM. Noël et Chapsal. A l'occasion du verbe, voici encore une assertion, qui, bien qu'elle ait été émise par la plus grande partie des grammairiens, n'en est pas plus vraie pour cela :

« Il n'y a réellement qu'un verbe, qui est le verbe *être*, parce que

*réussit le mieux,* FUT *d'avoir rétabli en France le règne
des lois ;* car *fut* est ici sans sujet. Dites : CE EN QUOI
*Bonaparte réussit le mieux, fut,* etc.

---

« c'est le seul qui exprime l'affirmation. *Aimer, dormir, lire,* etc.,
« ne sont véritablement des verbes que parce qu'ils renferment
« en eux le verbe *être ;* en effet, aimer, c'est *être aimant ;* dor-
« mir, c'est *être dormant ; lire,* c'est *être lisant.* »

Nous avons à ce sujet quelques doutes, aussi peu importants
que le sujet lui-même. Nous allons les exposer brièvement.

Ce verbe *être,* le seul de la langue, exprime-t-il l'idée d'existence, ou l'idée du rapport seulement, car ce sont deux idées distinctes ?

S'il exprime seulement l'idée d'existence, il nous semble qu'il
n'est pas l'expression de la pensée, car nous croyons impossible
d'analyser ces réflexions : *Je pense, je veux, je me souviens ;*
elles sont simples, selon nous, indécomposables, et ne peuvent
réellement, dans l'esprit, se diviser en : *J'existe pensant, j'existe
voulant, j'existe me souvenant.* Quand je songe que Dieu est
bon, je ne songe pas le moins du monde à la question de *l'existence de Dieu,* mais tout bonnement au rapport entre les idées
déjà acquises sur Dieu, et une nouvelle idée que je leur associe,
par le moyen du mot *est.*

Le verbe *être* n'exprime-t-il que ce rapport ? Alors nous de-
manderons où est le verbe qui exprime l'existence ; car il est absurde de traduire ces mots : *Dieu est,* par ceux-ci : *Dieu est exis-
tant.* Or, il est évident que dans cette phrase, *Dieu est,* ce mot
est n'a pas du tout le même sens que dans l'autre : *Dieu est bon.*

Enfin ce verbe *être* exprime-t-il les deux choses, selon l'occasion ? Alors il y a deux verbes dans la langue ; ALORS POUR-
QUOI PAS VINGT, POURQUOI PAS CENT ?

Nous croyons que chaque verbe est réellement et d'une manière indivisible l'expression d'une pensée indivisible ; qu'il n'y a
pas d'intermédiaire entre le sujet et sa manière d'être, sa situation, son action ; que lorsqu'on dit : *Henri IV mourut assassiné,*
on ne renferme qu'une idée sous ce mot *mourut,* et qu'on ne veut
dire ni : *Henri IV mourant,* ni *Henri IV exista mourant.*

Nous soumettons aux maîtres en l'art de parler, cette opinion
que nous partageons entièrement, et qui est celle d'un de nos
plus savants professeurs de philosophie.

Nous ajouterons que cette opinion est aussi celle de Lemare,
de Bescher et de quelques autres grammairiens philosophes,
et nous terminerons par ce passage d'un académicien distingué,
qui vient la confirmer.

« On a cru découvrir l'origine des conjugaisons dans quelques

... Quand le sujet du verbe a déjà été exprimé, ... de ... rappeler ce sujet par le pronom; ainsi ne dites pas : *Alexandre, sur le point de mourir,* ...

---

*Inflexions des verbes grecs.* On a dit que les Grecs n'avaient fait qu'ajouter à la fin du monosyllabe qui exprime une action ou un sentiment, les temps du verbe *eô,* qui signifie *être.* Ainsi, les mots *phileô, phileis, philei,* qui signifient en grec, *j'aime, tu aimes, il aime,* ne seraient que le mot *phil,* qui exprime l'amour, joint ... *ô, eis,* ou *ei,* qui signifient *je suis, tu es, il est.* On a donc ... plutôt dire : *Je suis aimant, tu es aimant,* etc.

Au premier coup-d'œil, cette explication est satisfaisante; mais elle aurait de la peine à soutenir l'examen. Voici quelques-unes des objections qu'on peut y faire.

1° Il faudrait que les inflexions du verbe grec *eô* qu'on remarque au présent de l'indicatif de certains verbes, se trouvassent aussi dans les autres temps; ainsi, par exemple, les Grecs disant ... pour exprimer *j'aime,* il faudrait qu'ils eussent dit : ...*eômen,* et non pas (*éphileon*) pour exprimer *j'aimais.*

2° ... pour supposer que ce sont les temps du verbe *eô,* qui ont servi à former les conjugaisons grecques, il faut commencer par admettre que les Grecs avaient déjà conjugué ce même verbe *eô,* c'est-à-dire qu'ils avaient déjà conçu l'idée de donner différentes inflexions au mot radical du verbe, pour lui faire exprimer les différents rapports du temps; or, c'est cette première conception qui fait tout le merveilleux. Dès qu'on a su conjuguer un verbe, on a su aussi d'en conjuguer cent; et quand les inflexions du verbe ... été ensuite appliquées à tous les temps des autres verbes, ce qui est bien éloigné d'être vrai, cela prouverait seulement qu'on aurait suivi la même forme pour la conjugaison de tous les verbes.

3° Si l'on fait réflexion que le verbe *être,* exprimant une idée très abstraite qui suppose déjà d'autres idées abstraites et une langue très-avancée, a dû être UN DES DERNIERS INVENTÉS, on trouvera peu vraisemblable que ses modifications aient pu servir à former celles des autres verbes. On peut assurer que la plupart des peuples sauvages n'ont point de mots pour exprimer cette ... abstraite; ... avons une grammaire et un dictionnaire de la langue des Galibis, et nous y trouvons que, pour exprimer *je suis malade,* ils disent simplement *moi malade.* Ce ne serait ... une connaissance exacte des langues sauvages qu'on pourrait espérer d'arriver aux véritables principes de la formation ... mais cette connaissance est difficile à acquérir; ... rapports ... sont trop vagues et trop suspects.

(Garat, *Mélanges de littérature,* tome ...)

*ayant appelé Perdiccas*, IL *lui mit son anneau au doigt.*
*Alexandre* étant le sujet *de* MIT, le pronom *il* est superflu.

235. Cependant nos bons auteurs n'ont pas craint d'enfreindre cette règle, et MM. Lemare, Bescher et plusieurs autres grammairiens soutiènent qu'on peut les imiter quand le sujet est éloigné du verbe et que l'idée commencé à s'en affaiblir. Exemples : *Licinius étant venu à Antioche et se doutant de l'imposture,* IL *fit mettre à la torture les prophètes de ce nouveau Jupiter.* (FONTENELLE.) *Les Romains se destinant à la guerre et la regardant comme le seul art,* ILS *avaient mis tout leur esprit et toutes leurs pensées à le perfectionner.* (MONTESQUIEU.)

236. Quand un verbe a pour sujet deux ou plusieurs pronoms de différentes personnes, unis par la conjonction *et*, ou par la conjonction *ou*, on le met au pluriel, et on le fait accorder avec la personne qui a la priorité. La première personne a la priorité sur la seconde, et celle-ci l'a sur la troisième. Ainsi dites : *vous et moi, nous* PARTIRONS ; *votre frère ou moi, nous lui* ÉCRIRONS ; *vous ou votre père, vous* PÉRIREZ.

En général, la personne qui parle se nomme la dernière, on peut néanmoins déroger à cette habitude de politesse et de modestie, soit quand on parle d'un être ou à un être très-inférieur, soit quand on se déclare privé de quelque qualité ou de quelqu'avantage. Exemple : *ni moi ni Martin ne sommes rois.* (VOLTAIRE.) (*Omission de Noël et Chapsal.*)

237. Doit-on dire *c'est toi ou moi qui* AI *fait cela,* ou bien *c'est toi ou moi qui* AVONS *fait cela?* La première manière est plus logique, mais la seconde est plus usitée. (*Omission de Noël et Chapsal.*)

Quand deux sujets sont unis par ou, le verbe dans ce cas s'accorde avec le dernier sujet, la conjonction *ou* donnant l'exclusion à l'un des deux. Exemple :

*Ou ton sang, ou le mien* LAVERA *cette injure.* (VOLTAIRE.)

238. Mais malgré l'opinion contraire de MM. Noël et Chapsal, on peut dire avec le pluriel : *le bonheur ou la témérité* ONT *pu faire des héros.* (MASSILLON.)

*L'ignorance* ou *l'erreur* PEUVENT quelquefois servir d'excuse aux méchants. (BERNARDIN DE ST-PIERRE.) La *peur* ou le *besoin* FONT tous les mouvements de la souris. (BUFFON.) Le *temps* ou la *mort* SONT nos remèdes. (J. J. ROUSSEAU.) La conjonction *ou* marque ici division et non exclusion ; on aurait pu sans doute mettre le verbe au singulier, mais le pluriel était préférable.

239. On met le verbe au singulier quand les sujets ont une signification à peu près semblable. On le met encore au singulier, quand il y a gradation dans la proposition ou quand il y a une expression qui réunit tous les substantifs en un seul sujet, comme *tout*, *rien*, *personne*, *nul*, *chacun* :

*La* BRAVOURE, *l'*INTRÉPIDITÉ *de Turenne* ÉTONNAIT *les plus braves.*

*Dans tous les âges*, *l'*AMOUR *du travail, le* GOUT *de l'étude* EST *un bien.*

Ici le verbe reste au singulier, parce que les sujets ont une signification à peu près semblable. Dans ce cas, il ne faut point unir les sujets par la conjonction *et* (1).

« Richesses, honneurs, amis, parents, TOUT DEVIENT inutile à la mort.

« Grands et petits, riches et pauvres, PERSONNE ne DOIT se soustraire à la loi. »

(Ici le verbe reste au singulier, parce que dans la proposition il y a une expression qui réunit tous les substantifs.)

Un *seul mot*, un *soupir*, un coup-d'œil nous TRAHIT.

Soulagez les malheureux, *l'humanité*, la *religion*, *Dieu* vous le COMMANDE.

(Ici le verbe reste au singulier, parce que les substantifs sujets sont placés par gradation.)

240. Quand un verbe a deux sujets liés par une des conjonctions comparatives *comme, de même que, ainsi que, autant que, non moins que, aussi bien que*, on le fait accorder, disent MM. Noël et Chapsal, ainsi que M. Boniface, avec le premier sujet.

___

(1) Voir aux *remarques détachées* ce que nous disons à l'égard de la conjonction *et*.

> L'enfer, *comme* le ciel, PROUVE un Dieu juste et bon.
>
> La vertu, ainsi que le savoir, A son prix.

**241.** Cette règle est trop absolue, car nos bons auteurs ont mis le verbe au pluriel, lorsqu'au lieu d'exprimer une simple comparaison, ils ont voulu marquer *l'union*, la *simultanéité*, comme dans les phrases suivantes : *la tête*, AINSI que *la gorge*, SONT *couvertes d'un duvet court.* (BUFFON.) *La santé*, COMME *la fortune*, RETIRENT *leurs faveurs à ceux qui en abusent.* (SAINT-ÉVREMONT.) *Dans l'Egypte*, Bacchus, AINSI QU'*Hercule, étaient reconnus comme demi-dieux.* (VOLTAIRE.) Cette règle est également applicable aux adjectifs.

**242.** Si les deux sujets du verbe sont liés par la conjonction *ni* répétée, et s'il n'y a qu'un des sujets qui puisse faire ou recevoir l'action qu'exprime le verbe, le verbe et l'adjectif suivants doivent se mettre au singulier.

**243.** Mais si les deux sujets font l'action en même temps ou la reçoivent sans exclusion, alors le verbe et l'adjectif se mettent au pluriel. Exemple :

> Ce ne sera *ni* ma sœur, *ni* la tienne, qui *sera* nommée abbesse de ce couvent ; *ni* l'une *ni* l'autre ne PEUVENT prétendre à cette importante place.

**244.** On met le verbe au singulier après l'expression PLUS D'UN : *Plus d'une Pénélope*, HONORA *son pays.* (BOILEAU.) Cependant si le verbe était réciproque, il faudrait le mettre au pluriel : à Paris on voit PLUS D'UN fripon qui SE DUPENT l'un l'autre. (MARMONTEL.)

**245.** On emploie également le pluriel quand l'expression *plus d'un* est répétée avant deux noms désignant des êtres différents. Exemple : PLUS D'UN brave guerrier ; PLUS D'UN vieux sénateur *rappelaient* vos beaux jours. (DELILLE.) (*Omission de Noël et Chapsal.*)

**246.** Après *un de, un des*, le verbe se met au singulier, si l'action exprimée par le verbe est faite par un seul sujet ; on le met au pluriel, si l'action est faite par plusieurs sujets.

C'est un des meilleurs oculistes de Paris qui lui a fait l'opération de la cataracte.

L'intempérance est un des vices qui DÉTRUISENT la santé.

247. Tout verbe qui a pour sujet un *collectif*, s'accorde, disent MM. Noël et Chapsal, avec ce collectif s'il est *général*. *L'infinité des perfections de Dieu m'*ACCABLE. (ACAD.) *La totalité des enfants* SACRIFIE *l'avenir au présent* (1).

248. Le verbe s'accorde au contraire avec le substantif qui suit le collectif, si celui-ci est partitif. *Une foule de nymphes couronnées de fleurs* ÉTAIENT *assises auprès d'elle.* (FÉNELON.) *Une troupe de barbares* DÉSOLÈRENT *le pays.* (ACAD.) (2).

---

(1) Encore est-il bon de prévenir que les écrivains en pareil cas ont souvent fait usage du singulier : LA MOITIÉ *de nos concitoyens épars dans le reste de l'Europe et du monde,* VIVENT *et* MEURENT *loin de la patrie.* (J.-J. ROUSSEAU.) *L'infinité des perfections de Dieu* SONT *inexprimables.* (CAMINADE.) *La moitié des arbres* SONT *morts.*

(2) Cependant il arrive souvent, quoique MM. Noël et Chapsal n'en disent mot, que le collectif partitif offre l'idée principale, l'idée la plus saillante, et alors le verbe peut très bien se mettre au singulier, ainsi que cela a lieu dans les exemples suivants :

Une MULTITUDE *de pauvres barnabotes n'approcha* jamais d'aucune magistrature. (J.-J. ROUSSEAU.)

Ce PEUPLE *de vainqueurs*, armés de son tonnerre ,
*A-t-il* le droit affreux de dépeupler la terre ? (VOLTAIRE.)

Ciel ! *quel pompeux* AMAS *d'esclaves* à genoux ,
*Est* aux pieds de ce roi qui les fait tomber tous. (IDEM.)

Une FOULE *d'écrivains s'est égarée* dans un style recherché , violent, inintelligible, ou dans la négligence totale de la grammaire. (IDEM.)

Un grand NOMBRE *d'hommes peut être* nuisible à l'état.
(MARMONTEL.)

Cette ESPÈCE *de paons paraît* avoir éprouvé les mêmes effets par la même cause. (BUFFON.)

Une PARTIE *de ses amis ne peut* apprendre sa mort, que l'autre n'en soit déjà consolée. (CHATEAUBRIAND.)

Un *grand* NOMBRE *d'hommes*, lorsque leur raison est libre , ne *donne* jamais son assentiment complet à toutes les opinions d'un seul. (Mme. DE STAEL.)

**249.** *La plupart*, *beaucoup*, *peu*, suivis d'un substantif pluriel ou employés absolument, veulent le verbe au pluriel. Exemples :

*La plupart des fruits destinés à la nourriture de l'homme,* FLATTENT *sa vue et son odorat.* (BERNARDIN DE ST-PIERRE.) *Peu d'hommes, dans les conseils des rois,* s'occupent *du bonheur des hommes.* (Le même.) *Beaucoup de gens* PENSENT.... (ACADÉMIE.) — *Bien peu* SONT *honorés d'un don si précieux.* (RACINE.) *Très-peu* PARVIENNENT *à ce plus long terme.* (J.-J. ROUSSEAU.) *La plupart* PENSENT. (ACAD.)

Mais quand *la plupart* est suivi d'un substantif singulier, il veut le verbe au singulier : *la plupart du monde* PENSE.

**250.** Les infinitifs, n'ayant pas par eux-mêmes la propriété du nombre, ne sauraient, lorsqu'ils sont employés comme sujets, communiquer au verbe la forme plurielle : le verbe dans ce cas reste au singulier, et s'accorde avec le pronom *ce* dont on le fait alors précéder : *manger, boire et dormir, c'est leur unique occupation.* (1)

---

Une TROUPE de *pauvres montagnards* dont toute l'avidité se bornait à quelques peaux de moutons, après avoir dompté la fierté autrichienne, *écrasa* cette opulente et redoutable maison de Bourgogne, qui fesait trembler les potentats de l'Europe.

(J.-J. ROUSSEAU.)

Le RESTE des *Musulmans vit* dans une sécurité profonde, sans craindre ni pour leur vie, ni pour leur fortune, ni pour leur liberté. (VOLTAIRE.)

Une TROUPE d'*assassins entra* dans la chambre de Coligny.

(IDEM.)

Une NUÉE de *traits obscurcit* l'air. (FÉNELON.)

Ciel! quel nombreux ESSAIM d'innocentes *beautés,*
*S'offre* à mes yeux en foule, et sort de tous côtés ?

(RACINE.)

Ceux qui aiment la dépense et le luxe forment une SORTE d'*avares* qui *est* infiniment nombreuse. (NICOLE.)

(1) Telle est la règle que donnent MM. Noël et Chapsal.
Nous avons deux observations à faire sur cette règle :
1° Le verbe, accompagné de plusieurs infinitifs, s'accorde, disent ces grammairiens, avec le pronom *ce*, dont on le fait

## § 2. Complément des verbes.

**251.** Un même substantif ou un même verbe peut servir de complément à deux verbes, si ces deux verbes demandent le même complément. Exemple :

---

précéder ; et, quand on ne le fait pas précéder de ce pronom, avec quoi s'accorde le verbe? car il arrive fort souvent qu'on n'exprime pas ce pronom après plusieurs infinitifs, comme le prouvent les exemples suivants :

*Le fuir et le bannir* EST *tout ce que je puis.* (CAMPISTRON.)

*Se taire et souffrir en silence,*
EST *souvent le parti que dicte la prudence.*   (HAUMONT.)

*Bien écouter et bien répondre* EST *une des plus grandes perfections que l'on puisse avoir dans la conversation.*
(LA ROCHEFOUCAULD.)

2°. Il n'est pas vrai que l'on mette toujours le singulier après plusieurs infinitifs. Nos meilleurs écrivains fourmillent d'exemples où ils ont fait usage du pluriel; nous n'en rapporterons que les suivants : *Vivre et jouir* SERONT *pour lui la même chose.*
(J.-J. ROUSSEAU.)

*Bien dire et bien penser ne* SONT *rien sans bien faire.*

(LA CHAUSSÉE.)

*Voir les choses et les estimer ce qu'elles valent,* DONNENT *sinon le bonheur, du moins le repos.*        (M*me* Cécile FÉE.)

Il en est de même quand les infinitifs sont liés par *ou*. M. de Jaucourt a dit avec le pluriel : *Être juste ou être vertueux ne* SONT *qu'une même chose.* J.-J. Rousseau a dit avec le singulier : *Vivre ou mourir n'*EÛT *été rien pour elles, si elles avaient pu rester ou partir ensemble.*

Souvent aussi, dans ces sortes de phrases, c'est le substantif dont est immédiatement suivi le verbe qui commande l'accord. Exemple :

*Jouer, boire, manger, dormir* ÉTAIT *leur unique* OCCUPATION. *Altérer, changer, détruire, développer, renouveler, produire,* SONT *les seuls* DROITS *que Dieu ait voulu céder.*

Cet accord a lieu en vertu d'une figure de grammaire qu'on nomme *attraction.* (Voyez *Figures de grammaire.*)
(*Omission de Noël et Chapsal.*)

4

*L'ennemi a attaqué et pris notre ville.*

Le complément *notre ville* convient également à
*attaqué* et à *pris*.

252. Mais ne dites pas : *le créateur préside et ré-
gle* LE MOUVEMENT *des astres* ; car *règle* veut un complément direct, et *préside* un complément indirect.
Dites : le créateur règle le *mouvement* des astres et y
préside ; alors vous aurez donné à chaque verbe le régime qui lui convient.

253. Le verbe transitif (actif) peut avoir deux
compléments, l'un direct, et l'autre indirect ; mais
il ne peut avoir deux compléments directs, ni deux
compléments indirects, non plus que tout autre
verbe, pour exprimer le même rapport. C'est pour
cette raison que d'Olivet a censuré ce vers de Racine :

*Ne vous informez pas ce que je deviendrai.*

En effet, *vous* et *ce que* figurent comme compléments directs du verbe *informer.* Il fallait : *ne vous informez pas* DE CE QUE *je deviendrai* ; vous est complément direct, et DE CE QUE est complément indirect.

254. Ne dites pas : *c'est ici où je demeure* ; *c'est de
ce principe* DONT *on doit partir.* Il faut : *c'est ici où je
demeure* ; *c'est de ce principe* QUE *l'on doit partir.* Mais
on dirait bien : *c'est dans cette maison, où il demeure, que le feu a pris dernièrement.* Voilà une
phrase finie, un sens complet ; et l'idée principale
est : *c'est dans cette maison que le feu a pris. Où il
demeure* ne forme qu'une proposition incidente.
(*Omission de Noël et Chapsal.*)

255. Lorsque deux mots servent de compléments
à un verbe qui doit être suivi d'une préposition, il
faut répéter cette préposition avant chaque complément. Ainsi ne dites pas : *il l'accuse* DE *perfidie et trahison. Il m'a enseigné* A *lire et écrire.* Il faut : *il l'accuse* DE *perfidie et* DE *trahison* ; *il m'a enseigné* A *lire et*
A *écrire.*

256. Quand un verbe a deux compléments d'une

nature différente, le plus court se place ordinairement le premier; mais si les compléments sont d'égale longueur, le complément direct se place avant le complément indirect. Il faut suivre cette marche, non seulement pour la beauté de la diction, mais encore pour éviter l'obscurité, l'ambiguité, etc. Dites: *l'ambition, qui est prévoyante, sacrifie le* PRÉSENT *à l'avenir.*

Le complément direct *le présent* est placé avant le complément indirect *à l'avenir,* parcequ'ils sont d'égale longueur. Dites encore :

*Les hypocrites s'étudient* A PARER DES DEHORS DE LA VERTU *les vices les plus honteux et les plus décriés :* le complément direct, *les vices les plus honteux et les plus décriés,* est placé le dernier, parcequ'il est le plus long.

257. Quand il s'agit d'éviter une équivoque, on place le complément indirect le premier, quoique ce complément soit aussi long et même plus long que le complément direct. Ainsi, au lieu de dire : *la physique arrache tous* SES *secrets à la* NATURE, on dira : *la physique arrache* A LA NATURE *tous* SES *secrets.* C'est aussi pour éviter l'équivoque qu'on doit dire : *croyez-vous pouvoir ramener* PAR LA DOUCEUR *les esprits égarés?* En plaçant le complément direct le premier, il y aurait équivoque : *croyez-vous pouvoir ramener* LES *esprits égarés par la douceur.*

258. Lorsque les conjonctions *et, ou, ni,* lient deux compléments directs ou indirects, ces compléments doivent être de même nature, c'est-à-dire que, si le premier est un *substantif,* le second doit être aussi un *substantif;* si le premier est un *verbe,* le second doit également être un *verbe.* Ne dites donc pas : *St.-Louis aimait la* JUSTICE *et à* CHANTER *les louanges du Seigneur;* il faut : St.-Louis aimait à *rendre* la justice et à *chanter,* etc. Ne dites pas non plus : cet enfant aime la *musique* et *à peindre.* Il faut : aime la *musique* et la *peinture.*

259. Il ne faut pas donner à un verbe intransitif (neutre) un complément direct. Ne dites pas : ces enfants OBÉISSENT leur père, dites à LEUR PÈRE.

On ne dira pas : *ils se sont parlé* LES UNS LES AUTRES.
Il faut : *ils se sont parlé* LES UNS AUX AUTRES.

260. Le complément du verbe d'état (passif) peut être précédé de la préposition *de* ou *par*. On emploie *de*, quand le verbe exprime un *sentiment*, une *opération de l'âme* : *il est aimé* DE *ses concitoyens* ; *sa conduite est approuvée* DES *gens de bien*. On emploie PAR, quand le verbe exprime une action à laquelle le complément participe du corps ou d'une opération de l'esprit : *les Gaules furent conquises* PAR *César. Cette tragédie a été composée* PAR *un auteur bien connu.* Cette distinction est cependant contestée.

261. Lorsqu'un verbe doit avoir plusieurs compléments semblables, soit directs, soit indirects, le verbe ne s'exprime qu'une seule fois avant le premier complément et se sous-entend pour tous les autres : *Jésus-Christ* RENDAIT *la vue aux aveugles, la parole aux muets, l'ouïe aux sourds. la vie aux morts*, etc. ; c'est-à-dire, Jésus-Christ *rendait* la parole aux muets, *rendait* l'ouïe aux sourds, *rendait* la vie aux morts, etc.

### § 3. Répétition du verbe.

262. Suivant la plupart des grammairiens, il faut répéter le verbe 1° lorsque dans une phrase, l'un des membres est *affirmatif*, et l'autre *négatif* ; 2° lorsque le premier verbe est au *singulier* et le second au *pluriel*, ou lorsque le temps du verbe est changé ou n'est pas le même dans les deux membres (1).

---

(1) Encore une règle trop absolue ; les exemples suivants le prouvent jusqu'à l'évidence :

1°.        Un généreux courage
Pardonne à qui le hait, MAIS POINT à qui l'outrage.
(CRÉBILLON.)

On doit tout à l'honneur, et RIEN à qui l'outrage. (PIRON.)

Je ne m'en prends qu'au *vice*, et *jamais* à la loi.
(FABRE D'EGLANTINE.)

2°. *Son regard* est brûlant, *ses pas* désordonnés. (DELILLE.)

**263.** Quand le pronom relatif se trouve trop loin du sujet ou du complément de la proposition principale, on répète avant le pronom le substantif qui sert de sujet ou de complément :

*Le titre de protecteur des lettres fut décerné à François 1er,* TITRE *dont aucun roi de France n'avait été honoré avant lui.*

*Tout le monde exècre le nom de l'impitoyable Néron,* NOM *qui est, comme le dit Racine,*

*Aux plus cruels tyrans la plus cruelle injure.*

**264.** On peut employer de suite deux infinitifs, alors le second est le complément du premier ; mais trois ou quatre infinitifs rendent le style diffus. Ne dites pas : Je pense pouvoir *aller le voir.* Dites : je pense *que je* POURRAI *aller le voir.* Ne dites pas non plus : il ne faut pas *croire pouvoir le faire sortir.* Dites : il ne faut pas croire que l'on *pourra* le faire sortir.

Ne dites pas non plus : il ne faut pas *croire pouvoir faire aller travailler* ces enfants. Dites : il ne faut pas croire qu'*on puisse* faire travailler ces enfants.

§ 4. Des auxiliaires *être* et *avoir.*

**265.** Le verbe *avoir* marque l'action que le sujet fait, a faite ou fera. Le verbe *être* marque l'état, la situation du sujet ; ainsi toutes les fois que l'on veut exprimer une action faite par le sujet, on emploie l'auxiliaire *avoir* ; toutes les fois qu'on veut exprimer l'état, la situation du sujet, on emploie l'auxiliaire *être.*

*La fièvre* A CESSÉ *pendant deux heures,* c'est-à-dire,

---

*Ses chants* sont la nature, *et son poème un monde.* (*Id.*)

Vous régnez : *Londre* est libre, *et vos lois florissantes.*
(VOLTAIRE.)

Si la règle des grammairiens était juste, toutes ces phrases, et toutes celles qui leur ressemblent, seraient vicieuses.

elle a fait l'action de cesser ; mais elle lui a repris. *La fièvre cesse cessée, le malade est dans cet état, il n'a plus de fièvre.*

| *Dites avec* AVOIR : | *Dites avec* ÊTRE : |
|---|---|
| *La goutte* A CESSÉ *de le tourmenter.* (Elle a cessé momentanément ; c'est l'action que vous avez en vue.) | *La fièvre* EST CESSÉE *depuis trois jours.* (Ici c'est l'état que vous avez en vue.) |
| *Elle* A DEMEURÉ *six mois à Madrid.* (Elle n'y est plus.) | *Elle* EST DEMEURÉE *en chemin.* (Elle y est encore.) |
| *Elle* A MONTÉ *quatre fois à sa chambre pendant la journée.* | *Elle* EST MONTÉE *à sa chambre, et n'en descend plus.* |
| *La rivière* A MONTÉ *cette année à une grande hauteur.* (C'est l'action de monter que j'ai en vue.) | *Jésus-Christ* EST MONTÉ *au ciel.* (C'est de l'état, de la situation qu'il s'agit.) |
| *Le baromètre* A DESCENDU *de 4 degrés pendant la journée.* | *Le baromètre* EST DESCENDU. (C'est-à-dire il est à ce point.) |
| *La reine* A RESTÉ *deux jours à Bordeaux.* (Elle en est partie.) | *On attendait la reine à Paris ; mais elle* EST RESTÉE *à Bordeaux.* (Elle est encore dans cette situation.) |
| *Cet homme célèbre* A PASSÉ *en Amérique il y a environ six mois.* (C'est l'action de passer que j'ai en vue.) | *Cet homme célèbre* EST PASSÉ *en Amérique depuis six mois.* (C'est l'état que j'ai en vue.) |
| *Ces messieurs* ONT PARTI *à l'heure indiquée.* (C'est l'action de partir que j'ai en vue.) | *N'attendez pas, il y a une heure que ces messieurs* SONT PARTIS. (Ici c'est l'état que j'ai en vue.) |

**266.** Plusieurs verbes intransitifs (neutres) se conjuguent avec l'auxiliaire *être*, quoiqu'ils expriment une action. L'usage le veut ainsi ; ces verbes sont : *aller, décéder, arriver, entrer, mourir, venir, retourner, choir, tomber,* (1) *naître, intervenir.* Tandis que

---

(1) Voici quelques observations sur le verbe *tomber*; elles nous paraissent fort justes, et méritent de trouver place ici : elles sont de Laveaux.

« Je conviendrai, dit ce grammairien, qu'il faut toujours dire : je suis *tombé*, si par cette locution on peut exprimer toutes les vues de l'esprit que peuvent présenter les temps composés du

*subvenir, contrevenir, paraître, comparaître*, ne prennent pour auxiliaire que le verbe *avoir*.

267. Quand *grandir, embellir, rajeunir, vieillir* et *déchoir* sont pris dans le sens d'une action progressive, ils prènent AVOIR : *cette petite fille* A bien GRANDI *en peu de temps ; elle* A *fort* EMBELLI, *pendant son voyage. Cet enfant semble* AVOIR RAJEUNI *dans sa maladie. Il* A VIELLI *avant le temps* ; mais quand on y attache une idée *d'état*, ils prènent ÊTRE : *cette petite fille* EST *bien* GRANDIE ; *comme elle* EST EMBELLIE ! *on dirait qu'elle* EST RAJEUNIE ! *je sens que je* SUIS *bien* VIEILLI.

268. Plusieurs verbes intransitifs (neutres) s'emploient quelquefois activement ; dans ce cas, ils ont un complément direct, et se conjuguent avec AVOIR :

---

verbe *tomber* ; mais s'il est des cas où cette locution confonde une vue de l'esprit avec une autre, je serai fondé à croire qu'elle ne suffit pas. Une mère voit son enfant près de tomber ; elle dit : *il va tomber*. Cet enfant tombe, elle le voit à terre après sa chute, et elle dit : *il est tombé*. Mais si elle le relève, et qu'elle veuille indiquer l'accident qui lui est arrivé, dira-t-elle encore : *mon enfant est tombé ?* Elle se servira donc de ces deux locutions pour exprimer deux vues de l'esprit ? *Mon enfant est tombé* ; on lui répondra : courez vite le relever. — Mais je ne veux pas dire qu'il est *actuellement* par terre par suite de sa chute, on l'a relevé. — Que voulez-vous donc dire ? Il n'y a point de femme qui, pressée par cette question, ne réponde alors : *je veux dire qu'il* A TOMBÉ. »

Vouloir que l'on n'emploie que l'auxiliaire *être* pour exprimer et l'action et l'état qui résulte de l'action, c'est vouloir que l'on confonde dans une seule expression deux choses bien distinctes ; c'est bannir une locution nécessaire pour exprimer une vue particulière de l'esprit ; c'est appauvrir la langue.

Il y a des choses dont on peut dire qu'elles *ont tombé*, et dont on ne peut jamais dire, exactement parlant, qu'elles *sont tombées* ; telles sont les choses qui, ayant un nom avant leur chute, le perdent quand la chute est consommée.

On appelle *pluie* l'eau qui tombe du ciel : *la pluie tombe*, la pluie *a tombé* ; mais, strictement parlant, on ne devrait pas dire que *la pluie est tombée*. Car, quand l'eau du ciel est sur la terre, ce n'est plus de *la pluie*, c'est de *l'eau de pluie*. Ainsi, la pluie peut être ou avoir été dans un état de chose tombée. On peut donc dire : la pluie *tombe*, la pluie a *tombé* ; mais on ne devrait

*il a monté et descendu l'escalier ; il a passé le fleuve ; on a descendu le vin à la cave. Il a sorti le cheval de l'écurie ; cet homme a parlé français ; il a rencontré son maître.*

269. *Convenir*, dans le sens de demeurer d'accord, prend ÊTRE, et s'emploie avec la préposition DE ; et dans le sens de *plaire*, d'être *convenable*, *sortable*, il prend AVOIR, avec la préposition A : *cette dame* A CONVENU *à la reine, et cette princesse* EST CONVENUE *de la placer dans sa maison.*

270. ECHAPPER prend *avoir*, quand il signifie que l'action qu'on a faite, n'a pas été saisie, aperçue : *le cerf* A ÉCHAPPÉ *aux chiens ; ce que tu viens de dire, t'a* ÉCHAPPÉ.

Il prend ÊTRE dans tout autre sens : *il* EST ÉCHAPPÉ *de prison ; pardonnez ma franchise, ce mot* M'EST ÉCHAPPÉ.

---

pas dire la pluie *est tombée;* cependant on le dit en parlant d'une période qui n'est pas encore écoulée : *la pluie est tombée ce matin à verse ;* mais il serait ridicule de dire : *la pluie est tombée à verse il y a plusieurs jours ;* il faut dire : *a tombé.*

On peut appliquer les mêmes observations aux mots *foudre, tonnerre :* l'année dernière, le tonnerre A TOMBÉ sur plusieurs édifices. Le tonnerre EST TOMBÉ ce matin ou A TOMBÉ ce matin dans la Seine.

> Où serais-je, grand Dieu, si ma crédulité
> Eût TOMBÉ dans le piége à mes pas présenté! (VOLTAIRE.)

> Si la belle avec lui N'EÛT TOMBÉ dans cette eau.
>               (LA FONTAINE.)

> Le coup que je lui porte AURAIT TOMBÉ sur moi.
>                (VOLTAIRE.)

Jamais Voltaire n'avait été plus brillant que dans Alzire ; et l'on a peine à concevoir qu'il *ait tombé* de si haut jusqu'à Zulime, ouvrage médiocre. (LA HARPE.)

L'Académie elle-même a sanctionné cet emploi de l'auxiliaire *avoir* avec le verbe *tomber;* elle donne cette phrase pour exemple : « *Les poètes disent que Vulcain* A TOMBÉ *du ciel pendant un jour entier.* »

**271.** Expirer prend *avoir*, quand il marque l'action de mourir : *J.-C.* A EXPIRÉ *sur la croix.* Il prend ÊTRE, quand il marque qu'une chose est *finie.* Exemple : *La trève* EST EXPIRÉE. (1)

**272.** *S'en aller* est un verbe réfléchi qui signifie *partir, sortir d'un lieu. En* doit toujours précéder l'auxiliaire dans les temps composés. Ne dites pas : *je me suis* EN *allé, il s'est* EN *allé*; dites : *je m'*EN *suis allé; il s'*EN *est allé.*

Ne dites pas : *je* SUIS ALLÉ *à Lyon cette année*, ni : *il était absent quand* JE FUS *chez lui hier.* Dites : J'AI ÉTÉ *à Lyon cette année; il était absent quand* J'ALLAI *chez lui hier.*

Toutes les fois qu'on suppose le retour d'un lieu, il faut dire *il a été*; mais lorsqu'il n'y a pas de retour, il faut dire *il est allé.*

*Etre allé* exprime le mouvement, et indique aussi qu'on a quitté un lieu pour se rendre dans un autre : *il est allé de Paris à Bordeaux en deux jours.*

---

(1) *Expirer*, disent MM. Noël et Chapsal, appliqué aux personnes, exige que son auxiliaire ne soit jamais sous-entendu. En conséquence, ils blâment Racine d'avoir dit :

> A ces mots ce héros *expiré*
> N'a laissé dans mes bras qu'un corps défiguré.

Voltaire a fait lui-même justice de cette critique. « On reproche à Racine, dit-il, le *héros expiré*. Quelle misérable vétille de grammaire! Pourquoi ne pas dire *ce héros expiré*, comme on dit : *il est expiré, il a expiré?* Il faut remercier Racine d'avoir enrichi la langue, à laquelle il a donné tant de charmes, en ne disant jamais que ce qu'il doit, lorsque les autres disent tout ce qu'ils peuvent. » Aussi Voltaire, Parny, Delille, et une foule de bons auteurs, n'ont-ils pas craint d'imiter Racine :

> Et d'un père *expiré* j'apportais en ces lieux,
> La volonté dernière et les derniers adieux. (VOLTAIRE.)

> Faibles, muets, de remords déchirés,
> Ils contemplaient leurs amis *expirés.* (PARNY.)

La Société grammaticale a tout récemment encore sanctionné l'avis de Voltaire, en approuvant l'ellipse de l'auxiliaire devant *expiré.*

§ 3. Emploi des temps de l'indicatif.

**273.** Le présent de l'indicatif sert à exprimer qu'une chose *est* ou se *fait* au moment où l'on parle. Quand je dis : *je marche*, *nous écrivons*, *elle est couchée*, c'est comme si je disais : je suis actuellement *marchant* ; je suis actuellement *écrivant* ; elle est actuellement *couchée*.

**274.** On emploie bien le présent de l'indicatif pour un temps passé, quand on veut donner au discours plus de vivacité. Exemple :

> Dieu *parle* ; l'homme *naît*. Après un court sommeil,
> Sa modeste compagne *enchante* son réveil.

Mais il faut alors que tous les verbes de la phrase soient mis au présent. On ne pourrait pas dire :

> Dieu *parle* ; l'homme *naît*. Après un court sommeil,
> Sa modeste compagne *enchanta* son réveil.

**275.** L'imparfait s'emploie pour marquer une action habituelle, ou souvent réitérée, en la considérant relativement à une autre action passée. Exemples :

> *Je* quittais *ces lieux, quand tu y* arrivais. *J'*écrivais *toutes les semaines à ma mère* (1).

______

(1) Doit-on employer le présent ou l'imparfait dans cette phrase : *On m'a dit que Dieu* est *juste ; on m'a dit que Dieu* était *juste ?*

Les grammairiens sont divisés en deux partis, qu'on peut appeler les *absolus* et les *relatifs*.

Les premiers, à la tête desquels nous placerons MM. Noël et Chapsal, prétendent que lorsqu'on veut exprimer une chose vraie dans tous les temps on doit se servir du présent.

Les derniers disent : c'est une règle générale, que lorsque dans une phrase il y a deux verbes correspondants, dont le premier est au passé, le second doit être à l'imparfait.

Eh bien ! tous ont également tort, tant il est vrai que la vérité ne se trouve jamais dans l'absolu.

La raison veut sans doute que, lorsqu'on a l'intention d'exprimer une vérité habituelle ou essentielle, une maxime invariable, on emploie le présent ; mais elle n'exige point que nous la

**276.** Le passé défini ne doit s'employer que pour exprimer un temps entièrement écoulé, et dont l'époque est déterminée ou éloignée. Exemples :

*Nous nous* VOUAMES *une amitié éternelle, dès que nous nous* VIMES. *J'*ÉCRIVIS *hier, ou la semaine dernière, ou le mois passé, ou l'année dernière à votre père.*

**277.** Mais ne dites pas : *j'*ÉCRIVIS *ce matin*, car la journée n'est pas encore écoulée. Ne dites pas : *je* REÇUS *ta lettre cette semaine*, car la semaine n'est pas encore écoulée. Ne dites pas : *je* VIS *mes parents ce mois-ci*, car le mois n'est pas écoulé ; ne dites pas non plus : *il* FIT *du bien mauvais temps cette année*, car l'année n'est pas encore écoulée. Dans ce cas, on emploie le passé indéfini, et l'on dit : *j'*AI ÉCRIT *ce matin* ; *j'*AI REÇU *ta lettre ce matin*, etc.

---

considérions toujours comme maxime ; elle n'empêche pas que nous ne la fassions correspondre à une époque passée, et que, pour peindre cette idée, nous ne nous servions de l'imparfait. Par exemple, de ce que Dieu est toujours essentiellement bon, s'ensuit-il que je ne puisse dire qu'il était bon hier d'une manière particulière, à telle ou telle occasion ?

Quant à la règle des *relatifs*, elle doit être classée parmi les recettes dont leurs livres sont pleins, et dont le principal effet est de déformer l'intelligence et de convertir les hommes en automates.

On peut donc faire usage de l'imparfait aussi bien que du présent, selon qu'on veut exprimer un sentiment plutôt qu'une maxime. Exemples :

| *Avec le présent :* | *Avec l'imparfait :* |
|---|---|
| J'ai toujours remarqué que les gens faux, *sont* sobres. (J.-J. ROUSSEAU.) | J'ai trouvé que la liberté *valait* encore mieux que la santé. (VOLTAIRE.) |
| Il reconnaissait que la véritable grandeur *n'est que* la modération, la justice, la modestie, l'humanité. (FÉNELON.) | L'homme seul *a connu* qu'il y *avait* un Dieu. (BERNARDIN DE ST-PIERRE.) |
| Il tenait pour maxime qu'un habile capitaine *peut bien être* vaincu, mais qu'il ne lui est pas permis d'être surpris. (BOSSUET.) | Jean-Jacques disait qu'il ne *voulait* les mœurs plus aimables que l'étude de la botanique. (*Id.*) |

**278.** Le PASSÉ INDÉFINI s'emploie indifféremment pour un temps passé, soit qu'il en reste encore une partie à s'écouler, soit qu'il n'en reste plus rien. Exemples :

*J'AI PARCOURU hier, et aujourd'hui, les belles promenades du Luxèmbourg. J'AI ÉCRIT le mois dernier à mes parents, et je leur AI encore ÉCRIT ce mois-ci.*

**279.** Le PLUS-QUE-PARFAIT s'emploie pour une chose, non-seulement passée en soi, mais encore passée à l'égard d'une autre chose qui est aussi passée. Lorsque je dis : *j'avais dîné quand vous VINTES me voir*, je veux dire que l'action de mon dîner était passée à l'égard de votre arrivée, ou du temps où vous vîntes, qui est aussi un temps passé relativement à celui où je parle. (1)

**280.** Le *conditionnel*, avancent MM. Noël et Chapsal, ne doit pas s'employer pour le futur ; ne dites donc pas : *on m'a assuré que vous voyageriez*, dites : *que vous voyagerez*. (2)

---

(1) On doit donc bien se garder, disent MM. Noël et Chapsal, d'employer le plus-que-parfait pour le passé défini, lorsqu'il s'agit d'un passé positif. Ainsi, d'après cette règle, il ne faut pas dire : Nous avons appris que vous AVEZ FAIT un naufrage au Pérou ; il faut *que vous avez fait*. (*Voir* ce que nous avons dit de l'imparfait.)

(2) Cette règle est contraire aux faits, car nos écrivains ont employé tantôt le futur, tantôt le conditionnel ; et même l'usage préfère ce dernier mode, parce que l'exécution de ce qu'on doit faire dépend toujours de quelques conditions exprimées ou supposées. Exemples :

*Avec le futur :*
Il leur promet qu'ils *trouveront* Jésus-Christ dans le désert.
(MASSILLON.)
Je n'oserais me promettre que vous me *ferez* cet honneur.
(*Académie.*)

*Avec le conditionnel :*
Vous m'avez dit que vous *reviendriez* le lendemain.
(J.-J. ROUSSEAU.)
J'ai toujours différé à vous faire réponse, jusqu'à présent que j'ai appris que vous ne *viendriez* point.
(M<sup>me</sup> DE SÉVIGNÉ.)

281. Employé comme régime, l'infinitif doit toujours se rapporter à un mot exprimé dans la phrase. (1).

## § 6. Emploi du subjonctif.

282. Le subjonctif est un mode du verbe qui sert à marquer la subordination du verbe d'une proposition au verbe de la proposition principale. Cette subordination est telle, que la proposition dont le verbe est au subjonctif ne forme plus un sens complet dès qu'elle en est séparée. Ainsi, dans cette phrase, *je veux* QUE VOUS PARTIEZ ; *que vous partiez* est tellement subordonné à *je veux*, qu'il n'a aucun sens déterminé s'il est séparé de ce verbe. Cette subordination n'est plus aussi intime à l'indicatif. Dans cette

---

(1) Telle est la règle que posent MM. Noël et Chapsal ; mais cette règle est trop rigoureuse, et les grands écrivains n'ont pas craint de la violer. Sans doute l'emploi de l'infinitif ne doit pas se faire aux dépens de la clarté ; ainsi l'on ne dirait pas : *Qu'ai-je fait pour* VENIR *troubler mon repos ?* ni *c'est pour* ÊTRE *utile à tes parents que je t'ai instruit.* La première phrase est louche, et la seconde équivoque. Il faut dire : *Qu'ai-je fait pour* QUE VOUS VENIEZ *troubler mon repos ? C'est pour* QUE TU SOIS UTILE *à tes parents que je t'ai instruit.*

Néanmoins, s'il n'y a dans la phrase aucune ambiguité, si la pensée est claire, et que l'on ne puisse se méprendre sur le véritable rapport de l'infinitif, ce mode peut être employé, quoiqu'il ne se rapporte point au sujet de la proposition principale. Les passages suivants, quoique contraires à la règle de MM. Noël et Chapsal, sont donc très-bons :

*Les moments sont trop chers pour les* VENDRE *en paroles.*
(RACINE.)

*Tout, sans* FAIRE *d'apprêts, s'y prépare aisément.*
(BOILEAU.)

*Pour* ÉVITER *les surprises, les affaires étaient traitées par écrit.* (BOSSUET.)

*Toutes les conventions se passaient avec solennité pour les* RENDRE *plus inviolables.* (J.-J. ROUSSEAU.)

phrase : *je crois, QU'IL PARTIRA* ; *qu'il partira* peut à la rigueur se détacher de *je crois* ; on peut dire en effet : *il partira, je le crois.*

283. Le subjonctif est un mode de *doute* servant à exprimer ce qui est vague, incertain ; et comme la nécessité, la volonté, le désir, ne peuvent porter que sur des choses non positives, et qui, pour la plupart, sont futures ou incertaines, après des verbes ou des expressions qui réveillent ces idées, on emploie généralement le *subjonctif* (1). Les exemples suivants en sont une preuve irrécusable :

Je CONSENS qu'il *périsse.*
                (CORNEILLE.)

A-t-elle AIMÉ qu'on la *louât* contre la vérité ? (FLÉCHIER.)

J'AIME MIEUX qu'Acanthe *soit* méchant.          (ID.)

On n'APPROUVA pas qu'il *voulût* ensuite recommencer le combat.          (VOLTAIRE.)

PERMETTEZ que je *meure.*
                (RACINE.)

Obéis, si tu VEUX qu'on t'*obéisse* un jour. (VOLTAIRE.)

Il DÉFENDIT qu'on y *reçût* un homme revêtu d'un emploi public.          (ID.)

Les devoirs de la société EXIGENT que l'on *ait* quelque ménagement pour l'amour-propre des hommes.          (ACAD.)

Je DÉSIRE que vous *soyez* plus heureux.          (ID.)

Il SOUHAITE en son cœur que ce Dieu ne *soit* pas.
                (BOILEAU.).

GARDEZ que ce départ ne leur *soit* révélé.          (RACINE.)

EMPÊCHEZ qu'un rival vous *prévienne* et vous brave.          (ID.)

Puisque vous le voulez, j'accorde qu'il le *fasse.*
                (CORNEILLE.)

PRENDS GARDE qu'on ne te *voie* en ces lieux.          (RACINE.)

SOUFFREZ que Bajazet *voie* enfin la lumière.          (ID.)

Je ne m'ÉTONNE plus qu'il *craigne* de me voir. (CORNEILLE.)

FAUT-il que des mortels ne *soient* heureux qu'on songe ?
                (VOLTAIRE.)

Il MÉRITAIT bien qu'on lui *confiât* le commandement de l'armée.          (ROLLIN.)

Nous DEMANDONS qu'il *soit* le père de son peuple.
                (MASSILLON.)

---

(1) C'est donc à tort que MM. Noël et Chapsal, page 140 de leur grammaire, 50ᵉ édition, disent que le verbe *tourne* est au présent du subjonctif dans cette phrase qu'ils donnent comme exemple :

*Certains philosophes anciens ne savaient pas que la terre* TOURNE *autour du soleil.*

**284.** Après ces locutions : *il est juste, il est bon, il est essentiel; il faut, il importe, il convient*, et autres semblables, qui font naître une idée de volonté, de nécessité, le verbe qui suit se met toujours au subjonctif. Exemples :

---

Cette faute de principe est une de leurs plus graves hérésies grammaticales. *Tourne* est ici à *l'indicatif*. Quand il s'agit d'affirmer un fait constant, il faut nécessairement employer ce mode; l'euphonie vient à l'appui de la règle. Essayez un verbe dont l'inflexion du *subjonctif* se distingue à l'oreille de celle de *l'indicatif*, le verbe *faire;* dirait-on, par exemple : *Certains philosophes anciens ne savaient pas que la terre* FASSE *sa révolution autour du soleil.* Personne, nous le croyons, n'oserait hasarder FASSE; on dirait FAIT. D'ailleurs, quelle est la pensée? La voici : *La terre* TOURNE, *la terre* FAIT *sa révolution en un an autour du soleil.* Voilà un fait avéré. Certains *philosophes anciens ne savaient pas cela.* Voilà un autre fait affirmé. Chacune de ces deux propositions est affirmative; il n'y a pas là l'ombre d'un doute, et il en faudrait pourtant un pour que le subjonctif existât.

MM. Noël et Chapsal, comme leurs copistes, s'imaginent qu'après une proposition *négative*, il faut toujours employer le *subjonctif*; mais c'est là une des mille erreurs dont nous gratifient chaque jour les Thiel, les Bonnaire, les Bonneau, les Munier, les auteurs de la petite Grammaire des Écoles primaires, etc.; car nos grands écrivains ont souvent employé le *subjonctif* après une proposition *positive*, quand celle-ci renferme un doute : *Je veux qu'il* SORTE, *je désire qu'il* PARTE. (ACAD.) *Je doute qu'il* FASSE *son paquet.*

La question n'est donc pas dans la forme *négative* du premier verbe, mais toute dans les pensées qu'on veut exprimer : *Je vous assure qu'il* SORT, *j'affirme qu'il* PART, *je suis sûr qu'il* FAIT *son paquet*, parce qu'il ne s'agit plus d'une chose hypothétique, mais d'un fait affirmé. Le subjonctif serait aussi mal employé ici que l'indicatif le serait plus haut.

La phrase suivante, qui est tout à la fois *interrogative* et *négative*, prouve, jusqu'à l'évidence, qu'il ne suffit pas, pour employer le subjonctif, qu'une phrase soit *négative* :

> « Avec quelque couleur qu'on ait peint ma fierté,
> « Croit-on que dans ses flancs un monstre m'a porté? »
> (RACINE.)

Il EST JUSTE qu'un meurtrier *périsse*.     (CORNEILLE.)

Il SERAIT BON qu'on *obéît* aux lois.     (PASCAL.)

Il EST TEMPS qu'il *paraisse*.     (VOLTAIRE.)

Il EST IMPOSSIBLE que vous le *voyiez* à présent.     (ID.)

Qu'IMPORTE qu'au hasard un sang vil *soit* versé?
                                (RACINE.)

EXCEPTIONS. Après les verbes *ordonner*, *résoudre*, *arrêter*, *exiger*, *décider*, *commander*, *attendre*, *entendre*, *prétendre*, *se plaindre*, *supposer*, *douter*, on emploie l'indicatif ou le subjonctif, selon l'idée qu'on a dans l'esprit Nous renvoyons aux dictionnaires pour la différence d'acception dans laquelle ces sortes de verbes peuvent être pris.

285. On met toujours le subjonctif après les expressions *quelque... que*, *quel que*, *qui que*, *quoi que*, *si... que*, *à quoi que*, *de quoi que*, *pour quoi que*; ainsi qu'après les expressions suivantes : *afin que*, *à moins que*, *avant que*, *au cas que*, *bien que*, *de peur que*, *de crainte que*, *en cas que*, *encore que*, *si tant est que*, *loin que*, *non que*, *non pas que*, *nonobstant que*, *où que*, *pour que*, *pourvu que*, *quoique*, *sans que*, *soit que*, et *que* employé pour *afin que*, *avant que*, *si*, *soit que*, *pour que*, etc. Exemples :

Dans QUELQUE haut rang que vous *soyez* placé.
                          ( CORNEILLE. )

QUI QUE ce *soit*, parlez et ne le craignez pas.   (RACINE.)

SI mince qu'il *puisse* être, un cheveu fait de l'ombre.
                          ( VILLEFRÉ. )

QUOI QUE vous *écriviez*, évitez la bassesse.   (BOILEAU.)

POUR qu'on vous *obéisse*, obéissez aux lois.   (VOLTAIRE.)

BIEN qu'à ses déplaisirs mon âme *compâtisse*.
                          ( CORNEILLE. )

. . . . . . . je ne vous quitte point,
Seigneur, QUE mon amour n'*ait* obtenu ce point.
                          (LE MÊME.)

Si les hommes étaient sages et *qu'ils suivissent* les lumières de la raison, ils s'épargneraient bien des chagrins. (WAILLY.)

**286.** On fait également usage du subjonctif après le *que* dit impératif, et dans toutes les phrases exclamatives où le *que* est ellipsé. Exemples :

Qu'aux accents de ma voix la terre se *réveille !*
(J.-B. Rousseau.)

*Périsse* le Troyen, auteur de nos alarmes ! (Racine.)

Que votre main gauche ne *sache* point ce que fait votre main droite. (Sacy.)

*Plût* aux dieux qu'on réglât ainsi tous les procès !
(Lafontaine.)

**287.** On met ordinairement encore le verbe de la proposition subordonnée au subjonctif, si la proposition principale est *négative* ou *interrogative*, parce que cette sorte de proposition exprime le doute, l'incertitude. Exemples :

Il ne pense pas que personne *veuille* lui dresser des piéges.
(La Bruyère.)

Ne crois pas qu'elle *meure.* (Racine.)

Crois-tu que dans son cœur il *ait* juré sa mort ?
(Le même.)

Penses-tu qn'en effet Zaïre me *trahisse ?* (Voltaire.)

**288.** On dit aussi avec le subjonctif *je ne sache pas, nous ne sachions pas* pour *je ne connais pas, nous ne connaissons pas.* Ces locutions ne sont d'usage qu'avec la négative, et appartiènent au style de la conversation, de même que les expressions *que je sache, que nous sachions* qui s'emploient le plus souvent comme incidentes ou à la fin d'une phrase. Exemples :

Il n'y a personne *que je sache.* (Acad.)

*Je ne sache pas* avoir vu un pays plus agréable.
(J.-J. Rousseau.)

*Je ne sache pas* qu'il y ait eu d'hommes blancs devenus noirs.
(Buffon.)

Mais la cause la plus générale du strabisme, et dont personne, *que je sache*, n'a fait mention, c'est l'inégalité de force dans les yeux. (Idem.)

Telles sont à peu près les seules règles qu'il soit permis d'établir sur l'emploi du subjonctif; encore ces règles souffrent-elles quelques exceptions. En général, l'emploi de ce mode ne dépend ni du matériel des mots, ni de la forme de la proposition primordiale; mais bien des vues de l'esprit.

289. Veut-on affirmer directement, positivement, et sans idée accessoire de doute, de crainte, d'incertitude, etc., on doit faire usage de l'INDICATIF. S'agit-il au contraire d'une chose vague, douteuse, incertaine, ou que l'on regarde comme telle, il faut se servir du SUBJONCTIF.

Pour mieux faire sentir toute la force de ce principe qui domine seul l'emploi des deux modes, nous allons comparer plusieurs exemples, en les accompagnant d'observations.

| *Subjonctif :* | *Indicatif :* |
|---|---|
| PENSES-TU qu'en effet Zaire me trahisse? (VOLTAIRE.) | PENSEZ-VOUS qu'il *s'agit* réellement d'un forfait exécrable ? (CHÉNIER.) |
| Orosmane doute réellement, et désire que cela ne soit pas ; d'où le subjonctif. | Il est certain qu'il s'agit réellement de cela ; d'où l'indicatif. |
| EST-IL POSSIBLE que vous *vouliez* être malade, en dépit des gens et de la nature. (MOLIÈRE.) | EST-IL POSSIBLE que vous *serez* toujours embéguiné de vos apothicaires et de vos médecins? (MOLIÈRE.) |
| Ici il y a réellement doute. | Ici, point de doute. |
| Heureux ou malheureux, IL SUFFIT qu'on me *craigne*. (RACINE.) | ET NE SUFFIT-IL pas que je l'ai *condamné*? (RACINE.) |
| Il n'y a pas certitude de sa part qu'on le craindra. | Je l'ai condamné, cela suffit. |
| IL SEMBLE QUE ce *soit son* plaisir favori. (DESTOUCHES.) | IL SEMBLE QUE la logique *est* l'art de convaincre. (LA BRUYÈRE.) |
| *Il semble* exprime ici une supposition. | Ici on est certain de ce dont on paraît douter. (1) |

_______________

(1) Dans la Grammaire de MM. Noël et Chapsal, où il s'en faut bien que le *sens et la raison règlent doute chose*; il est dit qu'il faut toujours le subjonctif après *il semble*. Cette règle,

| *Subjonctif.* | *Indicatif.* |
|---|---|
| IL ME SEMBLE QUE mon cœur *veuille se* fendre. <br> (Mme. DE SÉVIGNÉ.) | IL ME SEMBLE QUE Corneille *a donné* des modèles dans tous les genres. <br> (VOLTAIRE.) |
| Cela signifie : Je suis tentée de croire que mon cœur… (1). | Voltaire est convaincu. |
| ON DIRAIT que le livre des destins *ait été* ouvert à ce prophète. (BOSSUET.) | Enseigne-moi, Molière, où tu trouves la rime, <br> ON DIRAIT, quand tu veux, qu'elle *te vient* chercher. <br> (BOILEAU.) |

comme tant d'autres, n'a pas pour elle le mérite de l'exactitude, et l'usage de nos bons écrivains la contredit entièrement. L'exemple que nous avons cité en est une preuve convaincante. A cet exemple, nous ajouterons les suivants :

IL SEMBLE que la rusticité n'*est* autre chose qu'une ignorance grossière des bienséances. (LA BRUYÈRE.)

IL SEMBLE que l'abondance *a* épuisé une de ses cornes dans nos jardins et dans nos campagnes.
(BERNARDIN DE ST-PIERRE.)

IL SEMBLE que nous *augmentons* notre être, lorsque nous pouvons le porter dans la mémoire des autres.
( MONTESQUIEU.)

IL SEMBLE qu'une passion vive et tendre *est* morne et silencieuse. (LA BRUYÈRE.)

IL SEMBLE que le meilleur moyen *était* d'équiper des vaisseaux. (RAYNAL.)

(1) MM. Noël et Chapsal se sont donc grossièrement trompés en avançant que *il semble*, accompagné d'un régime indirect de personne, demande l'indicatif. Qu'ils lisent nos écrivains, et ils y verront *il me semble*, *il te semble*, etc., très-souvent suivi du subjonctif. En voici quelques exemples pris au hasard :

Vous SEMBLE-T-IL que le mohatra *soit* une chose si vénérable?
(MONTESQUIEU.)

Hé quoi ! TE SEMBLE-T-IL que la triste Ériphile
*Doive* être de leur joie un témoin si tranquille?
( RACINE. )

O toi qui me connais, TE SEMBLAIT-IL croyable qu'un cœur,
toujours nourri d'amertume et de pleurs, *dût* connaître l'amour ?
(IDEM.)

| *Subjonctif.* | *Indicatif.* |
|---|---|
| Ici il y a supposition, l'apparence est légère. | Ici il y a de fortes raisons pour croire que cela est. |
| S'IL EST VRAI qu'Homère *ait* fait Virgile, c'est son plus bel ouvrage. (VOLTAIRE.) | S'IL EST vrai que j'*ai* chassé les ennemis du territoire... (VERTOT.) |
| Supposition et doute. | C'est-à-dire s'il est vrai, comme cela est positif, que j'ai chassé, etc. |
| Le chien est LE SEUL animal dont la fidélité *soit* à l'épreuve. (BUFFON.) | L'expérience est LA SEULE école où les insensés *peuvent* s'instruire. (FRANKLIN.) |
| Il s'agit ici d'une assertion qui peut être contestée. | Affirmation positive (1). |
| LE MEILLEUR usage qu'on *puisse* faire de son esprit est de s'en défier. (FÉNELON.) | LE PLUS grand mal que *fait* un ministre, c'est le mauvais exemple qu'il donne. (MONTESQUIEU.) |
| Assertion qui peut être contestée. | Assertion positive (2). |

(1) Après *le premier, le seul, le dernier*, on met le subjonctif ou l'indicatif : le subjonctif, lorsqu'il s'agit d'un fait qui peut être contesté; l'indicatif, quand on veut affirmer fortement ce qu'on dit, ou quand l'idée de temps a besoin d'être rendue. C'est donc à tort que MM. Noël et Chapsal font une loi d'employer constamment le subjonctif. Notre littérature fourmille d'exemples où les auteurs se sont servis de l'indicatif. A l'exemple déjà cité nous ajouterons les suivants :

Souviens-toi que je suis LE SEUL qui t'*a* déplu. (FÉNELON.)

L'amour-propre est LA SEULE chose dont on ne *vient* jamais à bout. (NIVERNAIS.)

C'était LE SEUL bien qui lui *restait*. (VOLTAIRE.)

Le génie poétique était LA SEULE richesse que le Tasse *avait* reçue de son père. (IDEM.)

LA SEULE chose que nous ne *savons* point, c'est d'ignorer ce que nous ne pouvons savoir. (J.-J. ROUSSEAU.)

Malpighi est LE PREMIER qui *a* fait cette découverte. (BERN. DE ST.-PIERRE.)

Les Céciniens furent LES PREMIERS qui *firent* éclater leur ressentiment. (VERTOT).

Les Cyriens furent LES PREMIERS qui *domptèrent* les flots. (FÉNELON.)

(2) Encore une nouvelle erreur de MM. Noël et Chapsal.

| *Subjonctif.* | *Indicatif.* |
|---|---|
| J'habiterai un pays QUI me *plaise*, où je *sois* tranquille ; que je *puisse* parcourir sans crainte, et dont la température *soit* douce.　(GRAMM. NAT.) | J'habiterai un pays QUI me *plaît*, où je *serai* tranquille ; que je *pourrai* parcourir sans crainte, et dont la température *est* douce.　(GRAMM. NAT.) |
| Ici il s'agit de quelque chose d'incertain, de douteux, sur quoi porte le désir, la volonté ; on ne connaît pas encore le pays qu'on cherche, désirant s'y s'y plaire, etc. | Idée positive, certaine ; il n'y a en effet aucun doute pour celui qui parle du plaisir que lui procurera ce pays... le pays est connu, et l'on sait d'avance qu'on s'y *plaira*. |
| TOUT intéressante que *soit* cette question, elle demeure presque insoluble.<br>(CHATEAUBRIAND.) | TOUT infaillibles qu'ils *sont*, les géomètres se trompent souvent.　(PASCAL.) |
| Assertion contestable, ou qui offre quelque doute (1). | Ici il n'y a aucune incertitude. |

Après le superlatif relatif, disent-ils, on met toujours le subjonctif. Mais, pour Dieu ! lisez donc nos écrivains, et vous verrez s'il en est ainsi ; leurs pages sont remplies d'exemples où l'indicatif est aussi employé, témoin les suivants :

J'ai fait de mon héros le portrait LE PLUS brillant que *j'ai pu*.
(VOLTAIRE.)

LE MOINS de servitude qu'on *peut* est le meilleur. (PASCAL.)

Je fais LA MEILLEURE contenance que je *puis.*
(M<sup>me</sup> DE SÉVIGNÉ.)

LA MOINDRE louange qu'on *peut* lui donner. (FLÉCHIER.)

C'est LE MOINDRE secret qu'il *pouvait* nous apprendre.
(RACINE.)

Nous vivons dans LA PLUS grande amitié qu'il *est* possible.
(VOLTAIRE.)

C'était la femme LA PLUS grognon que je *connus* de ma vie.
(J.-J. ROUSSEAU.)

(1) MM. Noël et Chapsal avaient dit : TOUT QUE *peut* l'*indicatif*, et M. Boniface, et M. THIEL, et M. Munier, etc., etc., de répéter : TOUT QUE *veut* l'*indicatif*. M. Boniface va même plus loin ; il dit que c'est une *faute* d'employer le subjonctif avec *tout*. Il est possible que ce soit une *faute* suivant les idées étroites de M. Boniface, de MM. Noël et Chapsal et de tout le *servum pecus;*

### § 7. — Emploi des temps du subjonctif.

**290.** Si le premier verbe est au présent ou au futur simple, on met le second verbe au présent ou au passé du subjonctif. Si le verbe au subjonctif marque une action *à venir*, il faut le mettre au *présent*. Exemples :

Je ne crois pas  
Je ne croirai pas } que vous PARVENIEZ à cet emploi.

*Parveniez* est au présent du subjonctif parce qu'il marque une action à venir.

Je ne crois pas  
Je ne croirai pas } que vous l'AYEZ trompé.

*Ayez trompé* est au passé du subjonctif, **parce** qu'il marque une action passée.

**291.** 1re *Remarque.* Après le présent et le futur de

---

mais comme ces messieurs sont loin d'être d'habiles écrivains, et qu'ils n'ont pas le droit de nous imposer leur jargon, ils voudront bien nous permettre de ne pas nous en rapporter à eux sur ce point comme sur mille autres, et de préférer à leurs préceptes erronés les imposantes leçons de nos grands écrivains qui ne trompent jamais. Or, nos meilleurs écrivains se sont très-souvent servis du subjonctif après *tout*, et même cet usage est assez fréquent aujourd'hui. Nous pourrions en citer des milliers d'exemples ; nous nous bornerons aux suivants :

Les évêques, TOUT successeurs des apôtres qu'ils *soient*, semblent moins l'être que les missionnaires. (ARNAULD.)

TOUT auteur que je *sois*, je ne suis pas jaloux que mon travail lui soit utile. (REGNARD.)

TOUTE dégradée que nous *paraisse* la nature (de l'Esquimaux), on reconnaît en lui quelque chose qui décèle encore la dignité de l'homme. (CHATEAUBRIAND.)

TOUT méfiants que *soient* les Arabes dans leurs relations domestiques, ils ont entre eux pour le commerce une confiance absolue. (ALBERT MONTÉMONT.)

Nous ajouterons que la Société grammaticale a sanctionné, par son approbation, cet emploi du subjonctif après *tout*.

l'indicatif, on emploie l'imparfait du subjonctif au lieu du présent, et le plus-que-parfait au lieu du passé, lorsque le second verbe est suivi d'une expression conditionnelle. Exemples :

Je ne crois pas ⎫
Je ne croirai pas ⎭ qu'il *parvînt* à cet emploi sans votre protection.

*Parvînt* est à l'imparfait, à cause de l'expression conditionnelle *sans votre protection*.

On met le second verbe au plus-que-parfait, si l'on veut exprimer une action passée. Exemples :

Je ne crois pas ⎫
Je ne croirai pas ⎭ qu'il *eût obtenu* cette place si vous ne l'eussiez protégé.

*Eût obtenu* est au plus-que-parfait, parce qu'il marque une action passée, et à cause de l'expression conditionnelle, *si vous ne l'eussiez protégé*.

292. II° *Remarque.* Quand le premier verbe est au futur passé, on met le second verbe au passé du subjonctif. Exemple :

Il aura fallu que vous *ayez eu* beaucoup de prudence dans cette affaire.

293. Si le premier verbe est à l'imparfait, ou à l'un des passés, ou au plus-que-parfait, ou à l'un des conditionnels, on met le second verbe à l'imparfait ou au plus-que-parfait du subjonctif.

On le met à l'imparfait, si l'on veut exprimer une action présente ou future, et au plus-que-parfait, si l'on veut exprimer une action passée. Exemples :

Il désirait ⎫
Il désira ⎪
Il a désiré ⎪
Il eut désiré ⎬ que vous *parlassiez* en sa faveur,
Il avait désiré ⎪
Il désirerait ⎪ ou
Il aurait désiré ⎪
Il eût désiré ⎭ que vous *eussiez parlé* en sa faveur.

294. On met toujours le second verbe au présent du subjonctif, quel que soit le temps du premier, lorsque l'action ou l'état marqué par le verbe exprime

une vérité constante, une chose qui existe encore au moment où l'on parle. Exemple :

Vous auriez trouvé mon livre agréable, quoiqu'il ne *vaille* pas le vôtre.

*Vaille* est au présent, parce que mon livre ne vaut pas encore le vôtre.

*Voltaire n'a employé aucune fiction qui ne* soit *l'image de la vérité.*

*Soit* est au présent, car ces fictions sont encore l'image de la vérité.

295. III<sup>e</sup> *Remarque.* On met encore quelquefois le second verbe au présent du subjonctif, quoique le premier soit au passé indéfini ; mais cela n'arrive guère que lorsque le second verbe est précédé d'une des conjonctions *afin que, pour que,* etc. ; et quand on veut exprimer une action présente dans le moment où l'on parle, ou future relativement à ce moment. Exemples :

Votre père a trop mal passé la nuit pour qu'il *puisse* aller mieux ce matin. J'ai préparé vos malles, afin que vous ne vous *fassiez* pas attendre.

---

# CHAPITRE VI. — SYNTAXE DES PARTICIPES.

## PARTICIPE PRÉSENT.

296. Les mots en *ant,* dits *participes présents,* reconnaissent deux origines, et, sous une seule forme, ce sont réellement deux mots différents (1). Voilà

---

(1) Quelques langues étrangères en sont une preuve incontestable. Les Latins voulaient-ils exprimer une action, ils se servaient des mots *ridendo, faciendo, reptando* Avaient-ils, au contraire, l'intention d'indiquer un état, ils fesaient usage des mots *ridens, faciens, reptans.* Il en est de même en italien, en espagnol et en portugais.

pourquoi les uns varient, tandis que les autres sont constamment invariables. Les premiers s'appèlent *adjectifs verbaux*, et les seconds *participes présents*.

**297.** Le *participe présent* marque une action faite par le sujet, et il a ordinairement un complément direct ou indirect exprimé ou sous-entendu.

On peut aussi le distinguer d'avec l'adjectif verbal, en ce que le participe présent ne reçoit point le verbe *être* avant lui ; qu'il peut être traduit par le relatif *qui* et par un des temps du verbe dont il est formé. Exemples :

*Je crains ces hommes criant à haute voix.*
*Je fuis les hypocrites flattant avec adresse.*
*J'ai vu vos cousins expirant par l'ordre du tyran.*

On peut dire :

*Je crains ces hommes qui crient à haute voix.*
*Je fuis les hypocrites qui flattent avec adresse.*
*J'ai vu vos cousins qui expiraient par l'ordre du tyran.*

Autre moyen de connaître le participe présent : le participe présent peut se remplacer par un autre temps du verbe dont il est formé, à l'aide d'une des conjonctions *quand, lorsque, parce que, comme, puisque.*

| | |
|---|---|
| *Je les peins* parlant, *et non* agissant. (BESCHER.) | *Je les peins* quand ils parlent, *et non* quand ils agissent. |
| *Ces deux hommes*, prévoyant *les maux qui les menaçaient*, quittèrent la ville. ( Id. ) | *Ces deux hommes*, lorsqu'ils prévirent *les maux qui les menaçaient*, quittèrent la ville. |
| *Vos amis*, demeurant *trop loin d'ici*, ne peuvent venir vous voir. ( Id. ) | *Vos amis*, parce qu'ils demeurent *trop loin d'ici*, etc. |
| *Ces jardins* appartenant à *votre tante*, elle doit en recueillir les fruits. ( Id. ) | Comme *ces jardins* appartiennent à *votre tante*, elle doit, etc. |
| *Ces personnes*, ressortissant à un autre tribunal, ne peuvent être jugées par celui-ci. ( Id. ) | *Ces personnes*, puisqu'elles ressortissent à un autre tribunal, ne peuvent, etc. |

On reconnaît encore le participe présent quand on peut le faire précéder du mot *en.*

| *Des flots de barbares*, roulant *les uns sur les autres*, étendaient *chaque jour leurs ravages.*          (BESCHER.) | *Des flots de barbares*, **en** roulant *les uns sur les autres,* étendaient *chaque jour leurs ravages.* |
| *Cette chienne*, aboyant *sans cesse*, va çà et là mordant *tous les autres chiens.*          (Id.) | *Cette chienne*, en aboyant *sans cesse*, va çà et là en mordant *tous les autres chiens.* |

**298.** *L'adjectif verbal*, qui ne peut avoir de complément, est variable ; il prend par conséquent le genre et le nombre du substantif auquel il se rapporte.

L'adjectif verbal exprime la manière d'être du sujet ; il est ou peut être précédé du verbe *être* dans tous les cas possibles.

| *J'ai parcouru Paris et les villes* environnantes. | Dans cet exemple, on peut dire *qui sont environnantes ;* donc ce mot doit varier. |
| *Ces hommes* prévoyants *ont* aperçu *le danger.* | On peut dire : *ces hommes qui sont prévoyants ont aperçu le danger ;* donc *prévoyant* doit varier. |
| *Les Grecs ont hasardé des spectacles non moins* étonnants. | *Des spectacles qui étaient non moins* étonnants. |
| *Tant de doctes esprits trop* confiants *en leurs lumières.* | Qui étaient *trop* confiants *en leurs lumières.* |
| *Les provinces furent convoquées par des vassaux peu dé*pendants *de la couronne.* | Qui étaient *peu* dépendants *de la couronne.* |

Dans ces exemples, les mots terminés en *ant* sont de vrais adjectifs verbaux ; 1° parce qu'on peut mettre le verbe *être* avant chacun de ces adjectifs et dire : *qui sont* ou *qui étaient ;* 2° parce qu'ils marquent un *état*, une *situation* du sujet, et non une *action faite* par lui.

**299.** Toutes les fois que, par la forme verbale en *ant*, on veut exprimer un acte, une ACTION instantanée, pure et simple, et non un état, on emploie le *participe présent*, qui est toujours invariable. Exemples :

*Ces deux infortunés se précipitèrent dans le Rhône*, AIMANT *mieux mourir ensemble que de vivre séparés. (Le Précurseur de Lyon.) Combien de pères*, TREMBLANT *de déplaire à leurs en-*

*fants, sont faibles et se croient tendres !* (DOMERGUE.). *Personne assurément ne s'aviserait aujourd'hui de représenter dans un poème une troupe d'anges et de saints* BUVANT *et* RIANT *à table.* (VOLTAIRE.)

300. Si, au contraire, on veut peindre un ÉTAT, une manière d'être, une disposition à agir, plutôt qu'une action, ou même une action qui, par sa continuité, sa durée, devient permanente, se transforme en état, et n'est accompagnée d'aucune des circonstances qui caractérisent une action, on fait usage de *l'adjectif verbal*, qui est toujours variable. Exemples :

*Il n'y a que les âmes* AIMANTES *qui soient propres à l'étude de la nature.* (BERN. DE ST-PIERRE.) *Tout s'exagère à notre âme* TREMBLANTE. *Soyons bien* BUVANTS, *bien* MANGEANTS, *nous devons à la mort de trois l'un en dix ans.* (LA FONTAINE.)

301. Employés seuls, c'est-à-dire sans être accompagnés d'aucun régime, les mots en *ant* sont variables, lorsqu'ils marquent l'état physique ou moral du substantif auquel ils sont joints. Exemples :

*C'est une enfant douce,* CARESSANTE ; *elle jouit d'une santé* BRILLANTE. *Des regards* MOURANTS. *Des mères* GÉMISSANTES. *La foudre* ÉTINCELANTE. *Des oiseaux* DÉVORANTS. *Les taureaux* MUGISSANTS. (BESCHER.)

302. Employés seuls, les mots en *ant* sont invariables quand ils expriment une action faite par le substantif auquel ils se rapportent. Exemples :

*Cette femme possède un heureux naturel, jamais ne* CONTRARIANT, *ne* MÉDISANT, *ne* DÉSOBLIGEANT. *Vous les verriez s'agiter,* ALLANT, VENANT, SORTANT, RENTRANT, *et cela sans raison ni motif. Parfois aussi,* BADINANT, JOUANT, RIANT, FOLÂTRANT, *et l'instant d'après, tristes, rêveurs,* GÉMISSANT, MURMURANT, CONTESTANT, CONTRARIANT, ENRAGEANT, MENAÇANT. (BESCHER).

303. Le participe présent des verbes intransitifs (neutres) offre seul des difficultés, et c'est presque toujours le point de vue, l'idée de l'écrivain qui lui fait préférer le participe ou l'adjectif verbal ; car le participe présent de presque tous les verbes intransitifs est susceptible de devenir adjectif verbal. Exemples :

Les grands pins, GÉMISSANT sous les coups des haches, tombent en roulant du haut des montagnes. (FÉNELON.)

Il y a donc des peuples chrétiens GÉMISSANTS dans un triste esclavage. (VOLTAIRE.)

Seule, ERRANT à pas lents sur l'aride rivage,
La corneille enrouée appèle aussi l'orage. (DELILLE.)

Il y a des peuples qui vivent ERRANTS dans les déserts.
(BERNARDIN DE ST-PIERRE.)

La terre abonde de ces gens BRILLANT au caquet. (LENOBLE.)

Les chanoines vermeils et BRILLANTS de santé.
(BOILEAU.)

C'est là qu'on voit errer les brebis qui bêlent avec leurs tendres agneaux *bondissant* sur l'herbe. (FÉNELON.)

Les monstres BONDISSANTS sur cette affreuse mer,
Et qu'il poursuit encor sous sa glace éternelle.
(ESMÉNARD.)

Et la Crète *fumant* du sang du minotaure. (RACINE.)

Il m'offrait une main *fumante* de mon sang. (VOLTAIRE.)

Dans le premier cas, ce sont des pins *qui gémissent*; dans le second, des peuples chrétiens *qui sont gémissants*, etc.

304. Lorsque le participe présent est précédé ou suivi d'un régime direct, il est toujours invariable, attendu que, dans ce cas, il a, comme le verbe d'où il dérive, la propriété de marquer l'action. Exemples:

*Des hommes* FRAPPANT *des enfants. Des enfants* TUANT *une pauvre bête. Des filles* CARESSANT *leur mère. Des enfants* AIMANT *bien leurs parents. Un aigle* RAVISSANT *un mouton. Des enfants se* JOUANT *sous l'ombrage. Des malheureux se* TUANT *de désespoir.* (BESCHER.)

305. Lorsque le mot douteux en *ant* est suivi d'un complément adverbial, il est limité dans sa signification, il est participe, et partant invariable. Exemple:

*La plaine* RETENTISSANT AU LOIN. *Les plaisirs* RENAISSANT EN FOULE. *Ses cendres* FUMANT ENCORE. (BESCHER.)

306. Mais si le complément adverbial précède, l'expression n'est plus restreinte dans sa signification; le mot en *ant* devient purement qualificatif, et propre à peindre l'état. Dans ce cas, il est variable. Exemples:

*La plaine* AU LOIN RETENTISSANTE. *Les plaisirs* EN FOULE RENAISSANTS. *Ses cendres* ENCORE FUMANTES. (BESCHER.)

**307.** Les mots *approchant*, *appartenant*, *attenant*, *séant*, *tendant*, *dépendant*, *résultant*, sont devenus, par l'habitude, de vrais adjectifs verbaux, quoique suivis de compléments. Exemples :

*Une langue* APPROCHANTE *de la leur.* (BOSSUET.) *Une ville* AP-PARTENANTE *aux Hollandais.* (VOLTAIRE.) *Une maison* ATTE-NANTE *au jardin.* (Académie.) *Une requête* TENDANTE *à....* (*Id.*)

**308.** Ces mots ne sont participes que quand l'action est bien caractérisée. Exemple : *cette femme*, AP-PROCHANT *de son fils*, *l'éveilla.* C'est comme s'il y avait *en approchant.*

**309.** Quelques participes présents ont pour correspondants des adjectifs dont l'orthographe est différente, et avec lesquels il faut bien prendre garde de les confondre. Tels sont les suivants : EXTRAVAGUANT, *extravagant ;* FABRIQUANT, *fabricant ;* VAQUANT, *vacant;* AF-FLUANT, *affluent;* DIFFÉRANT, *différent;* EXCELLANT, *excellent;* PRÉCÉDANT, *précédent;* RÉSIDANT, *résident;* VIO-LANT, *violent ;* INTRIGUANT, *intrigant ;* FATIGUANT, *fatigant;* ADHÉRANT, *adhérent ;* COÏNCIDANT, *coïncident;* ÉQUIVALANT, *équivalent;* NÉGLIGEANT, *négligent;* PRÉSI-DANT, *président;* EXCÉDANT, *excédent;* EXPÉDIANT, *expédient,* etc. On sent, en effet, la différence qu'il y a entre : *on doit honorer les hommes* EXCELLANT *dans leur profession*, *et cette dame est d'un* EXCELLENT *caractère.* L'un marque l'action ; l'autre l'état, la manière d'être.

**310.** Le participe présent peut être quelquefois précédé de la préposition *en*, dont alors il est le régime. Exemples :

*Nous perdons tout, madame*, EN PERDANT *Rodogune.*
(CORNEILLE.)
*Il riait* EN me REGARDANT. (FÉNELON.)
*Neptune* EN SOURIANT *entend sa plainte amère.* (DELILLE.)

On pourrait dire de même sans faire usage de la préposition *en* :

*Hazaël, me* REGARDANT *avec un visage doux et humain, me tendit la main et me releva.* (FÉNELON.)

*Il n'est pour le vrai sage aucun revers funeste,*
*En* PERDANT *toute chose, à soi-même il se reste.* (GRESSET.)

*Tu consens, dit Vénus*, SOURIANT *de la ruse.* (DELILLE.)

Dans l'un et l'autre cas le participe est toujours invariable

311. Il faut éviter l'emploi du pronom *en* avant les participes présents, lorsqu'on peut craindre qu'il ne soit équivoque, ou qu'il ne rende la construction difficile. Ainsi, au lieu de dire : *je vous ai mis mon fils entre les mains*, EN VOULANT *faire quelque chose de bon*, dites : *je vous ai mis mon fils entre les mains* VOULANT EN *faire quelque chose de bon*. (*Omission de Noël et Chapsal.*)

312. La plupart des grammairiens blâment les phrases où se trouvent les deux en, l'un pronom, l'autre préposition, comme dans cet exemple : *Je crus faire des vœux pour vous*, EN EN FESANT *pour moi*. C'est en effet une rencontre que l'on doit éviter. (*Omission de Noël et Chapsal.*)

313. Le participe présent précédé de la préposition *en* doit toujours se rapporter au sujet de la phrase. Exemples :

*La graine* EN SE GONFLANT *boit le suc qui l'arrose.*
(DELILLE.)

EN FESANT *des heureux, un roi l'est à son tour.*
(VOLTAIRE.)

*L'avarice perd tout* EN VOULANT *tout gagner.* (LA FONTAINE.)

Cependant nous ajouterons qu'en pareil cas, le participe est bien employé, toutes les fois qu'il ne donne lieu à aucune équivoque, et surtout que, soit par la construction, soit par le sens de la phrase, il est facile de savoir à quel substantif il se rapporte; ainsi les exemples suivants sont bons :

EN DISANT *ces mots, les larmes lui vinrent aux yeux.* (FÉNELON.) *Je voudrais pouvoir vous décrire les pleurs de Jacquine* EN VOYANT *votre frère monter à cheval.* (SÉVIGNÉ.)

Dans le premier exemple *en disant* ne se rapporte pas à *larmes*, mais à *lui*. Les *larmes vinrent aux yeux de lui* QUI DISAIT, LORSQU'IL DISAIT. Dans le second exemple *en voyant* ne se rapporte pas non plus à *pleurs*, mais à *Jacquine qui voyait* ; les pleurs que Jacquine versa en voyant votre frère monter à cheval. (*Omission de Noël et Chapsal.*)

# PARTICIPE PASSÉ

### § 1. Terminaisons des participes passés.

**314.** Le participe passé a sa terminaison :

1° en *é*, comme *aimé, alarmé, été, né.*
2° en *i*, comme *fini, bruni, noirci, refroidi.*
3° en *u*, comme *couru, vu, lu, reçu.*
4° en *aint*, comme *plaint, craint, contraint.*
5° en *eint*, comme *peint, feint, astreint.*
6° en *is*, comme *compris, surpris, repris.*
7° en *it*, comme *écrit, inscrit, décrit.*
8° en *ait*, comme *fait, contrefait, extrait.*
9° en *us*, comme *reclus, perclus, inclus.*
10° en *os*, comme *clos, éclos, enclos.*
11° en *ous*, comme *résous, absous.*
12° en *ort*, comme *mort.*
13° en *ert*, comme *couvert.*
14° en *oint*, comme *joint, rejoint.*
15° en *eu*, comme *eu, dans j'ai* EU.

### § 2. Du participe passé employé *sans auxiliaire.*

**315.** Tout participe passé qui n'est accompagné ni du verbe *être*, ni du verbe *avoir*, a toujours la nature d'adjectif, et par cela seul il s'accorde en genre et en nombre avec le nom auquel il se rapporte, que ce nom le précède ou qu'il le suive. Exemples :

| | |
|---|---|
| La *feuille* ARRACHÉE de sa tige. | ARRACHÉE de sa tige, cette *fleur* se fanera. |
| Des *enfants* mal ÉLEVÉS. | NOURRIS dans l'opulence, ces *enfants*... |
| Des *fleurs* à peine ÉCLOSES. | A peine ÉCLOSES, ces *fleurs*... |
| Des *plantes* INCONNUES aux botanistes. | INCONNUES aux botanistes, ces *plantes*. |
| Les *chênes* TOUCHÉS de mes accords. | TOUCHÉS de mes accords, les *chênes* applaudissent. |
| Plusieurs *animaux* NÉS pour l'indépendance.... | NÉS pour l'indépendance, plusieurs *animaux*.... (*Omission de l'être et l'avoir.*) |

### § 3. Du participe passé joint au verbe ÊTRE.

**316.** Lorsque le participe passé est joint au verbe

*être*, il est adjectif verbal, et en cette qualité il s'accorde en genre et en nombre avec le sujet du verbe. Exemples :

| | |
|---|---|
| Mon habit *est* FAIT. | Ma robe *est* FAITE. |
| Mon frère *sera* ESTIMÉ. | Ma sœur *sera* ESTIMÉE. |
| Vos parents *étaient* ARRIVÉS. | Vos parentes *étaient* ARRIVÉES. |

**317.** Le sujet peut se trouver placé après le participe, mais cette inversion ne change rien à l'accord. Exemples :

*Quand il vit l'urne où* ÉTAIENT RENFERMÉES *les* CENDRES *d'Hippias, il versa un torrent de larmes.* (FÉNELON.) *C'est au bas de la montagne qu'*EST SITUÉE *sa* MAISON. *Aux murs* SONT SUSPENDUES *mes* ARMES. *C'est des Grecs et des Romains que nous* SONT VENUES *les* LUMIÈRES.

**§ 4.** Du participe passé précédé de verbes autres que ÊTRE et AVOIR.

**318.** Tout participe passé, accompagné d'un verbe autre que *être* et *avoir*, subit toutes les variations de genre et de nombre que lui impose le nom auquel il se rapporte, que ce nom le précède ou qu'il le suive. *(Omission de Noël et Chapsal.)* Exemples :

| | |
|---|---|
| Ainsi sans votre appui les *élèves de Flore* | Jusqu'au terme des temps, *devenus* leur conquête, |
| Tomberaient *abattus* à leur première aurore. (CASTEL.) | Voleront, *respectés*, les accords du prophète. (SORMET.) |
| Oh! qui m'expliquera les mystères des cieux? | Je rends *carrée* une *boule* que les premières lois du mouvement avaient faite ronde. |
| Mon *âme* à leur aspect demeure *suspendue*. (Aimé-MARTIN ) | (MONTESQUIEU.) |

**§ 5.** Du participe passé joint au verbe AVOIR.

**319.** Le participe passé, accompagné du verbe *avoir*, ne s'accorde jamais avec son sujet.

Il reste invariable :

1° Lorsqu'il n'a pas de complément direct ;

2° Lorsque ce complément se trouve placé après lui.

Vous avez *fait* des FAUTES dont vos ennemis ont *profité.*
(LEMARE.)

La discorde a toujours *régné* dans l'univers. (LA FONTAINE.)

C'est la vérité elle-même qui lui a *dicté* ces BELLES PAROLES.
(BOSSUET.)

Il varie seulement lorsque son *complément direct* se trouve placé *avant lui;* il en prend alors le genre et le nombre :

Si Dieu NOUS a *distingués* des autres animaux, c'est surtout par le don de la parole. (QUINTILIEN.)

Je LES ai *cherchés* (vos gants) dans tous les coins, et je ne LES ai pas trouvés. (M^me DE GENLIS.)

Les meilleures harangues sont celles QUE le cœur a *dictées.*
(MARMONTEL.)

Toutes les difficultés se réduisent donc à ceci :

1° Le participe passé a-t-il ou n'a-t-il pas de complément direct?

2° S'il a un complément direct, quel est dans la phrase le mot qui remplit réellement cette fonction?

3° Le mot qui est complément direct se trouve-t-il placé AVANT ou APRÈS le participe?

C'est à la découverte de ce complément que nous allons procéder.

SECTION I.

§ 6. Participes passés dépourvus de complément.

320. Tout participe passé qui n'a point de complément direct, est toujours invariable. Exemples :

| SUJETS. | VERBES. | PARTICIPES. |
|---|---|---|
| Ces enfants | ont | *pleuré.* |
| L'alouette | a | *chanté.* |
| Les brebis | ont | *bêlé.* |
| Ah! combien j' | ai | *souffert!* |
| Mille soldats | 'ont | *péri.* |
| Une comète | a | *paru.* |
| Ces dames nous | ont | *écrit.* |
| Nous leur | avons | *répondu.* |

5.

Pour savoir si le participe passé *pleuré* a un complément direct, je dis : *qu'est-ce que les enfants ont* FLEURÉ? Point de réponse, par conséquent point de complément direct, et par conséquent point d'accord. Faites le même raisonnement sur *chanté, bêlé, souffert, péri, paru, écrit, répondu.*

### SECTION II.

§ 7. Participes passés suivis du complément direct.

321. Le participe passé, accompagné du verbe *avoir,* est toujours invariable, quand son régime direct est placé après lui. Exemples :

| SUJETS. | VERBES. | PARTICIPES. | COMPLÉMENTS DIRECTS. |
|---|---|---|---|
| Nous | avons | *cultivé* | les champs. |
| Ils | ont | *fondé* | une colonie. |
| La vérité | a | *dicté* | mes paroles. |
| Mes cousines | ont | *lu* | une fable. |
| Elles | ont | *écrit* | une lettre. |
| Nous | avons | *admiré* | ces tableaux. |
| J' | ai | *aimé* | les sciences. |

Qu'est-ce que nous avons *cultivé? Les champs.* Donc *les champs* sont le complément direct du participe *cultivé,* et comme ce complément est placé après lui, celui-ci reste invariable. Appliquez le même raisonnement aux exemples suivants.

### SECTION III.

§ 8. Du participe passé précédé du complément direct.

322. Construit avec le verbe *avoir,* le participe passé est toujours variable, lorsque son régime direct le précède. Exemples :

| COMPLÉM. DIRECTS. | SUJETS. | VERBES. | PARTIC. |
|---|---|---|---|
| La maison que | j' | ai | *bâtie.* |
| Les livres que | vous | avez | *lus.* |
| Quelle faute | il | a | *commise !* |
| Quels dangers | la France | a | *courus !* |

| COMPLÉM. DIRECTS. | SUJETS. | COMPL. IND. | VERBES. | PARTIC. |
|---|---|---|---|---|
| Quelle est la leçon que | votre maître | vous | a | *donnée ?* |
| La grâce que | le roi | nous | a | *accordée.* |
| Les injures qu' | ils | lui | ont | *dites.* |
| Que de vertus | un seul jour | | a | *détruites !* |
| Combien de lettres | vous | | avez | *reçues ?* |

Qu'est-ce que j'ai *bâti ?* Réponse : *La maison.* Donc le mot *maison,* représenté par *que,* pour *laquelle maison,* est le complément direct du participe *bâti,* et comme ce complément est placé avant lui, il y a accord ; c'est-à-dire que *bâtie* doit être au féminin singulier, puisque *maison* est du féminin et du singulier. Même raisonnement pour les participes *lus, commise, courus,* etc.

On voit que le régime direct placé avant le participe est ordinairement un substantif joint aux mots, *quel, que de, combien de, le, la, les, que.*

525. Quelquefois il arrive que le sujet est placé après le participe passé, mais l'accord n'en a pas moins lieu. Exemples :

Jugez par les inquiétudes QUE m'a *causées* votre MALADIE.

(RACINE.)

Ces yeux QUE n'ont *émus* ni SOUPIRS, ni TERREUR.

( *Le même.* )

| COMPLÉM. DIRECTS. | SUJETS. | VERB. | PARTICIP. | COMPL. DIRECTS. | VERB. | PARTICIP. | SUJETS. |
|---|---|---|---|---|---|---|---|
| Les poisons que | ses mains | ont | *préparés.* | Les poisons qu' | ont | *préparés* | ses mains. |
| Les rochers que | le tonnerre | a | *frappés.* | Les rochers qu' | a | *frappés* | le tonnerre. |
| La fortune que | mon père | a | *laissée.* | La fortune qu' | a | *laissée* | mon père. |
| Les scélérats que | cette main | a | *punis.* | Les scélérats qu' | a | *punis* | cette main. |

324. Il faut prendre garde de confondre le sujet avec le complément direct. Quand le sujet se trouve placé après le participe, comme dans cette phrase : les *poisons qu'ont* PRÉPARÉS *ses mains*, il faut poser deux questions. La première pour trouver le sujet. *Qu'est-ce qui a préparé les poisons ?* Réponse : *ses mains.* Voilà le sujet. La seconde pour trouver le complément. *Qu'est-ce que ses mains ont préparé ?* Réponse : *les poisons,* voilà le complément. De cette manière, on apprend à distinguer le sujet d'avec le complément direct, et alors toute difficulté disparaît ; car, nous le répétons, tout se borne à bien reconnaître le complément direct, et à examiner sa position avant ou après le participe.

§ 9. Du participe passé suivi d'un adjectif ou d'un autre participe.

**325.** Tout participe passé suivi d'un adjectif ou d'un autre participe, s'accorde toujours avec son complément direct, lorsque ce complément direct se trouve placé avant le participe. Exemples :

Dieu NOUS a *faits* JUSTES. (BOSSUET.)

Voilà ceux QUE j'ai *faits* les MAÎTRES des humains.
(CORNEILLE.)

Les Athéniens SE sont *trouvés* asservis sans s'en apercevoir.
(BARTHÉLEMY.)

Le long usage des plaisirs LES leur a *rendus* INUTILES.
(MASSILLON.)

| SUJETS. | COMPLÉM. DIRECTS. | VERBES. | PARTICIPES. | ADJECTIFS OU PARTICIPES. |
|---|---|---|---|---|
| Vous | M' | avez | *crue* | guérie. |
| Je | LES | ai | *faits* | mes égaux. |
| Elle | L' | a | *faite* | religieuse. |
| Je | L' | ai | *trouvée* | telle. |
| Tu | M' | as | *faite* | ta complice. |
| Il | LES | a | *supposés* | coupables. |
| On | LES | eût | *dits* | morts. |
| On | LES | a | *vus* | embarrassés. |

Qui a-t-on vu *embarrassé?* Réponse : *eux. Eux* voilà le complément direct, et comme ce complément précède le participe, accord.

**326.** Lorsque le participe passé est précédé de deux compléments, l'un de ces compléments est direct, et l'autre indirect ; car un verbe ne peut être précédé de deux compléments directs. Pour connaître quel doit être l'accord, il suffit de distinguer lequel des deux compléments est en rapport direct. Examinez les exemples suivants :

| COMPLÉMENTS DIRECTS. | SUJETS. | COMPLÉM. INDIRECTS. | VERBES. | PARTICIPES. |
|---|---|---|---|---|
| LA FOI QUE | tu | m' | avais | *jurée.* |
| TOUS LES BIENS QUE | la nature | l' | avait | *donnés.* |
| LES RÉCOMPENSES QU' | on | nous | a | *accordées.* |
| LE MAL QUE | vous | lui | avez | *fait.* |
| LES SERVICES QUE | vous | leur | avez | *rendus.* |

Qu'est-ce que vous avez rendu? Réponse : *les ser-vices*. Voilà le complément direct qui communique l'accord au participe. A qui les avez-vous rendus, ces services? Réponse : à *eux*. *Leur* est donc le complément indirect, et ce complément ne peut en aucune manière influer sur le participe.

## SECTION IV.

§ 10. Du participe passé suivi d'un infinitif dépourvu de préposition.

327. Lorsque le participe d'un verbe actif est immédiatement suivi d'un infinitif, il s'accorde avec le complément direct qui précède les deux verbes, si ce complément fait l'action exprimée par l'infinitif, ce que l'on reconnaît en transformant cet infinitif en mode personnel.

| COMPLÉM. DIRECTS. | SUJETS. | VERBES. | PARTICIPES. | INFINITIFS. |
|---|---|---|---|---|
| La personne que | j' | ai | *vue* | écrire. |
| Les enfants qu' | il | a | *vus* | courir. |
| Les plantes que | tu | as | *laissées* | croître. |
| La femme que | nous | avons | *vue* | peindre. |
| La cantatrice que | vous | avez | *entendue* | chanter. |
| Les oiseaux que | j' | ai | *laissés* | s'envoler. |

On peut dire : la personne que j'ai vue *qui écrivait, lorsqu'elle écrivait*. C'est la personne qui a été vue, et qui a été vue lorsqu'elle écrivait. C'est elle qui fesait l'action d'écrire, donc *personne* est le véritable complément direct, et comme ce complément est avant le participe, il y a accord, c'est-à-dire que *vue* doit être au féminin et au singulier, puisque *personne* est au féminin et au singulier. Même raisonnement pour les autres exemples cités.

328. Quand ce n'est pas le complément direct qui fait l'action indiquée par l'infinitif, le participe reste invariable. Exemples :

La femme que j'ai vu *peindre* par David.
Les enfants que j'ai vu *punir* par leur maître.
Les histoires que j'ai ENTENDU *raconter*.
La romance que j'ai ENTENDU *chanter*.
Les courriers que j'ai FAIT *partir*.

Question. *Qu'est-ce que j'ai vu ?* Réponse : *punir les enfants.* Ce ne sont pas les enfants qui fesaient l'action de *punir?* donc *les enfants* ne sont pas le complément direct du participe, mais bien de l'infinitif, par conséquent le participe est invariable.

## § 11. Des participes passés suivis d'un infinitif précédé d'une préposition.

**329.** Lorsque le participe passé est suivi d'un infinitif précédé d'une préposition, il s'accorde, s'il a pour complément le complément direct qui précède, il est invariable si ce complément est celui de l'infinitif. Exemples :

Partout les rayons perçants de la vérité vont venger la vérité qu'il a *négligé* de SUIVRE. (FÉNELON.) Ce ne sont point les Français que je me suis *proposé* d'OBSERVER. (J.-J. ROUSSEAU.) La plante mise en liberté garde l'inclinaison qu'on l'a *forcée* de PRENDRE. (*Le même.*) Pénélope n'aura pu résister à tant de prétendants ; son père l'aura *contrainte* d'ACCEPTER un nouvel époux. (FÉNELON.)

| *Variabilité.* | *Invariabilité.* |
| --- | --- |
| La comédie que j'ai *empêchée* d'être représentée. | La vérité qu'il a *négligé* de suivre. |
| La hardiesse que j'ai *prise* de le contredire. | La place qu'il avait *résolu* de rendre. |
| La témérité que j'ai *eue* de le critiquer. | Les charges que j'ai *eu* l'honneur d'exercer. |
| Les ennemis que j'ai *contraints* de se rendre, | Les maximes de vertu que j'ai *tâché* de vous inspirer. |
| L'inclinaison qu'on l'a *forcée* à prendre. | C'est une difficulté que j'ai *appris* à vaincre. |
| La grâce que Dieu nous a *faite* de sortir de la misère. | Les critiques qu'on a *trouvé* bon de diriger contre moi. |
| La liberté qu'il a *prise* de le tutoyer. | Les peines qu'il a *eu* à supporter. |
| La permission qu'il lui a *donnée* de sortir. | Les injures qu'ils ont *eu* à essuyer. |
| Quelle peine j'ai *eue* à le décider ! | |
| La peine qu'ils ont *eue* à vous quitter. | Les ravins qu'ils ont *eu* à traverser. |

Dans cette phrase : *la comédie que j'ai empêchée d'être*

*représentée*, qu'est-ce que j'ai empêché? c'est la *comédie*. *Comédie* est donc le complément direct du participe; par conséquent ce dernier doit s'accorder.

Mais dans cette autre phrase, *la vérité qu'il a négligé de suivre*. Qu'est-ce qu'il a négligé de suivre? *la vérité*. *Vérité*, n'est pas le complément direct du participe, mais de l'infinitif; d'où l'invariabilité.

§ 12. Du participe passé placé entre deux QUE.

330. Le participe passé placé entre deux *que*, est toujours invariable quand le complément direct le suit. Ex.

> Les embarras QUE j'ai *su* QUE vous auriez.
> La leçon QUE vous avez *voulu* QUE j'étudiasse.
> La conduite QUE j'ai *supposé* QUE vous tiendriez.
> Les peines QUE j'ai *prévu* QUE vous causerait cette affaire.
> Les secours QUE vous avez *prétendu* QUE j'obtiendrais.
> Quels sont les préparatifs QU'on a *dit* QU'il fallait faire?

N'est-il pas évident que dans ces exemples, les compléments directs des participes sont : *que vous auriez, que j'étudiasse, que vous tiendriez*, etc. Qu'est-ce que j'ai su? Réponse : *que vous auriez ces embarras*. Ce complément étant placé après le participe, point d'accord.

331. Si le complément direct est placé avant, le participe s'accorde. Ex :

> Les juges QUE vous avez *convaincus* QUE j'étais innocent.
> Vos amis QUE vous avez *persuadés* QUE j'étais mort.
> Votre sœur QUE vous avez *prévenue* QUE j'étais arrivé.

Qu'est-ce que vous avez convaincu? Réponse : *les juges*. Ce complément étant placé avant le participe, accord. Appliquez le même raisonnement aux autres exemples.

§ 13. Des participes passés *voulu, dû, pu, permis*, après lesquels l'infinitif est supprimé.

332. Quand des participes passés des verbes *vouloir, pouvoir, devoir, permettre*, sont employés avec ellipse d'un infinitif, ils sont toujours invariables. Ex :

Je vous ai donné tous les agréments que j'ai *pu* (sous-entendu *vous donner*).

Nous lui avons *offert* tous les secours que nous avons *pu* (sous-entendu *lui offrir*).

On a eu pour son âge tous les égards qu'on a *dû* (sous-entendu *avoir*).

Ils m'ont donné tous les plaisirs que j'ai *voulu* (sous-entendu *avoir*).

Elles ont fait toutes les dépenses que leur fortune leur a *permis* (sous-entendu *de faire*).

Dans tous ces exemples, le complément direct des participes *pu*, *dû*, *voulu*, etc., est sous-entendu, par-conséquent ces participes doivent rester invariables. Mais on doit écrire avec l'accord :

Elle m'a payé les sommes qu'elle m'a *dues*. (Cité par LEMARE et BESCHER.)

Il veut fortement les choses qu'il a une fois *voulues*. (*Id.*)

J'ai fait les démarches que mes parents m'ont *permises*. (*Grammaire nationale.*)

Tous les maux que je lui ai *voulus* lui sont arrivés. (*Id.*)

Ici, il n'y a aucun mot sous-entendu. Qu'est-ce qu'elle m'a *dû*? Réponse : les *sommes* : voilà le complément direct du participe, et ce complément étant placé avant lui communique l'accord.

**SECTION V.**

§ 14. Participes passés précédés de *un de*, *une de*, *un des*, *une des*. (*Omission de Noël et Chapsal.*)

**333.** Quand un participe passé est précédé de deux substantifs unis par la préposition *de*, il faut chercher, pour l'accord, celui qui est le plus en rapport d'idée avec lui ; car c'est celui-là qui acquiert la principale influence ; l'autre n'offre qu'une idée secondaire sur laquelle l'attention glisse facilement.

Cette règle suffit pour toutes les difficultés. Si elle diffère de celle posée par la plupart des grammairiens, c'est que ceux-ci, au lieu de s'élever à la hauteur des vues de l'esprit, ne consultent souvent, dans leurs règles de concordance, que l'arrangement matériel des mots.

Ainsi écrivez :

|  *Avec le singulier :* | *Avec le pluriel :* |
|---|---|
| C'est un des bons médecins de Paris qu'il a *consulté.* | C'est un des plus grands hommes que la France ait *produits.* (VOLTAIRE.) |
| Un de vos valets que j'ai *rencontré* m'a annoncé votre départ. | Voilà un des plus honnêtes avocats que j'aie *vus* de ma vie. (DE BRUEYS.) |
| C'est un des plus jolis rêves que j'ai *fait.* (Cités par BESCHER.) | C'est une des plus grandes fautes que la politique ait jamais *faites.* (DE PRADT.) |

Qu'est-ce que j'ai consulté? Réponse : un des bons médecins de Paris. Je n'en ai consulté qu'un. Or, un médecin pris parmi les bons médecins formant le complément direct du participe, et étant placé avant lui, ce participe doit se mettre au singulier masculin. Appliquez le même raisonnement aux autres exemples cités.

Mais on écrit : *c'est un des plus grands hommes que la France ait* PRODUITS, parce qu'il est évident que celui dont je parle est compris dans le nombre des *grands hommes* que la France a *produits;* il n'est qu'une partie de ce nombre, donc on doit prendre pour complément les mots *grands hommes,* qui renferment implicitement le mot *homme;* et comme ce complément est avant le participe, il y a accord, c'est-à-dire, que *produits* doit être au masculin et au pluriel, parce que *hommes* est du masculin et au pluriel.

334. La même règle s'applique au participe précédé des mots *le peu de.* Ex :

| *Accord avec* LE PEU. | *Accord avec le mot suivant* LE PEU DE. |
|---|---|
| *Le* peu d'application qu'on y a *donné.* | Le peu de *talents* qu'on a *remarqués* en lui. |
| *Le* peu d'approbation qu'a eu ce discours. | Le peu de *liberté* que j'ai *prise.* |
| *Le* peu de sûreté que j'ai *vu* pour ma vie. | Le peu de *capacité* que j'ai *acquise.* |

| *Accord avec* LE PEU. | *Accord avec le mot suivant* LE PEU DE. |
|---|---|
| *Le peu* de progrès qu'ils avaient *fait*. | *Le peu* de *vivres* qu'en a *conservés*. |
| *Le peu* de renseignements que nous ont *laissé* les anciens. | *Le peu* d'*habitants* que la guerre y a *laissés*. |

Dans cette phrase : *le peu de complaisance qu'il a* MONTRÉ *lui a fait tort ;* qu'est-ce qu'il a montré ? Réponse : *peu de complaisance*. Or, les mots suivants *a fait tort*, prouvent clairement qu'il n'a pas eu de complaisance ; donc *peu*, qui signifie ici *manque*, *défaut*, est le vrai complément ; donc le participe doit rester invariable, parce que *peu*, avec lequel il s'accorde, est du masculin et au singulier. C'est donc, comme on le voit, la fin de la phrase que l'on doit consulter pour savoir s'il y a accord ou non.

On écrit : *le peu de pistoles que vous avez* GAGNÉES *vous encouragent.* Qu'est-ce que vous avez gagné ? Réponse : *des pistoles mais en petite quantité*. Et les mots suivants *vous encouragent*, prouvent qu'en effet, *une certaine quantité de pistoles* est le vrai complément direct ; et puisque cette réponse est conforme au sens de la phrase, et que le complément précède, il y a accord, c'est-à-dire que *gagnées* doit être au féminin et au pluriel, puisque le complément *pistoles* est du féminin et au pluriel.

### § 15. Du participe passé précédé du pronom *en*.

**335.** Toutes les fois que le pronom *en* n'est pas précédé d'un régime direct, le participe qui suit reste invariable. Ex. :

Il crut voir des miracles, et même *en* avoir *fait*. (VOLTAIRE.)
Des soupçons, je n'*en* ai point *eu*.
De la jalousie, je n'*en* ai point *éprouvé*.
De mes lettres, il n'*en* a jamais *reçu*.
Des compliments, tu ne m'*en* as jamais *fait*.
Des revenants, personne n'*en* a *vu*.

**336.** Le participe, au contraire, varie, si le pronom *en* se trouve précédé d'un régime direct, comme cela a lieu dans les exemples suivants :

Croyons-le donc comme lui, malgré les railleries qu'on *en* a *faites*. (VOLTAIRE.)

La gloire, du moins d'après les idées QUE je m'*en* suis *formées*, n'est pas la récompense du plus grand succès dans les sciences. (RAYNAL.)

| RÉGIMES DIRECTS. | SUJETS. | PRONOM. | VERBES. | PARTICIPES. |
|---|---|---|---|---|
| *Les soupçons que* | j' | en | ai | *conçus.* |
| *La jalousie que* | j' | en | ai | *éprouvée.* |
| *Les lettres qu'* | il | en | a | *reçues.* |
| *Les compliments que* | vous | en | avez | *faits.* |
| *Les échantillons que* | nous | en | avons | *vus.* |

Les soupçons que j'en ai conçus, c'est-à-dire les soupçons que j'ai conçus *de cela*, *à cette occasion.* Qu'est-ce que j'ai conçu? *des soupçons.* Ces mots étant placés avant le participe, accord.

§ 16. Du participe passé accompagné de *en* et d'un adverbe de quantité.

337. Le participe passé accompagné du pronom *en*, est invariable toutes les fois qu'il est suivi d'un adverbe de quantité; et variable, au contraire, si cet adverbe le précède. Ex :

ADVERBES DE QUANTITÉ.

*Placés après les participes.*

Le glaive a tué bien des hommes, la langue en a TUÉ *bien plus*. (François DE NEUFCHATEAU.)

J'en ai CONNU *beaucoup* qui ont fait la même chose. (VOLTAIRE.)

Le Télémaque a fait quelques imitateurs; les caractères de La Bruyère en ont PRODUIT *davantage*. (Id.)

Ils eurent autant d'impatience d'aller à l'assaut qu'ils en avaient EU PEU la veille. (Id.)

*Placés avant les participes.*

Quant aux sottes gens, *plus* j'en ai CONNUS, *moins* j'en ai ESTIMÉS. (DESSIAUX.)

Il y en a *beaucoup* d'APPELÉS et *peu* d'ÉLUS. (BESCHER.)

*Combien* n'en a-t-on pas VUS qui, après avoir été à la dernière extrémité, n'avaient aucun souvenir de ce qu'ils avaient senti ? (id.)

*Autant* d'ennemis il a ATTAQUÉS, *autant* il en a VAINCUS. (DESSIAUX.)

Dans les exemples à gauche, le pronom *en* est précédé d'un adverbe de quantité qu'il détermine, et il remplace un nom pluriel. En effet, *plus j'en ai connus, moins j'en ai estimés*, est pour ; *plus de gens j'ai connus, moins de gens j'ai estimés* (1). Le dernier exemple prouve qu'il serait absurde de laisser le participe *vaincus* invariable, puisqu'on fait varier le participe *attaqués;* car *en*, dans le second membre de cette équation grammaticale, signifie *d'ennemis : autant d'ennemis il a attaqués, autant d'ennemis il a* VAINCUS.

§ 17. Participes passés avec *en* précédé d'un adverbe de quantité pris dans un sens intégral, ou ne présentant qu'une idée fractionnaire.

**338.** Quelquefois le complément est représenté par un adverbe de quantité, tenant lieu d'un collectif, et alors, si le substantif auquel se rapporte le pronom *en* désigne des être distincts, des touts individuels, le participe varie. (*Omission de Noël et Chapsal.*) Ex. :

Son supplice fit *plus de prosélytes* en un an, que les livres et les prédications n'*en* avaient FAITS en plusieurs années. (VOLTAIRE.)

Il leur faudrait beaucoup *moins d'efforts* pour cette riche conquête, que d'autres nations n'*en* ont FAITS depuis vingt ans pour détruire l'indépendance de quelques petits états. (JULLIEN.)

Les sénateurs accumulèrent sur sa tête *plus d'honneurs* qu'aucun mortel n'*en* avait encore REÇUS. (DE SÉGUR.)

Notre habitation a éprouvé *autant de révolutions* en physique, que la rapacité et l'ambition EN ont CAUSÉES parmi les peuples. (VOLTAIRE.)

**339.** Mais si le pronom *en* est relatif à un substantif singulier pris dans un sens générique, l'adverbe

---

(1) C'est donc à tort que MM. Noël et Chapsal blâment l'accord dans ce vers de Racine :

Ah ! malheureux, combien j'en ai *perdus*.

Car c'est comme s'il y avait : *combien* DE JOURS *j'ai* PERDUS. (Voir *l'Echo des Ecoles primaires.*)

de quantité ne présente plus qu'une idée fractionnaire, et dès lors il ne peut imposer ni genre ni nombre au participe, puisque le sens n'est pas intégral, et que cet adverbe ne désigne point une collection d'êtres, à chacun desquels peut convenir le nom commun, mais bien une partie de l'objet compris sous l'idée de ce substantif. Ex :

Par son analyse, il a fait faire *plus de progrès* à la géométrie qu'elle n'EN avait FAIT depuis la création du monde. (THOMAS.)

Les Russes ont fait en quatre-vingts ans *plus de progrès* que nous n'EN avons FAIT en quatre siècles. (VOLTAIRE.)

Il a cent fois *moins de discrétion* que vous n'EN avez montré. (*Id.*)

§ 18. Participes passés des verbes réfléchis ou pronominaux.

**340.** Ces participes sont précédés du verbe *être*, mais ce verbe renferme toujours l'auxiliaire *avoir*.

*Cette dame s'est* TUÉE ; *ces courriers se sont* FATIGUÉS.

C'est comme s'il y avait :

Cette dame a tué ELLE-MÊME ; ces courriers ont fatigué EUX-MÊMES.

C'est à cette propriété qu'a le verbe *être* de pouvoir se traduire par le verbe *avoir*, qu'on distingue le participe pronominal de tous les autres.

**341.** Les participes des verbes pronominaux sont soumis aux mêmes règles que les participes précédés du verbe *avoir*, c'est-à-dire qu'ils varient, si le complément direct précède, et qu'ils sont invariables dans le cas contraire.

| *Complément direct placé avant le participe.* | *Complément direct placé après le participe.* |
|---|---|
| Ils se sont ADRESSÉS à moi. | Ils se sont ADRESSÉ *des lettres.* |
| La foule s'est AMASSÉE. | Ils se sont AMASSÉ *de la fortune.* |
| Elles se sont ASSURÉES de la vérité. | Elles se sont ASSURÉ *un revenu.* |
| Elles se sont BAISÉES au front. | Elles se sont BAISÉ *la main.* |
| Ils se sont CASSÉS comme verre. | Ils se sont CASSÉ *le cou.* |
| Ils se sont JETÉS à l'eau. | Ils se sont JETÉ *des pierres.* |
| Ils se sont DONNÉS au travail. | Ils se sont DONNÉ *la main.* |
| Elles se sont COUPÉES à la main. | Elles se sont COUPÉ *le pouce.* |

Qui est-ce qui s'est adressé à moi? Réponse : *eux*, donc *eux* est le complément direct, et comme ce complément est avant le participe, il y a accord.

*Ils se sont adressé des lettres.* Qu'est-ce qu'ils ont adressé à eux? Réponse : *des lettres*; donc *des lettres* est le complément direct, et comme ce complément est après le participe, celui-ci reste invariable.

342. Les verbes intransitifs ( neutres ) *se plaire, se déplaire, se rire, se sourire, se succéder, se nuire, se suffire, se ressembler, se convenir, etc.*, employés pronominalement, ont toujours leur participe passé invariable, ces verbes n'ayant pas de complément direct, ( ils sont intransitifs ). Ex : (1).

La vigne s'est *plu* dans cet endroit.
Les soldats se sont *ri* de ses ordres.
Ils se sont *suffi* à eux-mêmes.
Elles se sont *nui* différentes fois.

§ 19. Des participes *coûté, valu, pesé, couru*, etc.

343. Quoi qu'en disent MM. Noël et Chapsal, dans quelque sens que soient pris ces participes, au propre

---

(1) Nous savons que quelques grammairiens prétendent que *plu* et *ri* peuvent varier, comme dans ces phrases : ces demoiselles se sont *plues* à la campagne; elles se sont *ries* de vos reproches. Ils prétendent que *ries* est ici le synonyme de *moqué*: c'est là une grave erreur, car *rire* exprime une action physique, et *moquer* une *action mentale*.

MM. Bescher, Lemare, Vanier, et nos bons grammairiens, reconnaissent l'invariabilité de ces participes :

Les poètes épiques se sont toujours *plu* à décrire les batailles.

(Delille.)

Une foule d'écrivains s'est *plu* à recueillir tout ce que les femmes ont fait d'éclatant. (Thomas.)

Ils se sont *ri* de nos projets. (Voltaire.)

Lemare, ce savant grammairien dont l'autorité ne peut être mise en doute, dit : *Plaire* et *rire* viennent des verbes latins *placere*, *ridere*, qui sont suivis d'un datif, *sibi placere, sibi ridere*. On peut en effet se plaire *à soi-même*, se rire *à soi-même* comme à un autre : *Il plaît à tout le monde, tout lui rit.* Ainsi, *elles se sont ri de vos reproches*, signifie qu'elles ont ri *à soi* ou *en soi* de vos reproches.

comme au figuré, les participes *coûté*, *valu*, *pesé*, etc., s'accordent toujours avec leur complément direct, toutes les fois que ce complément les précède ; ex.

Que de soins m'eût *coûtés* cette tête charmante! (RACINE.)

Mes manuscrits, raturés, barbouillés et presque indéchiffrables, attestent la peine qu'ils m'ont *coûtée*. (J.-J. ROUSSEAU.)

Cinquante familles seraient riches des sommes que cette maison a *coûtées*. (*Le même.*)

Je ne regrette ni le temps, ni la peine qu'il m'a *coûtés*. (THUROT.)

Les cent francs que cet habit a *coûtés*.

Les sommes que son entretien m'a *values*.

Les peines que cette place m'a *values*.

La considération que ce trait m'a *value*.

Les deux livres de cerises que cette femme a *pesées*.

Les cent livres que ce ballot a *pesées*.

Les cent louis que ce cheval a *valus*.

Les deux livres que cette boîte a *pesées*. (BESCHER.)

*Je n'oublierai jamais les faveurs que votre recommandation m'a* VALUES. Qu'est-ce que votre recommandation m'a *valu?* Réponse : *des faveurs;* donc *faveur* est complément direct ; et comme ce complément précède le participe, accord ; même raisonnement pour tous les cas analogues. Lemare, Bescher, les auteurs du Traité de la Grammaire Générale, le journal de la langue française, et la Société grammaticale sont de notre avis.

§ 20. Participes passés précédés de deux sortes de QUE. (*Omission de Noël et Chapsal.*)

**344. On dit :**

<table>
<tr><td>Avec accord.</td><td>Sans accord.</td></tr>
<tr><td>C'est une erreur qu'il a PLEU-RÉE lui-même. (CHAMFORT.)</td><td>Il ne vous a pas dit tous les jours qu'il a PLEURÉ en secret. (BESCHER.)</td></tr>
<tr><td>L'évêque de Meaux a créé une langue QUE lui seul a PAR-LÉE. (CHATEAUBRIAND.)</td><td>Toutes les fois QU'il a PARLÉ j'ai gardé le silence. (Id.)</td></tr>
<tr><td>Comment vous peindre les tourments QUE j'ai SOUFFERTS ? (CHÉNIER.)</td><td>Que serait-ce s'il me fallait vous dire tous les moments qu'elle a souffert sans murmurer ? (FLÉCHIER.)</td></tr>
</table>

|  Avec accord. | Sans accord. |
|---|---|
| Je n'oublierai jamais les dangers QUE j'ai *courus*. (FÉNELON.) | Comptez-vous pour rien les deux heures QUE j'ai *couru* ? (BESCHER.) |

Dans ces exemples, les mêmes participes sont écrits d'une manière différente, parce que le *que* dont ils sont précédés n'est pas le même dans les deux colonnes. Dans la première, il est complément direct, et doit en conséquence communiquer la variabilité au participe. Dans la seconde au contraire, il est employé avec ellipse de la préposition *pendant*. Tous les jours *qu'il a pleuré*, c'est-à-dire, tous les jours pendant lesquels il a *pleuré*; qu'est-ce qu'il a pleuré? point de réponse. Donc point d'accord.

§ 21. Participes passés des verbes *unipersonnels* ou *impersonnels*.

**345.** Les participes des verbes unipersonnels, ou impersonnels, sont toujours invariables. Ex.

Les chaleurs excessives qu'il a *fait*.
Les orages multipliés qu'il y a *eu*.
Les mauvais temps qu'il a *fait*.
C'est une des plus grandes reines qu'il y ait *eu*.
La disette qu'il y a *eu* cet hiver.
Que de maux il en est *résulté!*
Que de réflexions n'a-t-il pas *fallu*.
Rappelez-vous les humiliations qu'il vous en a *coûté*.

§ 22. Des plus grandes difficultés que présente l'accord du participe passé: (*Omission de Noël et Chapsal.*)

| **346.** *Elle n'est pas aussi méchante qu'on l'avait cru.* | *Elle n'est pas aussi méchante que je l'avais crue.* |
|---|---|

Dans le premier exemple, *l'*est elliptique : elle n'est pas aussi méchante qu'on avait *cela cru*, qu'elle était méchante; c'est-à-dire on avait cru que cette personne était méchante; elle ne l'est point.

Dans le second, le pronom *l'* tient la place du nom : elle n'est pas méchante, comme on avait *elle crue* (pour être ou comme étant personne méchante.) Elle est méchante, mais elle ne l'est pas au point qu'on l'avait crue.

| | |
|---|---|
| *Il épousa une femme riche comme il l'a* désiré. | *Il épousa une femme comme il l'a* désirée. |
| Il a désiré se marier, son vœu est rempli; il a *cela désiré* d'épouser une femme riche. | Il a désiré une compagne qui fût douée d'un caractère, d'un physique agréable, et qui possédât de la fortune; il l'a *trouvée.* Il a épousé une femme comme il l'a *désirée.* |

Dans le premier exemple, c'est la chose en elle-même; dans le second c'est la personne qu'il a désirée.

| | |
|---|---|
| L'avez-vous trouvée aussi bonne que je l'avais *souhaité?* *Nota.* J'avais souhaité *cela,* que vous la trouvassiez bonne. | L'avez-vous trouvée aussi bonne que je l'avais *souhaitée?* *Nota.* Ici je fixe l'attention sur la personne : j'avais souhaité *elle* bonne. |

(Cités par BESCHER.)

347. Lorsque le participe passé est précédé de plusieurs substantifs, pour connaître lequel de ces substantifs est représenté par le relatif *que* exprimé comme complément, il faut consulter le sens des mots, et établir la relation du participe d'après la manifestation de la pensée. Cette difficulté mérite une sérieuse attention ; aussi MM. Noël et Chapsal se sont bien gardés de l'aborder.

348. Quand plusieurs substantifs sont joints par une des expressions comparatives, *comme, ainsi que, de même que, autant que, moins que, plus que,* etc., le participe s'accorde ordinairement avec le sujet de la proposition principale. Exemples :

C'est moins son *intérêt* que votre *félicité* qu'il a eu en vue. (BESCHER.)

C'est sa *gloire,* plutôt que le bonheur de la nation, qu'il a *ambitionnée.* (Le même.)

Dans la première phrase, le participe s'accorde avec *intérêt,* parce que l'esprit se porte plutôt sur ce substantif que sur *félicité.* Ce n'est pas votre *féli-*

*cité*, mais son *intérêt* qu'il a *eu* en vue. Dans la seconde phrase, le participe s'accorde avec *gloire*, parce que l'esprit se porte plutôt sur ce substantif que sur *bonheur*. Ce n'est pas le *bonheur* de la nation, mais sa gloire à lui, qu'il a *ambitionnée*.

*Ce sont moins les* CHARMES *de sa figure, que sa* MODESTIE *qu'on a* ADMIRÉE.

C'est sa modestie qu'on a *admirée* plus que ses charmes.

349. Lorsqu'au contraire les substantifs sont liés par *mais*, *ou*, *non seulement*, le participe prend l'accord du dernier. Exemples :

*Non seulement toutes ses* RICHESSES *et ses* HONNEURS, *mais sa* VERTU *s'est* ÉVANOUIE. (VAUGELAS.)

*Est-ce un père, un époux qu'on a vu désirer que sa fille, que sa femme dansassent comme à l'Opéra ?* (J.-J. ROUSSEAU.)

*Je vois que mon* FRÈRE *ou ma* SŒUR *est morte.*

*Quel* HOMME *ou quelle* FEMME *avez-vous vue ?*

Dans ces exemples le participe convient également à l'un et à l'autre substantif. Mais il prend l'accord de celui qui est le plus rapproché. Le nombre pluriel ne conviendrait pas, parce qu'il y a alternative. L'accord se détermine ici par approximation.

350. Lorsque deux substantifs sont mis en rapport l'un avec l'autre par la préposition *de*, il faut consulter la valeur des mots, apprécier le rapport que ces mots ont entre eux, et faire accorder le participe avec celui des deux substantifs qui lui convient le mieux et avec lequel il a le plus d'analogie par le sens. Exemples :

*La quantité* D'HOMMES *que j'ai* VUS *était si grande, qu'ils remplissaient toutes les avenues.*

Ce sont les hommes que j'ai *vus* qui remplissaient toutes les avenues, mais c'est la quantité qui *était* grande.

*Quelle* QUANTITÉ *de* PIERRES *a-t-on tirées ?*

On voit qu'il s'agit de *pierres* tirées en grande quantité.

*Les trois heures* DU *jour que nous avons* PASSÉES *à écrire et à étudier nous ont paru un siècle.*

Ce sont les heures que nous avons *passées*, et non le jour.

*Les actes* DE *la poursuite qu'on a* EXERCÉE *contre lui ont été* DÉCLARÉS *nuls.*

C'est la poursuite qu'on a *exercée*, et ce sont les actes de cette poursuite qui ont été déclarés nuls.

*Comment pourrais-je, madame, arrêter ce* TORRENT DE LARMES *que le temps n'a pas* ÉPUISÉ, *que tant de justes sujets de joie n'ont pas* TARI? (BOSSUET.)

L'idée principale se porte sur le *torrent* et non sur les *larmes*.

*Ce* TORRENT *de* LARMES *que vous avez* ESSUYÉES.

Ici, l'idée se porte sur les larmes, on ne dirait pas un torrent *essuyé*.

*Qui pourrait s'imaginer quelle foule* D'*honnêtes gens il a* TROMPÉS.

Ce sont les *honnêtes gens* qu'il a *trompés*, et non la foule.

*Ce n'est qu'un reste* DE *nos soldats qu'on a* TROUVÉ *après l'action.*

C'est le *reste* qu'on a *trouvé*, et non nos soldats.

*L'attrait* DES *vains plaisirs qu'il a* CONSULTÉ *l'a conduit sur le bord du précipice.*

Il a consulté *l'attrait*, et non les plaisirs.

*Voulez-vous savoir pourquoi il n'a pas réussi? c'est par le trop* DE *modestie qu'il a* EU.

Ce n'est pas la *modestie*, c'est le *trop* qui l'a empêché de réussir.

### *Autres grandes difficultés.*

| | |
|---|---|
| *Les offres de services que* nous leur avons entendu *faire.* Nous avons entendu faire à eux ces offres. | *Les offres de services que* nous les avons entendus *faire.* Nous avons entendu eux fesant des offres. |

*Connaissez-vous les verbes que j'ai* dit *pouvoir vous donner?*

*Voilà, madame, les présents que nous vous avons* vu *apporter.*

L'action d'*apporter* n'est point faite par *madame;* nous avons vu *quelqu'un* lui apporter des présents.

*J'attends mon épouse; je l'ai* envoyé *chercher par mon fils.*

L'action exprimée par le verbe *chercher* n'est pas faite par l'épouse.

*Les grandes actions qu'elle a* tâché *de rendre secrètes.*

*Qu'est-ce qu'elle a tâché?* Rép.: *de rendre les actions secrètes;* donc *rendre* est complément direct.

*Les choses que nous avons* cru *devoir entreprendre, les avons-nous* cru *pouvoir terminer?*

*Qu'est-ce que nous avons cru?* Rép.: *devoir entreprendre, et pouvoir terminer les choses.*

*Connaissez vous les verbes que j'ai* dits *prendre le verbe être aux temps composés?*

*Madame, voilà les présents que nous vous avons* vue *apporter.*

L'action d'*apporter* est faite par *madame;* nous avons vu *elle* apportaut des présents.

*J'attends mon épouse; je l'ai* envoyée *chercher mon fils.*

L'action exprimée par le verbe *chercher* est faite par l'épouse.

*Les grandes actions qu'elle* s'est efforcée de rendre secrètes.

*Qu'est-ce qu'elle a efforcé?* Rép.: *elle, soi;* l'action du verbe *rendre* est faite par elle.

*Les choses que nous avons* crues *devoir vous faire plaisir, les avons-nous* crues *pouvoir vous satisfaire?*

*Qu'est-ce que nous avons cru?* Rép.: *les choses.* On voit que l'action des deux infinitifs, *devoir* et *pouvoir*, est faite par les choses.

---

# CHAPITRE VII. — Syntaxe de l'adverbe.

### § 1. Place des adverbes.

**351.** Les adverbes se placent ordinairement devant les adjectifs qu'ils modifient; *Il est fort heureux. Il est* TRÈS-*pauvre. Je suis* FORTEMENT *persuadé. Elle est* INFINIMENT *honnête.* A l'égard des verbes, ils se placent ordinairement après le verbe, dans les temps simples, et entre l'auxiliaire et le participe, dans les temps composés: *Il chante* ADMIRABLEMENT. *Elle danse* BIEN. *Il s'est* ADROITEMENT *tiré d'affaire. Il s'est* PARFAITEMENT *bien conduit.* Lorsque le verbe est à l'infinitif, les adverbes monosyllabiques seuls peuvent se placer avant ou après cet infinitif : BIEN *chanter*, *chanter* BIEN ; MIEUX *parler*, *parler* MIEUX ; MAL *faire*, *faire* MAL. Du reste il est presque impossible de fixer des règles précises sur la place des adverbes. C'est l'usage, aidé souvent de l'oreille et du goût, que l'on doit consulter. *(Omission de Noël et Chapsal.)*

### § 2. Adverbes de comparaison.

**352.** Après les adverbes de comparaison *autant*, *tant*, *aussi*, *si*, il n'est plus permis aujourd'hui de se servir de *comme* ; il faut employer *que*. Dites donc : *elle a* AUTANT *d'esprit* QUE *vous* ; *il n'est pas* AUSSI *savant* QUE *son frère*, et non : *elle a* AUTANT *d'esprit* COMME *vous*, *il n'est pas* AUSSI *savant* COMME *son frère*.

**353.** On emploie *aussi* dans les phrases positives, et *si* dans les phrases négatives. *L'Allemagne est* AUSSI *peuplée que la France. Les chevaux turcs ne sont jamais* SI *bien proportionnés que les barbes.* (BUFFON.) Cependant rien n'empêche de se servir de *aussi* dans ce dernier cas : *la population n'est pas* AUSSI *grande qu'on le suppose.* (CONDILLAC.)

**354.** *Aussi*, dans les comparaisons, se joint aux adjectifs et aux adverbes : *aussi humble* ; *aussi rarement*. *Autant* se construit particulièrement avec les noms, les verbes et les participes : *autant de discrétion ; je le désire autant que vous; autant estimé que chéri.* Noël et Chapsal ont oublié de dire que l'adverbe *autant* peut également se joindre aux adjectifs : *judicieux autant qu'élégant ; utile autant que juste ; brave autant que vaillant.* Il ne faut pas confondre ces deux expressions : *judicieux autant qu'élégant ; aussi judicieux qu'élégant;* la première implique une idée de quantité, tandis que la seconde n'exprime que la qualité. C'est encore là une de ces différences que Noël et Chapsal n'indiquent pas; ils ont cru avoir tout dit en nous apprenant que *aussi* et *autant* expriment la comparaison!

**355.** *Autant*, devant les substantifs, signifie *un aussi grand nombre de. Il leur faut autant de préjugés qu'ils sont habitués d'en avoir.* (FONTENELLE.) *L'amour-propre fait peut-être autant de tyrans que l'amour.* (IMBERT.)

c'est-à-dire *un aussi grand nombre de préjugés, un aussi grand nombre de tyrans.* Devant les adjectifs et les verbes *autant* a le sens de : *à un degré aussi grand que.* On craint l'haleine d'un homme qui n'a rien *autant que* celle d'un pestiféré ; (SAINT-EVREMONT.) c'est-à-dire : on craint l'haleine d'un homme qui n'a rien à un degré aussi grand que l'on craint celle d'un pestiféré. — *Tant* s'emploie dans l'acception de *tellement, à un tel point, aussi long-temps que. Rien ne pèse tant qu'un secret* ; (LAFONTAINE.) c'est-à-dire *à un tel point. Tant qu'on peut se parer de son mérite, on n'emploie point celui de ses ancêtres.* (SAINT-EVREMONT.) c'est-à-dire *aussi long-temps qu'on peut se parer. Il y a tant de bassesse dans les louanges,* c'est-à-dire *il y a tellement de bassesse,* etc. Nul besoin de dire que rien de semblable ne se trouve dans la grammaire de Noël et Chapsal.

356. *Si* et *tant* ont absolument la même valeur, le même sens, puisqu'ils signifient tous deux *tellement. Personne n'est si sage que... Les hommes sont si fourbes, si envieux, si cruels, que...* C'est-à-dire : *Personne n'est tellement sage que... Les hommes sont tellement fourbes, tellement envieux, tellement cruels, que... Il vous estime tant que... Il fit tant que... Il le persuada tant que...* c'est-à-dire : *il vous estime tellement que... il fit tellement que... il le persuada tellement que...* Cependant il y a cette différence entre *si* et *tant,* que *si* modifie toujours les adjectifs et les adverbes, tandis que *tant* ne peut jamais modifier que les verbes et les participes (1). *Il est si faible, il travaille tant.* C'est en vain que vous chercheriez quelque chose de semblable dans la grammaire de Noël et Chapsal.

357. *Ainsi que, aussi que,* et *comme* peuvent souvent s'employer l'un pour l'autre. En effet, on peut dire : *ainsi que la vertu, le vice a ses degrés ; comme la vertu, le vice a ses degrés ; aussi bien que la vertu, le vice a ses degrés. (Omission de Noël et Chapsal.)*

---

(1) Il y a néanmoins des cas où *tant* peut être accompagné d'adjectifs, c'est lorsqu'il a le sens de *aussi bien* : *les guerres tant intérieures qu'extérieures* ; c'est-à-dire : *les guerres aussi bien intérieures qu'extérieures.*

**358.** *Autant, tant, si,* etc., peuvent être employés dans certains cas, avec ellipse du second terme de la comparaison : *j'en ai fait autant,* suppléez : *que vous; tu n'as pas tant à vivre,* suppléez : *que tu crois ; tu ne serais pas si malade,* suppléez : *que tu l'es. (Omission de Noël et Chapsal.)*

**359.** *Si, aussi, plus, le plus, autant, tant, moins,* etc., doivent se répéter autant de fois qu'il y a de mots qu'ils modifient : *Il est si sage, si bon, qu'il n'a pas son pareil. Plus on lit Racine, plus on l'admire. Autant j'estime l'homme sincère, autant je méprise l'homme fourbe. C'est la plus jolie, la plus aimable, la plus modeste des femmes. Il est aussi savant, aussi modeste que son frère est ignorant et fat. Il a tant d'esprit, tant de modestie que tout le monde recherche sa société. (Omission de Noël et Chapsal.)*

**360.** Quand on oppose *plus* à *plus, moins* à *moins,* l'usage le plus ordinaire est de ne pas unir les deux membres de la phrase par la conjonction *et. Plus on a lu, plus un homme a l'âme bonne, moins il soupçonne les autres de méchanceté.* (Boiste.) *Moins on mérite un bien, moins on l'ose espérer.* (Molière.) (1).

**361.** Les comparaisons peuvent avoir lieu entre des noms masculins et des noms féminins et *vice versâ. La* loi *même est souvent moins forte que l'*usage. (Arnauld.) *L'*honneur *est plus puissant, plus sacré que la* loi. (Voltaire.) *L'*âme *des femmes coquettes n'est pas moins fardée que leur* visage. (Wailly.) *L'*exécution *de mauvaises lois est moins dangereuse que l'*arbitraire. (Boiste). Vaugelas croyait qu'un homme ne pouvait dire à une femme : *je suis plus vieux que vous; je suis moins grand*

---

(1) Mais l'emploi de la conjonction *et* ne constitue pas une faute, ainsi que le prétendent à tort MM. Noël et Chapsal : on en trouverait des milliers d'exemples. (Voir *Grammaire nationale,* t. 1, p. 245.)

Plus l'offenseur est grand, *et* plus grande est l'offense.

(Corneille.)

Croyez-moi, plus j'y pense *et* moins je dois douter

Que sur vous son courroux ne soit près d'éclater. (Racine.)

«Plus je rentre en moi, plus je me consulte *et* plus je lis ces mots écrits dans mon âme : Sois juste et tu seras heureux.»

(J.-J. Rousseau.)

que vous ; ni une femme à un homme : *je suis plus petite que vous ; je serai plus tôt revenue que vous*, parce que *vieux* et *grand*, masculins, ne pouvaient, suivant lui, s'appliquer à la femme, et que *petite* et *revenue*, féminins, ne sauraient s'appliquer à l'homme. Mais l'usage n'a tenu aucun compte de la remarque excessivement minutieuse de Vaugelas. MM. Noël et Chapsal n'ont pas parlé de cette difficulté.

362. *Plus* demande *de* avant le substantif qu'il modifie, lorsqu'il est adverbe de quantité : *cela est plus long d'un quart ; cela ne vaut pas plus d'un écu ; il a fait plus de deux lieues à pied*, etc. Ce serait une faute de dire : *cela est plus long qu'un quart ; cela ne vaut pas plus qu'un écu ; il a fait plus que deux lieues à pied*, etc. (1).

363. *Plus* marque l'extension ; *mieux*, la perfection. *L'abbé Prévôt a plus écrit que Fénelon ; mais Fénelon a mieux écrit que l'abbé Prévôt.* (LAVEAUX.)

364. *Plus de* ne doit jamais être remplacé par *mieux de* ; ne dites donc pas : *j'ai gagné mieux de cent francs ; il a reçu mieux de mille francs* ; mais dites : *plus de cent francs, plus de mille francs.*

365. *Plus* et *davantage* sont également comparatifs, et indiquent tous deux une idée de supériorité ; c'est en quoi ils sont synonymes. Voici en quoi ils diffèrent, du moins quant à leur emploi. *Plus* demande ordinairement après lui un *que* qui amène le second terme de la comparaison. *Il est plus savant que vous ; elle est plus jolie que sa sœur. Davantage*, au contraire, exprime par lui-même l'idée de supériorité. Par conséquent il ne peut recevoir après lui de complément marqué par *de* ou par *que* ; ainsi, employez *plus* à la place de cet adverbe dans ces phrases : *il a davantage d'esprit, il en a davantage que vous.* Cependant on peut dire : *il en a davantage*, parce que *davantage* peut être précédé du mot *en*, seul complément qu'il admette.

---

(1) Ces trois expressions, *plus d'à moitié*, *plus d'à demi*, *plus qu'à demi*, sont également en usage, quoi qu'en disent MM. Noël et Chapsal ; les deux premières néanmoins sont celles que les écrivains ont le plus fréquemment employées : *plus d'à moitié mort, plus d'à demi mort ; plus d'à moitié ruiné, plus d'à demi ruiné ; plus d'à moitié vaincu, plus d'à demi vaincu.*

On peut dire encore : *Molière me venge davantage des
sottises d'autrui.* (CHAMFORT.) *On remarquera davantage
que le roi l'a dit.* (MIRABEAU.) Parce que le *de* et le *que*
qui suivent *davantage* sont les compléments, non de
l'adverbe, mais des verbes *venger de, remarquer que.*
*(Omission de Noël et Chapsal.)*

366. Il y a des cas où, pour donner plus de variété
au discours, *plus, de plus* et *davantage* peuvent s'em-
ployer l'un pour l'autre : *Molière me fait plus rire de
mes voisins. La Fontaine me ramène plus à moi-même.
Molière me venge davantage des sottises d'autrui. La
Fontaine me fait mieux songer aux miennes.* (CHAM-
FORT.) *Je veux qu'un homme soit bon et rien davantage.*
(LA BRUYÈRE.) *Que demande-t-elle à Dieu dans ses priè-
res? sa grâce, rien de plus.* (FLÉCHIER.) *(Omission de
Noël et Chapsal.)*

367. *Davantage,* disent MM. Noël et Chapsal, ne
doit pas s'employer dans le sens de *le plus;* au lieu
de dire : *de toutes les fleurs, la rose est celle qui me plaît
davantage,* dites : *qui me plaît le plus* (1).

368. *Pire* est l'opposé de *meilleur, pis* est l'opposé
de *mieux. Le* PIRE *des états est l'état populaire. Rien
n'est* PIS *qu'une mauvaise langue.* Cependant on peut
employer *pis* aussi bien que *pire* avec un mot vague :
*rien, ce, quelque chose,* tel est l'usage. On dit substantivement *le pis.*

§ 3. Emploi de quelques adverbes ou locutions adverbiales.

369. *Jusqu'aujourd'hui, jusqu'à aujourd'hui,* ces
deux locutions se trouvent dans les écrivains et dans
le Dictionnaire de l'Académie; mais la première est
avec justice blâmée par les grammairiens; ne l'em-
ployons donc pas. *(Omission de Noël et Chapsal.)*

370. *Alentour* ne doit jamais prendre de complément; ne dites donc pas : *cette mère a ses enfants à*

___

(1) Cependant nos meilleurs écrivains ont fréquemment employé indistinctement *le plus* et *davantage : je ne sais lequel de
ces deux exemples nous devons admirer davantage.* (MONTES-
(QUIEU.) *On demanda un jour quelle était la chose qui flattait
davantage les hommes? — L'espérance,* répondit-il. (FÉNELON.)
Voir *Grammaire nationale*, t. 1, p. 258 )

6.

*l'entour d'elle,* au lieu de : *celle mère a ses enfants autour d'elle.*

371. La différence que l'on doit remarquer entre *auparavant* et *avant,* c'est que le premier est un adverbe, et le second une préposition ; l'un se construit sans complément, l'autre ne peut s'en passer. Ainsi dites : *vous êtes né en 1790, et moi je suis né auparavant ; si vous êtes né en 1800, je suis né avant vous ; je ferai tout ce que vous commanderez, mais je ferai cela auparavant ; je ferai cela avant toutes choses.*

372. *Dessus, dessous, dedans, dehors,* sont de véritables adverbes ; ils ne doivent donc pas être suivis d'un complément comme leurs correspondants *sur, sous, dans, hors.* Dites donc : *sur la terrasse, sous la charmille, dans le jardin, hors de la maison,* et non : *dessus la terrasse, dessous la charmille, dedans le jardin, dehors de la ville.* On dit cependant : *je l'ai cherché dessus et dessous la table, dedans et dehors la ville.*

373. *Plus tôt,* opposé à *plus tard,* s'écrit en deux mots ; *plutôt,* en un seul mot, marque préférence ou différence : *vous êtes venu tard aujourd'hui, venez plus tôt demain. Venez plutôt demain qu'après demain.*

374. Il existe une si grande différence entre *quand* et *quant* qu'il est presque impossible de confondre ces deux mots. *Quand,* s'écrivant avec un *d,* signifie *lorsque ;* et *quant,* avec un *t,* a le sens de *relativement à, pour ce qui est de.* Le premier se distingue encore du second, en ce que celui-ci est toujours suivi de la préposition *à : quand le soleil se lève ; quand vient le printemps ; quant à votre père ; quant à vous ; quant à lui.*

375. *De suite* ne s'emploie que pour signifier *l'un après l'autre, sans interruption.* Exemples : *Il a marché huit jours de suite. Il y a des gens qui ne savent pas dire deux mots de suite.* — *Tout de suite,* signifie *aussitôt, sur-le-champ.* Exemples : *Il faut aller chercher tout de suite le médecin. Venez tout de suite on vous attend.* Ne dites donc pas : *venez de suite à la maison,* pour dire *aussitôt.*

376. Ne confondez pas *tout d'un coup* avec *tout-à-coup.* Ces deux locutions ont un sens bien différent. *Tout d'un coup* signifie *tout en une seule fois,* ou *sans*

*hésiter* ; *tout-à-coup* signifie *soudain*. *Il a fait sa fortune tout d'un coup. Ce mal lui a pris tout à coup.*

377. *Au reste, du reste* ; ces deux expressions adverbiales sont souvent prises l'une pour l'autre. Cependant elles ne sont pas tout-à-fait synonymes. *Au reste* s'emploie lorsqu'après avoir exposé un fait ou traité une matière, on ajoute quelque chose dans le même genre, et qui a du rapport à ce qu'on a déjà dit : *Madame doit dissimuler son mécontentement, et attendre tout du temps ; au reste, elle est maîtresse de sa conduite.* *Du reste* se dit quand ce qui suit n'est pas dans le même genre que ce qui précède, et qu'il n'y a pas une relation essentielle : *il est capricieux, du reste honnête homme.* (Omission de Noël et Chapsal.)

378. *Aussitôt* est un adverbe, il ne peut donc pas avoir de régime. Ainsi dites : *aussitôt après mon arrivée, aussitôt après son dîner,* et non : *aussitôt mon arrivée, aussitôt son dîner.* (Omission de Noël et Chapsal.)

379. *Aussi* s'emploie avec une proposition affirmative, et *non plus* avec une proposition négative. Exemples : *vous le voulez ? et moi* AUSSI ; *vous ne le voulez pas ? ni moi* NON PLUS

380. Il y a une grande différence entre *rien de moins* et *rien moins*. La première de ces locutions offre un sens affirmatif, tandis que la seconde présente un sens négatif. Quelques exemples vont mieux faire sentir cette différence. *Il ne faut* RIEN DE MOINS *dans le monde qu'une vraie et naïve impudence pour réussir.* (LA BRUYÈRE.) Le sens est : il faut une vraie impudence, etc. *On lui dit que Pelletier n'était* RIEN MOINS *que Parasite.* (VOLTAIRE.) Le sens est : Pelletier n'était point Parasite. *Rien de moins* est analogue à *rien de plus.* Quelques auteurs ont employé *rien moins* au lieu de *rien de moins*, la logique réprouve cette confusion d'idées. (Omission de Noël et Chapsal.)

381. *Au moins* signifie *pour le moins : cet homme sera général, ou* AU MOINS *colonel. Du moins*, n'est généralement qu'un simple correctif de l'idée précédemment exprimée : *s'il n'est pas parvenu au grade de général, il est* DU MOINS *colonel.* (Omission de Noël et Chapsal.)

**382.** *Comme* ne doit pas s'employer pour *comment* dans les phrases interrogatives. Mais hors de là il est facile de confondre ces deux mots ; on dit : *voyez* COMME *il travaille* et voyez *comment il travaille*. *Comme* signifie ici *à quel degré*, et *comment, de qu'elle manière*, sens dans lequel *comme* s'emploie aussi quelquefois, mais dans une signification moins précise. (*Omission de Noël et Chapsal.*)

**383.** On se sert également de *comme* ou de *que* dans les phrases exclamatives. Exemples : COMME *elle est jolie !* COMME *elle est bonne ;* COMME *il est aveugle du culte de ses dieux.* ( RACINE. ) QUE *vous êtes joli !* QUE *vous me semblez beau.* — Mais *comme* s'emploie dans les propositions positives : *écoutez comme il l'encourage.* (BOSSUET.) (*Omission de Noël et Chapsal.*)

**384.** L'adverbe *beaucoup* ne doit jamais précéder l'adjectif ni l'adverbe ; ce serait pécher grossièrement que de dire : *il est beaucoup généreux ; vous m'avez secondé beaucoup puissamment.* On doit dire : *il est* BIEN, *très ou fort généreux ; vous m'avez secondé fort, très ou* BIEN *puissamment.* ( *Omission de Noël et Chapsal.* )

**385.** Il y a entre *beaucoup* et *bien* une différence que les exemples feront mieux connaître que nos préceptes. Un homme entre dans un lieu où il sait devoir trouver un grand nombre de personnes ; il dit en entrant : *il y a ici* BEAUCOUP *de monde.* Mais s'il vient dans un lieu qu'il ne sait pas rempli de spectateurs, il dira en entrant : *il y a ici* BIEN *du monde.* — On dit d'un homme qui est fort riche : *il a* BEAUCOUP *d'argent, il possède* BEAUCOUP *de terres.* Mais si l'on veut faire entendre que cet homme est riche assurément, ou qu'on ne serait pas fâché d'avoir en sa possession ce qu'il a de biens, on dira : *il a bien de l'argent, il possède bien des terres.* (*Omission de Noël et Chapsal.* )

**386.** On blâme généralement l'emploi de *beaucoup*, sans complément, dans le sens *d'un grand nombre.* Ne dites pas : BEAUCOUP *ont pensé ;* BEAUCOUP *veulent ;* dites : *beaucoup de gens, beaucoup de personnes ont pensé.* Il est encore moins exact d'employer le mot *beaucoup* sans régime, lorsqu'il n'est pas sujet de la proposition ; il ne faut donc pas dire : *le plaisir de la médi-*

sance est celui de BEAUCOUP ; *en médisant on fait tort à*
BEAUCOUP ; pour parler correctement, on doit dire :
*le plaisir de la médisance est celui de* BEAUCOUP *de per-*
*sonnes ; en médisant on fait tort à* BEAUCOUP *de ses sembla-*
*bles.* On doit cependant remarquer que le pronom
*en* tient lieu du mot *personnes*; c'est pourquoi il est
permis de dire : *nous* EN *connaissons* BEAUCOUP *qui ne*
*cessent de parler mal d'autrui ; il y* EN *a* BEAUCOUP *qui*
*disent que....* ( *Omission de Noël et Chapsal.* )

387. Au lieu de *beaucoup*, on emploie très-souvent,
mais d'une manière vague et impropre, le mot *nombre*,
on dit, par exemple : NOMBRE *de gens préfèrent leurs*
*plaisirs à leurs devoirs.* Cette expression est de mauvais goût, il faut dire : *un grand nombre*, ou BEAUCOUP
*de gens* préfèrent, etc. Le mot *beaucoup* est plus convenable, dans cet exemple, que l'adverbe *bien;* car
il y a cette différence entre *bien des gens* et *beaucoup de*
*gens*, que *bien des gens* indique la contrariété ou l'é-
tonnement qu'on éprouve d'en voir autant, et *beau-*
*coup de gens*, un nombre considérable. ( *Omission de*
*Noël et Chapsal.* )

388. *Très*, selon MM. Noël et Chapsal, ne peut
modifier que des adjectifs ou des adverbes. On ne
devrait donc pas dire : *j'ai* TRÈS-*faim*, TRÈS-*soif*, TRÈS-
*peur, vous avez* TRÈS-*raison*; il vaut mieux employer *bien*
ou *extrêmement* ; mais comme *froid* et *chaud* sont adj-
jectifs et substantifs, on peut dire : *il fait très-froid, très-*
*chaud*, et par extension, *j'ai très-froid, très-chaud ;*
cependant *bien* serait préférable. Marivaux n'a pas
craint de dire : *nous étions partis très-matin de cette*
*ville.*

389. *De loin à loin, de loin en loin*, sont deux locutions adverbiales que les écrivains emploient indifféremment pour signifier à une certaine distance
de temps ou de lieu. Exemples : *il ne me vient plus voir*
*que* DE LOIN A LOIN (ACAD.); *ces arbres sont plantés* DE
LOIN A LOIN (ACAD.); *j'allai plusieurs fois* DE LOIN EN
LOIN *examiner l'état des choses* ( J. J. ROUSSEAU ); *Quel-*
*ques hommes apparaissaient* DE LOIN EN LOIN *tristes et*
*mornes.* ( NATIONAL. ) C'est donc à tort que M. Boniface établit une distinction entre ces deux expres-

sions, et veut que la première se dise du lieu, et la seconde du temps. (*Omission de Noël et Chapsal.*)

390. Ne confondez pas *peut-être* expression adverbiale toujours réunie par un tiret avec la locution verbale *peut être* écrite en deux mots sans trait d'union. Le premier de ces mots modifie toujours un verbe ou un adjectif. Exemples : il viendra *peut-être* ; il est *peut-être* malade. Le second a toujours un sujet. Exemple : *il* PEUT ÊTRE savant. (1). (*Omission de Noël et Chapsal.*)

391. C'est ici *où*, c'est *là où* seraient incorrects dans les phrases suivantes : *c'est* ICI QUE *fut Troie* ; *c'est* LA QUE *de la tombe il rappela sa vie*, parce qu'il n'y a qu'un jugement, une pensée : *Troie fut ici*. Mais madame de Staël a dû dire : *il n'y a point de talent* LA *ou il n'y a point de création*, parce que *là* appartient à la première proposition, et *où* à la seconde. (*Omission de Noël et Chapsal.*)

### § 4. Usage des expressions négatives.

392. Les expressions négatives sont *ne, non, ne pas, ne point. Pas* et *point* sont des substantifs exprimant des quantités positives, mais d'une très-petite étendue ; ces mots n'indiquent pas la négation ; seulement ils la complètent, la précisent, la déterminent ; ils montrent le degré d'exclusion auquel on porte la chose dont on parle. *Pas* dit moins que *point* ; le premier achève d'énoncer simplement le sens négatif ; le second l'affirme absolument, totalement, sans réserve. Voilà pourquoi l'un se place très-bien devant les adverbes, et que l'autre y aurait mauvaise grâce. On dira donc avec *pas* : *n'être* PAS *bien riche, n'avoir* PAS *beaucoup d'argent, n'être* PAS *très-heureux* ; et avec *point* : *n'être*

---

(1) Noël et Chapsal blâment l'emploi de l'adverbe *peut-être* dans une phrase où figure le verbe *pouvoir* : c'est à tort ; il y a une grande différence entre ces deux propositions : *je ne pourrai* PEUT-ÊTRE *pas sortir*, et *je ne pourrai pas sortir*. (Voir *Grammaire nationale*, t. 1, p. 559.)

POINT *riche*, *n'avoir* POINT *d'argent*, *n'être* POINT *heureux.*

393. Lorsqu'un verbe a plusieurs compléments liés par *ni*, on supprime généralement *pas* et *point*, en ne fesant usage que de la négative *ne*, conformément aux exemples suivants : *Un vrai roi* NE *connaît ni protecteurs ni maîtres* (DE BELLAY). *Il* NE *craint ni les Dieux ni les reproches de sa conscience.* (FÉNELON).

394. On supprime *pas* et *point*, dans toute phrase où figure l'un des mots *guère, nul, aucun, nullement, personne, rien, jamais,* et *plus*, considéré comme adverbe de temps : *L'ambition* N'A GUÈRE *de limites.* (BOURSAULT). PERSONNE *n'aime à recevoir de conseils.* (DE SÉGUR).

395. On lit dans presque toutes les grammaires, qu'avec les verbes *pouvoir, oser, savoir, cesser,* suivis d'un autre verbe à l'infinitif, et avec *bouger,* on supprime *pas* et *point.* Il est vrai que cela a lieu généralement. Cependant on peut aussi quelquefois les exprimer, surtout lorsqu'on veut appuyer fortement sur la négation. Avec *cesser,* il y a des circonstances où il serait impossible de supprimer *pas.* Nous dirons bien : *cet ouvrier* NE CESSE *de travailler*; mais si l'on nous demande à quelle heure cet ouvrier cesse de travailler, nous répondrons : *cet ouvrier* NE CESSE PAS *de travailler avant midi.* (*Omission de Noël et Chapsal.*)

396. Quand *ne* est suivi de *que*, on supprime constamment *pas* ou *point. Il ne fait que rire, il ne tient qu'à vous ; cela ne sert qu'à embrouiller.*

297. Lorsque deux propositions sont liées ensemble, et que l'une est affirmative et l'autre négative, on peut dans cette dernière ellipser NE, en n'exprimant que les mots *point, rien,* etc. qui complètent la négation. *On doit tout à l'honneur et rien à la fortune* (Piron); c'est-à-dire *on doit tout à l'honneur, et* (l'on ne doit) RIEN *à la fortune.*

398. On dit d'une manière elliptique : PAS *d'argent*, PAS *de suisses*, POINT *de vraies tragédies sans grandes passions.* Cette ellipse n'a jamais lieu dans les phrases interrogatives. Ainsi, ne dites pas : *avez-vous point vu le roi*? Dites : *n'avez-vous pas vu le roi*?

399. *Pas* et *point* se mettent après le verbe quand

il est à un temps simple : *le ciel sur nos souhaits ne règle pas les choses* (CORNEILLE). Ils se placent entre l'auxiliaire et le participe, s'il est à un temps composé : *les rois ne sont point protégés par les lois* (CHÉNIER). Ils se mettent indifféremment avant ou après le verbe, s'il est à l'infinitif : *pour ne point souffrir ; pour ne souffrir point.*

400. Après les verbes *craindre, appréhender, avoir peur, trembler,* employés dans une proposition affirmative, la proposition subjonctive suivante prend la négation. Exemples : *je crains qu'un songe* NE *m'abuse* (RACINE) ; *on doit appréhender que cette occasion* NE *lui échappe* (LA BRUYÈRE) ; *vous avez bien peur que je* NE *change d'avis* (MARIVAUX) ; *tremble que je* NE *dévoile ton ame* (CHATEAUBRIAND).

401. Quand les mêmes verbes sont employés dans une proposition négative, la proposition subjonctive suivante rejète la négation : *ne crains pas que j'éclate en injures* (CORNEILLE) ; *vous ne devez pas appréhender que je te loue* (LA BRUYÈRE) ; *je n'ai pas peur qu'il arrive* (ACADÉMIE).

402. Lorsque le verbe *craindre* est employé interrogativement, on emploie ou l'on supprime la négation. Exemples : *craignez-vous que mes vœux* NE *soient exaucés ?* (RACINE). *Peut-on craindre que la terre manque aux hommes ?* (FÉNELON). *Ne craignez-vous qu'il ne sorte ?* (RACINE). *Ne craignez-vous pas que l'on vous fasse le même traitement ?* (RACINE). (*Omission de Noël et Chapsal.*)

403. Quand les verbes *douter, contester, nier, disconvenir, désespérer,* sont employés négativement, *ne* doit être répété dans la proposition subordonnée : *je ne doute pas que la vraie dévotion* NE *soit la source du repos* (LA BRUYÈRE) ; *on ne peut nier que cette vie* NE *soit désirable* (BOSSUET) ; *on ne désespérait pas que vous ne devinssiez riche,* etc. Remarquons néanmoins que s'il s'agissait d'exprimer une chose positive, incontestable, *ne,* dans ce cas, pourrait être supprimé, comme dans : *je ne doute pas qu'il y ait un Dieu (circonstance entièrement omise par MM. Noël et Chapsal).*

404. Employés affirmativement, les verbes *douter,*

*nier, contester, disconvenir, désespérer*, rejètent après eux la négation. Exemples : *je nie qu'il soit venu* (LA-VÉAUX) ; *je doute qu'elle vous aime* (CORNEILLE).

**405.** Lorsque les mêmes verbes sont employés interrogativement, on exprime ou l'on supprime la négation après eux. Exemples : *doutez-vous qu'il NE veuille implorer ma clémence ?* (RACINE.) *Peut-on nier que le luxe NE soit diamétralement opposé aux bonnes mœurs ?* (J. J. ROUSSEAU.) *Peut-on nier que cette partie du monde DOIVE suffire à M. Simon ?* (BOSSUET.) *Peut-être doutez-vous qu'il soit encore égal à lui-même ?* (FLÉCHIER.)

**406.** Après les verbes *prendre garde, empêcher, tenir, garder*, dans le sens de *prendre garde*, on fait usage de la négation subordonnée, que les phrases soient affirmatives, négatives ou interrogatives ; Exemples : *Prends garde qu'il NE te voie en ces lieux* (RACINE) ; *gardez qu'il NE vous surprenne ; empêchez qu'il NE sorte* (ACADÉMIE) ; *il ne tient qu'à vous que son chagrin NE passe* (MOLIÈRE) ; *à quoi tient-il que nous NE parlions ?* (PLANCHE) ; quant à *tenir*, le *que* de la proposition subordonnée est toujours suivi de *ne*, dans toutes les phrases qu'on peut résoudre négativement. *En effet, à quoi tient-il que nous NE parlions ?* c'est pour *il ne tient à rien que nous NE parlions*. Dans tout autre cas, il ne faut pas employer la négation. On dira donc : *il tient à moi que cela se fasse ; ne tient-il pas à moi que cela se fasse ?*

**407.** *Défendre* signifie *prohiber, ne pas vouloir, ne pas permettre ;* par conséquent, il n'admet jamais de négation dans la proposition subordonnée. Exemples : *Il défendit qu'aucun étranger ENTRÂT dans la ville* (VOLTAIRE) ; *je défends qu'on prenne les armes* (VOLTAIRE). Quelques écrivains cependant ayant confondu ce verbe avec *empêcher*, ont exprimé *ne* après *que ;* mais ils ne sont nullement à imiter.

**408.** Quand le verbe *il s'en faut* n'est accompagné ni d'une négation, ni de quelque mot qui ait un sens négatif, tels que *peu, guère, presque rien*, etc. la proposition subordonnée ne prend pas la négative *ne* : *il s'en faut bien qu'on y MEURE de faim* (RACINE) ; *il s'en fallait de beaucoup que la famille de Descartes lui*

RENDÎT *justice* (THOMAS). Mais lorsqu'*il s'en faut* est accompagné de la négation ou de l'un des mots *peu*, *guère*, etc. la proposition subordonnée admet toujours *ne*. Exemples : *Il ne s'en faut pas de beaucoup que la somme* N'*y soit* (ACADÉMIE); *peu s'en fallut que nous* NE *touchassions sur un rocher* (BERNARDIN DE SAINT-PIERRE) etc. *Ne* serait encore de rigueur, si la phrase était interrogative; Exemples : *Combien s'en faut-il que la somme* N'*y soit?* (ACADÉMIE.) *S'en faut-il beaucoup que la somme* N'*y soit?* (ACADÉMIE.)

409. *Il y a long-temps que je l'ai vu*, signifie : je l'ai vu, mais il y a long-temps. *Il y a long-temps que je* NE *l'ai vu*, veut dire : je ne l'ai vu depuis longtemps.

410. Les conjonctions *à moins que*, *de peur que*, *de crainte que* doivent être suivies de la négative. Exemples : *Car que faire en un gîte à moins que l'on* NE *songe?* (LA FONTAINE.) *Parlez plus bas de crainte que l'on* NE *vous entende.* (VOLTAIRE.) Les poètes la suppriment quelquefois; et même en prose il faut la supprimer, si le verbe suivant est accompagné d'un adverbe tenant de la négation, comme *peu*, *à peine*, etc. Exemple : *Un vers héroïque ne doit guère finir par un adverbe, à moins que cet adverbe* SE FASSE *à peine remarquer.* (VOLTAIRE.) *(Omission de Noël et Chapsal.)*

411. Après un comparatif d'inégalité, et les mots *plutôt*, *autre*, *autrement*, la proposition suivante prend la négative. Exemples : *la poésie est plus naturelle à l'homme qu'on* NE *le pense* (SAINT-LAMBERT); *on dompte plutôt la panthère qu'on* NE *l'apprivoise* (BUFFON); *on se voit d'un autre œil qu'on* NE *voit son prochain* (LA FONTAINE). Mais si la première proposition est négative, la seconde rejette la négation. Exemples : *il n'est pas mieux qu'il* ÉTAIT (ACADÉMIE); *je ne parle pas autrement que je* PENSE (DESSIAUX). Notre langue si délicate offre encore ici une nuance; lisez avec attention ces phrases : *il ne sait pas plus le grec que* JE SAIS *le latin* (MARMONTEL); *il ne sait pas plus le grec que je* NE SAIS *le latin* (MARMONTEL). La première signifie que *je sais le latin autant qu'il sait le grec*; la seconde veut dire que *je ne sais pas le latin ni lui le grec*.

412. On peut toujours se dispenser de la négative après *avant que*. Exemples : *avant que son destin s'*EXPLIQUE *par ma voix* (RACINE). Cependant, c'est une élégance de l'employer, si la proposition subordonnée exprime quelque chose d'incertain qui peut ne pas avoir lieu. Exemple : *hâtez-vous de donner le signal avant que vos trompettes* NE *le donnent* (MARMONTEL). (*Omission de Noël et Chapsal*).

413. Après *sans que*, on emploie généralement la négation. Exemple : *eh! peut-on être heureux sans qu'il en coûte rien?* (LAFOSSE.) Cependant on trouve des exemples de l'emploi de la négation, qu'il serait difficile de condamner. Exemple : *Elle ne voyait aucun être souffrant sans que son visage* N'*exprimât la peine qu'elle en ressentait.* (BERNARDIN DE SAINT-PIERRE.) La négation est ici un signe d'indécision, de vague, de doute.

414. Après les mots *jamais, rien, personne, aucun, guère,* on emploie la négation. Exemples : *jamais un criminel* NE *s'absout de son crime* (RACINE); *hélas! un fils n'a rien qui* NE *soit à son père* (RACINE).

415. *Non seulement* doit précéder la partie de la phrase mise en rapport avec celle qui suit *mais encore*. Exemples : NON SEULEMENT *l'église secourait ses enfants,* MAIS *elle veillait* ENCORE *sur les infortunés d'une religion ennemie* (CHATEAUBRIAND). *La patience est* NON SEULEMENT *nécessaire, mais utile.* (DIDEROT). Ce serait mal s'exprimer que de dire : *l'église secourait* NON SEULEMENT *ses enfants,* MAIS *elle veillait* ENCORE, etc. NON SEULEMENT *la patience est nécessaire,* MAIS *utile.*

---

# CHAPITRE VIII. — SYNTAXE DE LA PRÉPOSITION.

### § 1ᵉʳ De la place des prépositions.

416. Les prépositions se placent ordinairement après le verbe. Exemples : *Perfide, oses-tu bien te montrer* DEVANT *moi?* (RACINE.) *Qu'ai-je fait* POUR *l'honneur? Il est toujours entraîné* PAR *son avarice.* (FÉNELON.) *Elle*

*ne dormit point* DURANT *toute la nuit.* (AUTEREAU.)
( *Omission de Noël et Chapsal.* )

417. L'harmonie, le goût, l'élégance peuvent parfois exiger que la préposition et son complément soient placés plutôt avant le verbe qu'après. Exemples : DEVANT *ses yeux cruels une autre a trouvé grâce.* (RACINE.) POUR *les cœurs corrompus l'amitié n'est point faite.* ( VOLTAIRE. ) PAR *un charme fatal vous fûtes entraînée.* ( RACINE. ) DURANT *toute la nuit, elle n'a point dormi.* ( CORNEILLE. ) ( *Omission de Noël et Chapsal.* )

418. Certaines prépositions suivies d'un nom avec lequel elles forment une expression adverbiale, ou une phrase incidente qui sert à marquer la simultanéité de deux actions, se mettent plus souvent et plus élégamment au commencement de la phrase. Exemples : A L'ARRIVÉE DE LA REINE , *la persécution se ralentit.* A CET AFFRONT, *l'auteur se leva de table.* A CE SPECTACLE, *le peuple s'émut.* AUX ACCORDS D'AMPHION , *les pierres se mouvaient.* Les exemples de semblables inversions se rencontrent à chaque page dans les prosateurs et surtout dans les poètes.

419. Il faut éviter de placer les prépositions et leur complément de manière qu'ils donnent lieu à une équivoque. On ne dira donc pas : *croyez-vous pouvoir ramener ces esprits égarés,* PAR LA DOUCEUR ? *Les maîtres qui grondent ceux qui les servent,* AVEC EMPORTEMENT , *sont les plus mal servis.* Il faut dire : *croyez-vous pouvoir ramener* PAR LA DOUCEUR *ces esprits égarés ? Les maîtres qui grondent* AVEC EMPORTEMENT *ceux qui les servent, sont les plus mal servis.*

### § 2. De la répétition des prépositions.

420. Les prépositions *à, de, en,* se répètent avant chaque complément. Exemples : *il dut la vie* A *la magnanimité et* A *la clémence du vainqueur. S'occuper* A *lire et* A *faire des vers. Il est doux* DE *servir sa patrie et* DE *contribuer à sa gloire. On trouve les mêmes préjugés* EN *Europe,* EN *Asie,* EN *Afrique et jusqu'*EN *Amérique.* ( BUFFON. )

421. Les autres prépositions, surtout celles qui n'ont qu'une syllabe, se répètent quand les compléments n'offrent aucune ressemblance de signification. Exemples : DANS *la jeunesse* et DANS *la vieillesse.* DANS *la paix* et DANS *la guerre.* PAR *la force* et PAR *la ruse.* AVEC *courage* et AVEC *inhumanité.*

422. Elles ne se répètent pas lorsque les compléments sont synonymes : *avec* courage et intrépidité. DANS *la mollesse et l'oisiveté.* PAR *la force et la violence.*

423. Quand les compléments ne sont pas tout-à-fait synonymes, ou qu'ils ont un sens opposé, on peut quelquefois répéter ou sous-entendre certaines prépositions, selon que le goût ou l'harmonie l'exige : A TRAVERS *les dangers et* A TRAVERS *les obstacles,* ou A TRAVERS *les dangers et les obstacles.*

424. La préposition ne se répète jamais lorsqu'il est question du titre d'un ouvrage, et que ce titre est composé de plusieurs mots. Exemples : *Lafontaine dans sa fable* DE L'ANE ET LE CHIEN. *Cet épisode appartient* A PAUL ET VIRGINIE. Les deux noms sont regardés comme une seule expression complément de la préposition *à* et *de.* ( *Omission de Noël et Chapsal.* )

425. Lorsque deux participes sont liés par la conjonction *et,* la préposition ne se répète pas quand ils ont le même complément. Exemple : *notre loi ne juge personne* SANS *l'avoir entendu et examiné.* ( *Omission de Noël et Chapsal.* )

426. Elle se répète quand les participes n'ont pas le même complément : *Notre loi ne juge personne* SANS *l'avoir entendu,* et SANS *avoir examiné ses actions.* Ce serait une faute de dire : SANS *l'avoir entendu et examiné ses actions.* ( *Omission de Noël et Chapsal.* )

427. Enfin, il faut éviter, autant qu'il est possible, de répéter la préposition avec divers sens dans une même phrase. Ainsi il est beaucoup mieux de dire : *Caton, près de mourir, médita longtemps* SUR *l'immortalité de l'âme* ; que de dire : *Caton,* SUR *le point de mourir, médita longtemps* SUR *l'immortalité de l'âme.* ( *Omission de Noël et Chapsal.* )

### § 3. Du régime des prépositions (1).

**428.** Il en est du régime des prépositions comme de celui des verbes. Quand deux prépositions ont le même complément, on peut se dispenser de les faire suivre chacune de ce complément ; mais si ces deux prépositions demandent un complément différent, il faut de toute nécessité donner à chacune le complément qui lui convient. Ainsi on ne peut dire : *un magistrat doit toujours juger* SUIVANT *et* CONFORMÉMENT AUX *lois. Il a parlé en même temps* CONTRE *et* EN FAVEUR DE *son ami*, parce que *suivant* ne veut pas de préposition à sa suite, tandis que *conformément* exige après lui la préposition *à*, etc.

### § 4. Observations sur l'emploi de plusieurs prépositions.

**429.** *En* et *dans* ont ceci de commun, qu'ils indiquent tous deux une idée d'intériorité ; et ceci de particulier, que la préposition *en* se met le plus ordinairement devant des noms indéterminés, et la préposition *dans* devant des noms déterminés. On dit donc avec *en* : EN *France*, EN *Afrique*, EN *Amérique*, EN *ménage*, EN *guerre* ; et avec *dans* : DANS *la France*, DANS *l'Afrique*, DANS *l'Amérique*, DANS *le ménage*, DANS *la guerre*. (*Omission de Noël et Chapsal.*)

**430.** Il n'est pas rare, quoi qu'en disent la plupart des grammairiens, que les écrivains fassent usage de la préposition *en*, aussi bien que de la préposition *dans*, avec des noms déterminés. De Bernis a dit : *Un bon mot* EN CE SIÈCLE *est un fort argument.* Molière : EN UNE AME BIEN FAITE, *le mépris suit de près*

---

(1) L'auteur de la *Grammaire des Grammaires* a cru devoir consacrer un article spécial pour nous apprendre que, « *les prépositions doivent toujours être à la tête des mots qu'elles régissent !* » C'est une naïveté dite en très-mauvais français ; car on ne peut employer *à la tête*, en parlant d'un mot, qu'en style de logogriphe.

*la faveur qu'on rejète.* (Voltaire) : *Je sais quel est le peuple ; on le change* EN UN JOUR. (Corneille): *Quiconque peut tout est aimable* EN TOUT TEMPS. (V. *Grammaire nationale*, t. 1, p. 575.) *(Omission de Noël et Chapsal.)*

431. Il faut bien faire attention quand on emploie *dans* ou *en* ; car souvent le sens est différent : *être en campagne, en maison, en épée, en robe,* n'est pas la même chose qu'*être dans la campagne, dans la maison, dans l'épée, dans la robe.* L'usage et les dictionnaires font connaître ces différences. *(Omission de Noël et Chapsal.)*

432. *Il arrivera* EN *trois jours* signifie qu'il mettra trois jours à faire le chemin ; *il arrivera* DANS *trois jours* signifie qu'il arrivera au bout de trois jours. *(Omission de Noël et Chapsal.)*

433. Souvent dans les mêmes circonstances on emploie la préposition *dans* ou la préposition *à.* Cela a lieu, surtout en poésie, quand la mesure du vers le rend nécessaire. On peut dire : *entrer* DANS *le cœur* ou AU *cœur des malheureux; naître* DANS *le sein* ou AU SEIN *de la grandeur ; laisser* DANS *les mains* ou AUX *mains de quelqu'un,* etc. *(Omission de Noël et Chapsal.)*

434. *Auprès* et *au prix* servent à comparer ; mais *au prix* éveille une idée de valeur dans les objets, et *auprès,* une idée de proximité, de position, de grandeur. Exemples : *L'intérêt n'est rien* AU PRIX *du devoir.* (MARMONTEL.)

> *Mais un gueux qui n'aura que l'esprit pour son lot,*
> *Auprès d'un homme riche, à mon gré, n'est qu'un sot.*
> (BOILEAU.)
> *(Omission de Noël et Chapsal.)*

435. *Près de* signifie *sur le point de. Un vieillard* PRÈS *d'aller où la mort l'appelait.* (LA FONTAINE.) Ne confondez pas *près de* avec *prêt à,* qui signifie *disposé à. La mort ne surprend point le sage, il est toujours* PRÊT A *partir.* (LA FONTAINE.) On ne dit plus *prêt de* aujourd'hui, si ce n'est en poésie.

436. *Auprès de* et *près de* expriment l'un et l'autre une idée de proximité, soit au propre, soit au figuré, et bien qu'on les emploie presque arbitrairement,

surtout en poésie, on peut dire que *auprès* indique gé- néralement un plus étroit voisinage. Ainsi, demeurer *près* de l'église, c'est y demeurer à quelque distance ; demeurer *auprès* de l'église, c'est y demeurer tout à côté.

437. Dans le discours familier, on peut supprimer la préposition *de* dans *près de,* si le complément est de plusieurs syllabes. On dit donc : *près le Luxembourg, près Saint-Roch, près la fontaine.* Cette ellipse est en- tièrement consacrée dans les expressions suivantes : *ambassadeur près la cour d'Espagne. Passy près Paris,* etc., etc.

438. On ne doit pas aujourd'hui se servir de *près de* dans le sens de *en comparaison de ;* ainsi ce passage de Racine n'est pas à imiter : pour vous régler sur eux, que sont-ils *près de* vous? En pareille circons- tance, on dit *auprès de. (Omission de Noël et Chap- sal.)*

439. *Après* exprime une simple idée de postériorité : APRÈS *la pluie vient le beau temps. D'après,* outre la pos- tériorité, indique encore une idée de cause, d'origine : D'APRÈS *la nature,* D'APRÈS *l'influence des systèmes,* etc. Quand Bernardin de Saint-Pierre dit que *l'homme a développé son intelligence* D'APRÈS *celle de la nature,* il fait entendre non-seulement que l'une est arrivée après l'autre, mais aussi que la seconde a servi de prototype à la première. *(Omission de Noël et Chap- sal.)*

440. *Avant* et *devant* marquent tous les deux une idée d'antériorité ; mais ce qui les caractérise, c'est qu'*avant* a généralement rapport au temps, et *devant* au lieu. Exemples : *Il était éveillé* AVANT *l'aurore. Les cultes différents sont égaux* DEVANT *Dieu.* Dans cet exem- ple, *devant* signifie *en présence de, en face de.*

441. On peut dire, suivant les vues de l'esprit : *je marche avant vous* ou *je marche devant vous.* Dans le premier cas, on exprime une idée de préséance, une priorité d'ordre ; dans le second cas, on fait entendre simplement une idée de situation. On dit qu'on mar- che plutôt devant qu'après. Ce raisonnement est ap- plicable à tous les cas semblables.

442. *Entre* s'emploie quand il n'est question que de deux objets : *entre ses mains, entre ses bras, entre lui et moi.* — *Parmi* se dit d'une collection d'objets et demande toujours après lui soit un substantif pluriel, soit un nom collectif : *parmi les hommes, parmi la foule.* C'est donc avec raison que Voltaire a blâmé ce passage de Corneille :

*Parmi* ce grand amour que j'avais pour Sévère,
J'attendais un époux de la main de mon père.

*Parmi* ce grand amour, est un solécisme, dit Voltaire ; *parmi* demande toujours un pluriel ou un nom collectif. Racine a commis la même faute dans ce vers :

*Parmi* ce plaisir quel chagrin me dévore ?

Mais nous nous garderons bien de dire, comme Noël et Chapsal, que l'exactitude grammaticale exigerait : *au milieu de ce plaisir*; car ce serait remplacer une faute par une autre faute de la même nature. *Au milieu* demande après lui un nom pluriel ou un nom collectif : *au milieu des hasards, au milieu de la foule.*

443. Avec un substantif pluriel on peut faire indifféremment usage de *entre* ou de *parmi.* Exemples : *La haine* ENTRE *les* GRANDS *se calme rarement.* (CORNEILLE.) *Une juste prière* PARMI *les gens d'honneur ne se refuse guère.* (SCARRON.) *(Omission de Noël et Chapsal.)*

444. On ne doit pas supprimer l'*e* final de *entre*, même quand le mot suivant commence par une voyelle. Ainsi il faut écrire : *entre eux, entre elles, entre autres, entre amis,* etc. *(Omission de Noël et Chapsal.)* Cependant on écrit : *entr'actes, s'entr'aider, entr'ouvrir,* etc.

445. *Vers* ne se construit qu'avec des noms qui indiquent le lieu ou le temps. Exemples : *Mentor courut* VERS *la porte.* (FÉNELON.) VERS *la fin de l'année.* Ce serait une faute aujourd'hui d'employer cette préposition dans le sens d'*envers.* — Comme préposition de temps, *vers* demande l'article devant le substantif qui suit : VERS LES *quatre heures* et non VERS *quatre heures.* *(Omission de Noël et Chapsal.)*

446. Ne confondez pas *d peine* et *avec peine. A peine*

veut dire *d'une manière insensible, presque pas.*
Exemples : *Le jour naissait* A PEINE. *Avec peine* signifie
*péniblement, difficilement. On résiste* AVEC PEINE *à l'accent des remords. (Omission de Noël et Chapsal.)*

447. *Durant* exprime une durée sans interruption ;
*pendant,* un moment, une époque : *les troupes se sont
cantonnées* DURANT *l'hiver,* c'est-à-dire qu'elles sont res-
tées cantonnées tant que l'hiver a duré ; *elles se sont
cantonnées* PENDANT *l'hiver,* c'est-à-dire qu'elles ont fait
choix de cette saison pour se cantonner. Une autre remarque essentielle à faire sur *pendant* et *durant,* c'est
qu'avec le premier le complément vient toujours après,
au lieu qu'avec le second, il peut quelquefois le précéder. On dit : *sa vie durant, douze heures durant.*
*(Omission de Noël et Chapsal).*

448. *Jusque* se joint presque toujours à une préposition. Si elle commence par une consonne, on écrit
*jusque* sans *s.* JUSQUE *sur les autels,* JUSQUE *dans la
vieillesse* ; mais si elle commence par une voyelle,
*jusque* s'écrit avec ou sans *s* : *jusqu'à Paris, jusqu'à
Rouen, jusques au fond de l'âme, jusques à quand.* En
prose, c'est l'oreille qui en décide ; en poésie c'est la
mesure du vers. On élide l'*e* de *jusque* devant une
voyelle, si l'on écrit ce mot sans *s.*

449. *Au travers* est suivi de la préposition *de, à
travers* la rejette : *le jour passe* AU TRAVERS *des vitres, et
le vent* A TRAVERS *la gaze.* Cependant si le complément
qui suit *à travers* était pris dans un sens partitif, force
serait alors de faire usage de la préposition *de;* on dirait donc : *ils passèrent à travers des jardins,* comme
Bossuet a dit : *il porta ses armes redoutées* A TRAVERS
DES ESPACES *immenses de terre et de mer.(Omission de Noël
et Chapsal).*

450. *A travers* ou *au travers* peuvent aussi quelquefois s'employer sans complément : *les lois sont comme
les toiles d'araignée; les petits insectes s'y prennent, les
gros passent* A TRAVERS (BARTHÉLEMY). *Le mensonge est
transparent ; avec de l'attention on peut voir* AU TRAVERS
*(Pensée de Sénèque). (Omission de Noël et Chapsal).*

451. Voltaire et les grammairiens ont eu beau se
prononcer contre *vis-à-vis* employé au figuré pour

*envers, à l'égard de*, cette expression est autorisée aujourd'hui : *le souverain n'a qu'un seul devoir à remplir vis-à-vis de l'état, c'est de faire observer la loi* (NAPOLÉON).

452. *Voici* et *voilà* sont des mots formés du verbe *voir* et des adverbes *ici* et *là*. Il y a donc la même différence entre *voici* et *voilà* qu'entre *ici* et *là*. *Voici* désigne le lieu le plus proche, *voilà* le lieu le plus éloigné : voici *le Caucase*, VOILÀ *les Apennins*. *Voici* a rapport aussi à ce qui suit, et *voilà* à ce qui précède :

> *Voici* trois médecins qui ne se trompent pas :
> Gaîté, doux exercice, et modeste repas.

La droiture du cœur, la vérité, l'innocence, l'empire sur les passions : *voilà* la véritable grandeur.

453. *Le voilà qui* est très usité : *le voilà qui s'approche et la mort le devance*. *Le voilà que* est presque inusité : *le voilà que j'ai amené avec moi*. (MOLIÈRE) (*Omission de Noël et Chapsal*).

454. *Voici, voilà* peuvent être suivis de la conjonction *que* : VOILÀ QU'*au fond d'un bois se présente sa mère*. *Voici venir* est une expression encore usitée : VOICI VENIR *le printemps*. Enfin on trouve : NE VOILÀ-T-IL *pas une chose bien extraordinaire*; *ne voici-t-il pas* ne se trouve point. On trouve aussi *revoici*, *revoilà* : *les* REVOILÀ *sur l'onde ainsi qu'auparavant*. (*Omission de Noël et Chapsal*).

455. On emploie *à* entre deux nombres, lorsque le substantif qui suit ces nombres représente une chose susceptible d'être divisée : *trois* A *quatre heures, sept* A *huit aunes, neuf* A *dix lieues*; au lieu de A, on emploie *ou*, quand le substantif représente une chose qui n'admet pas de division : *quatre ou cinq vaisseaux, cinq ou six maisons, sept ou huit personnes*. En effet, on ne saurait diviser un vaisseau ou une personne, comme on divise une aune ou une heure.

456. MM. Noël et Chapsal et la plupart des grammairiens répètent que *servir à rien* marque une nullité momentanée de service : *ses talents ne lui* SERVENT A RIEN; et que *servir de rien* marque une nullité absolue : *les pleurs que la douleur arrache* NE SERVENT DE

RIEN (DESSIAUX). Cela est fondé ; mais les écrivains n'ont pas toujours tenu compte de cette distinction.

457. *Auparavant* et *alentour* sont maintenant adverbes et rejètent tout régime ; ne dites pas *auparavant m i, à l'entour de moi* ; employez *avant* et *autour*. *Avant que de* a vieilli, dites *avant de partir, avant de sortir.*

458. Cette observation s'étend à *dessus, dessous, dedans, dehors,* qui sont adverbes et qu'il ne faut pas employer pour *sur, sous, dans, hors.* Cependant ces mots deviènent prépositions dans deux cas : 1° quand ils sont employés en opposition : *je l'ai cherché* DESSUS *et* DESSOUS *la table* ; 2° quand ils sont précédés d'une préposition : *on a tiré cela* DE DESSOUS *la table.*

459. Ces deux locutions : *on dirait un fou, on dirait* D '*un fou*, sont également françaises ; mais elles ont un sens différent. On voit un homme dont les yeux égarés ne s'arrètent sur aucun objet, ou qui restent fixes, immobiles ; dont les paroles sont sans suite, dont les gestes paraissent étranges. On dirait que *c'est un fou. on dirait un fou.* C'est la réalité de la folie que l'on a dans l'esprit. Un homme que l'on connaît pour raisonnable, maîtrisé par la douleur, par quelque passion, se livre à des actions, se laisse aller momentanément à des propos qui blessent le bon sens et la raison. Il fait des actes de folie, il ressemble à un fou : *on dirait d'un fou.* Ce n'est qu'une simple figuration ; on dirait *d'un fou*, on eût dit *d'un démoniaque*, on dirait *d'un ressort*, sont des expressions elliptiques ; c'est pour : on dirait (que les actions les paroles de cet homme sont celles ) *d'un fou* ; on eût dit ( que c'étaient les gestes) *d'un démoniaque* ; on dirait (que c'est l'action, le jeu) *d'un ressort.* Les expressions on *dirait un fou*, on *dirait un fantôme*, sont également elliptiques ; elles sont des abrégés de : on dirait (que c'est) *un fou*, *un fantôme.* ( *Omission de Noël et Chapsal.* )

460. *Sauf* et *excepté* sont deux mots essentiellement adjectifs, et que les grammairiens ont rangés au nombre des prépositions, parce qu'ils en jouent sou-

vent le rôle, comme dans ces exemples : il faut faire cela, *sauf* meilleur avis. On supporte tout, *excepté* le ridicule. L'un et l'autre caractérisent un rapport de séparation ; mais le premier, dans ce cas, est plus rarement employé que le second.

461. *Hors* et *hormis* sont deux prépositions qui marquent un rapport d'exclusion et qui peuvent être ou non suivies de la préposition *de* ; mais *hormis* n'en est suivi que lorsque son complément est pris dans un sens partitif. Exemples : on a de tout avec de l'argent, *hormis des* mœurs et des citoyens. Tout est entré, *hormis* telles et telles choses ; *hormis* ces gens, *hormis* ces choses. Le ciel pardonne tout, *hors* l'inhumanité ; *hors* le trône ou la mort, il doit tout dédaigner ; *hors de* raison ; *hors de* la maison ; *hors de* saison.

462. *Sur* et *sus* signifient la même chose, mais *sus* n'est plus guère en usage qu'avec le verbe *courir :* *courez sus* aux fanatiques et aux fripons. *Sus* joint à la préposition *en*, signifie *par delà :* il a touché des gratifications *en sus* de son revenu. (*Omission de Noël et Chapsal.*)

463. *Sur tout* s'écrit en deux mots, quand il signifie *sur toutes choses :* parler *sur tout*, c'est-à-dire *sur toutes choses.* Mais il s'écrit en un seul mot lorsqu'il signifie *principalement :* nous aimons *surtout* qu'on nous flatte, c'est-à-dire nous aimons *principalement* qu'on nous flatte. ( *Omission de Noël et Chapsal.* )

464. L'usage autorise à dire indistinctement *pour moi*, je pense..., ou *quant à moi*, je pense..... Laveaux fait observer que les expressions *quant à moi, quant à lui, quant à nous*, etc., sont du style familier. Cette remarque n'est pas juste, et les faits sont là pour la condamner. (*Omission de Noël et Chapsal.*)

465. On peut dire renommé *par* ou *pour* son esprit ; renommé *par* ou *pour* sa prudence. *Renommé par* se dit généralement quand la cause du renom est constante, et ne dépend ni de la vogue ni du caprice : Plombières et Barèges sont des lieux *renommés par* leurs eaux minérales. *Renommé pour* se dit quand le renom ne tient qu'à quelques considérations particulières de goût et de fantaisie : Verdun est *renommé*

pour les bonnes dragées, Reims *pour le* pain d'épices. (*Omission de Noël et Chapsal.*)

466. *Par terre* se dit d'un corps qui touche à la terre; *à terre* se dit de tout ce qui n'y touche pas : là, près d'un Guarini, Térence tombe *à terre*. Etes-vous près d'ici, Monsieur, tombé *par terre*?

467. Etre *à la campagne*, aller *à la campagne*, c'est se trouver ou se rendre dans une habitation, une maison de campagne; être *en campagne*, aller *en campagne*, c'est voyager, c'est faire des courses hors de la ville pour ses affaires. On dit aussi dans un autre sens : mettre des amis, des espions *en campagne*, etc.

468. *Malgré* est une préposition qui doit toujours avoir pour complément un substantif : *malgré* mon intérêt, *malgré* lui, *malgré* l'intérêt général. Cependant cette préposition se construit avec *que* dans l'expression consacrée *malgré qu'il en ait*, c'est-à-dire *mauvais gré qu'il en ait*. Hors de là ce serait une faute.

469. *Songer de*, c'est avoir un songe dans le sommeil : j'avais *songé* toute la nuit *d'une dame* de Venise. *Songer à*, c'est *penser à* : ne *songez* désormais qu'à vos fautes passées. Même observation pour *rêver de*, *rêver à*.

470. En général, *c'est à vous à* éveille une idée de tour : *c'est à vous à jouer. C'est à vous de* éveille une idée de droit, de devoir : *c'est à moi d'obéir*, puisque vous commandez. Cependant les écrivains ont souvent méconnu cette nuance, et l'on ne peut les en reprendre.

471. *Il ne fait que sortir* signifie : *il sort à tout moment*; et *il ne fait que de sortir*, signifie : il n'y a qu'un moment qu'il est sorti.

472. On dit : monsieur est *à la ville*, pour indiquer qu'il n'est pas *à la campagne*; et monsieur est *en ville*, pour indiquer qu'il n'est pas chez lui.

473. Dans les phrases suivantes et autres semblables : j'aime mieux n'être plus que *de* vivre avec lui; la plupart des lecteurs aiment mieux s'amuser *que s'instruire*; on peut employer ou supprimer le *de* après *que*. La première manière est généralement préférée.

# CHAPITRE IX. — SYNTAXE DE LA CONJONCTION.

### § 1. De la place des conjonctions.

**474.** On peut dire, en plaçant la conjonction au premier membre de la période :

*Ainsi que* la vertu, le crime a ses degrés. (Racine.)

*Quand* vous me haïriez, je ne m'en plaindrais pas. (*Id.*)

*Tant que* l'on hait beaucoup, on aime encore un peu.
(Mme DE LA Suze.)

*Si* le prince est un sot, le peuple est sans génie. (Piron.)

Ou en la plaçant au second membre :

La guerre a ses faveurs, *ainsi que* ses disgrâces. (Racine.)

Je serais votre ami, *quand* même vous ne le voudriez pas.
(*Académie.*)

Je les lui promettais *tant qu'a* vécu son père. (Racine.)

Que font les toits dorés *si* l'on n'y vit en maître ? (Imbert.)

Les conjonctions ou expressions conjonctives qui peuvent se placer tantôt au premier membre d'une période, tantôt au second, sont : *pendant que, aussitôt que, de même que, cependant que, si, quand, à cause que, à moins que, de crainte que, de peur que, au cas que, sans que, tandis que, dès que, lorsque, quoique, après que, ainsi que, attendu que, en cas que, si ce n'est que, afin que, pour que, parce que, avant que, depuis que, de sorte que, jusqu'à ce que, outre que, supposé que, puisque, tant que, bien que, encore que, sitôt que, soit que, au reste, durant que, ou bien, pourvu que, vu que.*

**475.** Néanmoins, la place des conjonctions précitées dépend de celle qu'occupent les propositions où elles se trouvent. Quand une phrase est composée de deux propositions unies par une conjonction, l'harmonie et la clarté demandent ordinairement que la plus courte marche la première. On ne s'exprimerait donc ni avec grâce, ni avec harmonie en disant : on a bien de la peine à soupçonner son semblable de n'être pas honnête homme, LORSQU'on *l'est soi-même.* On ne peut haïr une religion qui ne prêche que la vertu, QUAND *on est vertueux.* A quoi bon une table servie avec somptuosité et avec profusion, PUISQUE *la nature se contente de peu?* Il faut dire : LORSQU'on *est honnête homme* on a bien de la peine à soupçonner les autres de ne l'être pas (WAILLY). QUAND *on est vertueux,* on ne peut haïr une religion qui ne prêche que la vertu (WAILLY). PUISQUE *la nature se contente de peu,* à quoi bon une table servie avec somptuosité et avec profusion? (D'OLIVET).

**476.** Les conjonctions ou expressions conjonctives qui doivent toujours se mettre entre deux membres de phrase et qui ne peuvent jamais commencer le discours, à moins qu'on ne le suppose momentanément interrompu, sont : *aussi bien, toutefois, partant, c'est pourquoi, par conséquent, cependant, mais, pourtant, c'est-à-dire, après tout, donc, sinon, à condition que, c'est à savoir, en effet, car, savoir, au surplus, sans quoi, et puis.* Exemples : il y a trois choses à consulter, *savoir ;* le juste, l'honnête et l'utile. Il a véritablement quelques défauts; *au surplus,* il est honnête homme. Je pense, *donc* Dieu existe ; *car* ce qui pense en moi, je ne le dois pas à moi-même. (LA BRUYÈRE).

**477.** Le seul mot qui se place toujours au premier membre de la période, c'est le mot *comme* employé accidentellement comme conjonction, exemple :

*Comme* il ne comprend rien, un sot fronde sans cesse.

(VOISENON.)

§ 2. Observations sur l'emploi de la plupart des conjonctions.

**478.** La conjonction *et* sert à joindre les parties similaires des phrases affirmatives; elle se place ordinairement avant la dernière partie. Exemple : *le sage* et ménager du temps et des paroles. (LAFONTAINE). Mais quelquefois on la répète par emphase. Exemple :

*Et le riche, et le pauvre, et le faible, et le fort,*
*Vont tous également des douleurs à la mort.* (VOLTAIRE.)

D'autres fois on la supprime par énergie. Exemple : tout nous trahit : la voix, le silence, les yeux.

479. La conjonction *et* ne pouvant lier que des mots de même nature, des verbes avec des verbes, des noms avec des noms, des adjectifs avec des adjectifs, etc., etc., ce serait jeter le trouble dans les idées que de l'employer pour réunir, par exemple, l'état d'un être avec sa qualité, comme dans cette phrase : *Louis XIV était roi et fier,* il faut absolument répéter, *il était.* Cette réunion imprévue forme une disparate, un choc entre deux idées, plus désagréable encore lorsque l'*et* joint un substantif avec un verbe : *vous aimez le JEU et à GAGNER,* dites : vous *aimez le jeu et le gain.*

480. La conjonction *ni* remplace *et* dans les phrases négatives : les enfants n'ont *ni* passé *ni* avenir (LA BRUYÈRE). Il ne pense *ni* ne réfléchit (ACADÉMIE).

481. Les trois manières suivantes de s'exprimer sont correctes, seulement il y a gradation dans la force négative : je ne puis les secourir *ni* les plaindre; je ne puis *ni* les secourir *ni* les plaindre; je *ne* puis point les secourir *ni* les plaindre. (*Omission de Noël et Chapsal*).

482. Dans les phrases suivantes, il est plus élégant de supprimer *pas* et *point* et de répéter *ni* : il ne cultive *pas* les lettres *ni* les sciences. Cet enfant n'est *pas* instruit *ni* modeste. Il n'agit pas lentement *ni* prudemment. Dites : il ne cultive *ni* les lettres *ni* les sciences. Cet enfant n'est *ni* instruit *ni* modeste. Il n'agit *ni* lentement *ni* prudemment.

483. Les grammairiens ont fait une règle par laquelle ils excluent *et* des phrases négatives, et veulent le faire remplacer par *ni.* Les exemples suivants et un millier d'autres que nous pourrions citer, donnent un démenti à cette règle : ils n'entendaient pas le

bruit des tambours *et* des armes (FÉNELON). Car vous ne m'épargnez guère, vous, vos bergers *et* vos chiens. (LA FONTAINE). Les animaux n'inventent *et* ne perfectionnent rien (BUFFON). Fénelon a dû employer *et* parce qu'il n'y a qu'un bruit confus formé par le tambour et les armes.

484. On peut dire : sans Bacchus *et* sans Cérès; sans lois *et* sans gouvernement ; sans retard *et* sans bruit ; ou, pour éviter la répétition de *sans* : sans gage *ni* salaire ; sans crainte *ni* pudeur ; sans force *ni* vertu. C'est à tort que quelques grammairiens prétendent que cette dernière tournure n'est permise qu'en vers. Buffon a dit : dans les rêves, les sensations se succèdent sans que l'âme les compare *ni* les réunisse. Il la trouve sans peine *ni* travail.

485. Il y a quelque différence entre : je vous défends d'ouvrir la porte *ni* la fenêtre, et je vous défends d'ouvrir la porte *et* la fenêtre. Les grammairiens ont donc tort de proscrire l'emploi de *ni* après les verbes *empêcher*, *défendre*, etc. Vertot a dit : j'empêche que, pendant le reste de l'année, on appèle quelqu'un en jugement pour cette affaire, *ni* qu'on le mette en prison. Boileau lui-même défendit :

> Qu'un vers faible y pût jamais entrer,
> *Ni* qu'un mot déjà mis osât s'y rencontrer.

486. Lorsque plusieurs verbes se succèdent, l'adverbe négatif *ne* tient lieu ordinairement de *ni* avant le premier verbe : Il *ne* boit *ni* ne mange ; je *ne* veux, *ni* ne dois, *ni* ne puis vous obéir. Quoique Bossuet ait dit : Son grand cœur *ni* ne s'aigrit, *ni* ne s'emporte contre elle, nous aimons cependant mieux dire avec tous les autres écrivains : Son grand cœur *ne* s'aigrit *ni* ne s'emporte contre elle.

487. *Ou* sert à lier des noms, des adjectifs, des verbes et des propositions. Exemples : le bonheur *ou* la vertu. On peut être quelquefois plus fort *ou* plus heureux que ses ennemis (MASSILLON). Lorsqu'on le siffle *ou* qu'on l'appèle de loin, le cerf s'arrête tout court. (BUFFON).

488. Il faut éviter avec soin de joindre par la con-

jonction *ou* deux membres de phrase dont l'un exige la négative et l'autre la rejète. Ne dites donc pas : des pays qui ont été *ou* point *ou* mal décrits. On y trouve peu *ou* point d'eau douce. Dites : des pays qui n'ont point été décrits, *ou* qui l'ont été fort mal. On n'y trouve point d'eau douce, *ou* du moins on y en trouve fort peu. Toutefois l'usage est plus puissant que les règles.

489. Ne dites pas non plus : je pardonne les taches qui proviènent *ou* de négligence, *ou* échappent à notre faible nature. Pour être exact et correct, il faut dire : je pardonne les taches qui proviènent ou de négligence *ou* de la faiblesse de notre nature : ou bien : je pardonne les taches *ou* qui proviènent de notre négligence ou qui échappent à notre faible nature.

490. La conjonction *ou* peut se répéter : il faut *ou* la perdre *ou* mourir. Messieurs, *ou* la maladie vous tuera, *ou* le médecin, *ou* bien ce sera la médecine (Mo-lière). Cette répétition ajoute à l'énergie de la phrase.

491. Quand les mots *qui, quel, lequel,* etc. accompagnent la conjonction *ou*, doit-on exprimer ou supprimer la préposition *de* avant les noms ou pronoms unis par la conjonction ? L'usage est encore partagé et permet de dire également : Lequel des deux fut le plus intrépide *de* César *ou* d'Alexandre ? ou bien : lequel des deux fut le plus intrépide, César *ou* Alexandre ? *(Omission de Noël et Chapsal).*

492. On doit dire : *lequel* vaut mieux, ou une ville superbe, ou une campagne cultivée et fertile (Féne-lon). Dites-moi, de grâce, *lequel* vous aimez mieux ou de la loi Roscia ou de cette chansonnette (Binet). Parce que les objets sont dissemblables; c'est comme si l'on disait : lequel *de ces deux objets* vaut mieux, ou une ville superbe, ou une campagne, etc. *(Omission de Noël et Chapsal).*

493. La conjonction *mais* peut ou non se répéter ; la répétition ajoute beaucoup à l'énergie de la phrase. Exemples : *mais*, qu'avez-vous fait ? *mais* encore, *mais* enfin, que dites-vous de cela ! (Académie.)

*Mais* les bois, *mais* les eaux, *mais* les ombrages frais,
Tout ce luxe innocent ne fatigue jamais. (Delille.)

**494.** Il n'est pas nécessaire de répéter le verbe après la conjonction *mais*, quoique les deux membres de phrase unis par cette conjonction ne soient pas tous les deux affirmatifs ou négatifs. Exemples : l'harmonie ne frappe pas simplement l'oreille, *mais* l'esprit. (BOSSUET.) Le flambeau de la critique ne doit pas brûler, *mais* éclairer. (FAVART). *(Omission de Noël et Chapsal)*.

**495.** *Soit* se répète ordinairement dans la même phrase, et l'on dit : *soit* raison, *soit* indifférence. Lorsque *soit* est accompagné d'un verbe, on le fait suivre de *que* : *soit qu'*il le fasse, *soit qu'*il ne le fasse pas.

**496.** Cependant, au lieu de répéter *soit*, on peut employer *ou* : *soit* les turcs *ou* les grecs ; *soit* qu'il parle *ou* qu'il écrive. C'est au choix de l'écrivain.

**497.** *Par ce que*, en trois mots, signifie *d'après ce que* ; *parce que*, en deux mots, signifie *par la raison que*. Exemples :

Vois *par ce que* je suis ce qu'autrefois je fus. (DELILLE.)

Et *parce qu'*elle meurt faut-il que vous mouriez? (RACINE.)

**498.** *A cause que* a vieilli. *Durant que, devant que,* sont hors d'usage. *Malgré que,* pour *quoique, bien que* est un barbarisme.

**499.** *Quoique*, en deux mots, signifie *quelque chose que.* Exemple :

*Quoi que* vous écriviez, évitez la bassesse. (BOILEAU.)

*Quoique*, en un mot, signifie *bien que*. Exemple :

*Quoique* à peine à mes maux je puisse résister,
J'aime mieux les souffrir que de les mériter. (CORNEILLE.)

**500.** L'*e* de *puisque* ne s'élide que devant *il, ils, elle, elles, en, un, une, on* : PUISQU'IL *le faut,* etc.

**501.** La locution conjonctive *pendant que* marque la simultanéité de deux événements, de deux choses : *pendant que* j'étais en Espagne, vous étiez en Italie. La locution conjonctive *tandis que* exprime une opposition d'action ou de temps : je me consume dans le chagrin, *tandis que* vous vous divertissez; que me servira que la Grèce m'admire, *tandis que* je serai la fable de l'Epire? ( RACINE.)

502. *En cas que, au cas que* marquent également une supposition; mais la première est moins probable que la seconde; ainsi on doit dire : *en cas que* cela s'éclaircisse un jour, et *au cas que* cela soit comme vous le dites. C'est à tort que les grammairiens disent que l'expression *en cas que* est peu en usage, et qu'il faut lui préférer *au cas que*. L'Académie dit qu'on peut très-bien employer *en cas que* et *au cas que*.

503. Il n'est plus permis de dire : *n'eût été, n'était*, au lieu de : *si ce n'eût été, si ce n'était*. Ces expressions sont bannies aujourd'hui, même du style familier.

504. Lorsqu'il y a dans une phrase deux verbes régis par les conjonctions *quand, comme, si, puisque, quoique, lorsque*, etc., on met *que* devant le second, ou bien l'on répète ces conjonctions. Exemples : *si* les hommes étaient sages, et *s'ils* suivaient les conseils de la raison, ils s'épargneraient bien des chagrins. *Si* Voltaire eût également soigné toutes les parties de son style, et *qu'il* eût plus tendu à la perfection qu'à la fécondité, il serait incontestablement le premier de nos poètes. ( PALISSOT ), etc. *Si* vous partez, et *que* vous vouliez me prendre avec vous. Ce tour, disent les grammairiens, vaut mieux que : *si* vous partiez, et *si* vous vouliez me prendre avec vous. Cette règle n'est pas tout à fait exacte : on répète le *si*, ou on met le *que*, suivant les cas. Lorsqu'il n'y a pas de liaison entre les deux propositions, il faut répéter *si*; lorsqu'il y en a, il faut mettre la conjonction *que*, qui est destinée à marquer cette liaison. On dira donc fort bien : *si* vous gagnez votre procès, et *si* vous allez dans votre pays; quand on ne veut pas marquer une liaison de conséquence entre ces deux propositions. Mais on dira : *si* vous gagnez votre procès, et *que* vous vous trouviez dans une situation avantageuse; parce qu'il y a liaison entre les deux propositions, et que l'on fait considérer l'une comme une conséquence de l'autre.

505. La conjonction *que* se met quelquefois pour *avant que* : Je ne vous quitte point *que* mon amour n'ait obtenu ce point. ( RACINE. ) La vie s'achève *que* l'on a à peine ébauché son ouvrage. ( LA BRUYÈRE. )

506. *Que*, dans les exemples suivants, tient la place de *après que* : on leur parle encore, *qu'ils* sont partis. ( LA BRUYÈRE. ) Souvent on tremble encore, *que* la foudre a cessé de gronder. ( PLANCHE. )

507. *Que* est pour *puisque*, *pourquoi*, dans : qu'avez-vous, *que* vous ne mangez point? ( BOILEAU. ) *Que* me le disiez-vous? ( ACAD. )

508. *Que* s'emploie pour *afin que* : approchez, *que* je vous parle. ( ACAD. )

509. La conjonction *que* tient lieu de la locution *depuis que*, quand on dit : il y avait déjà longtemps *que* les ordonnances du sénat le défendaient. ( BOSSUET. )

510. Dans la phrase suivante *que* est mis pour *et cependant* : les avares auraient tout l'or du Pérou, *qu'ils* en désireraient encore. ( GIRAULT-DUVIVIER. )

511. Dans les phrases suivantes, *que* signifie *à quoi*, *de quoi* :

Et *que* me sert, hélas! cet excès de faveur? (Th. CORNEILLE.)

Et *que* peut me servir le destin le plus doux? (*Id.*)

512. Enfin, *que* s'emploie aussi pour *sinon*, *si ce n'est*. Exemples :

Hélas! et qu'ai-je fait *que* de vous trop aimer? (RACINE.)

Que vois-je autour de moi, *que* des amis vendus? (*Id.*)

513. Il n'est plus permis de dire : *que je crois*, *que je pense*, pour *à ce que je crois*, *à ce que je pense*, *ou ce me semble*, *selon moi*.

514. On dit c'est un devoir *d'obliger ses amis*, et c'est un devoir *que* d'obliger ses amis. C'est peu *de posséder des richesses*; c'est peu *que* de posséder des richesses. L'usage permet dans ce cas de supprimer la conjonction *que*, c'est le goût qui en décide.

515. *Avant que de* a vieilli. On dit : *avant de* : Je le verrai *avant de partir*.

**516.** Au lieu de dire : il est pauvre, mais il ne laisse pas *que* d'être honnête homme, dites : il est pauvre, mais il ne *laisse pas d'être* honnête homme. Après *ne pas laisser*, *ne laisser pas*, les écrivains ont presque généralement supprimé la conjonction *que*.

# CHAPITRE X. — SYNTAXE DES INTERJECTIONS.

### § 1. Des interjections simples.

**517.** Il ne faut pas confondre les interjections *ah !* et *ha !* la première marque la joie, la douleur, l'admiration, l'étonnement, etc., une émotion profonde, ou qui a quelque durée. *Ha !* exprime, au contraire, un sentiment subit, l'étonnement, la surprise, l'effroi. *Ah !* que je suis heureux, *ah !* pleure, fille infortunée. — *Ha !* vous êtes dévot, et vous vous emportez ! *ha !* vous voilà. ( *Omission de Noël et Chapsal.* )

**518.** La valeur principale des interjections *eh ! hé !* est d'attirer l'attention sur ce qui va être dit ; delà leur emploi en apostrophe, en interrogation. Comme ces interjections se prononcent dans une foule de sentiments, *hé ! hé quoi ! hé bien !* conviennent mieux aux émotions violentes et instantanées ; *eh ! eh quoi ! eh bien !* aux émotions prolongées ou profondes. Exemples :

> *Eh !* qui n'a pas pleuré quelque perte cruelle ? (DELILLE.)

> *Hé !* monsieur, peut-on voir souffrir les malheureux ?
>                                             (RACINE.)
>                    ( *Omission de Noël et Chapsal.* )

**519.** *O, oh !* marquent également un sentiment d'admiration, d'exaltation ; mais *ô*, plus grave, tient à une émotion plus profonde ; il sert aussi dans l'apostrophe oratoire, et ne prend pas alors le signe de ponctuation immédiatement après lui. Exemples :

ô temps ! *ô* mœurs ! (LAFONTAINE.) *oh !* qu'il est cruel de n'espérer plus. (FÉNELON.) (*Omission de Noël et Chapsal.*)

520. *Oh !* *oh, oh !* marquent l'étonnement d'une personne qui s'avise. *Ho ! ho, ho !* marquent particulièrement une invitation de s'arrêter, d'écouter ; elle tient de la contradiction ; cette interjection sert encore à appeler. Exemples : *oh !* dit-il, qu'est-ce ceci? ma femme est-elle veuve ? (LAFONTAINE), *ho ! oh !* je n'y prenais pas garde. (MOLIÈRE). *Ho !* voilà votre mot ordinaire. (COLLIN D'HARLEVILLE.) *ho ! ho !* les grands talents que votre esprit possède ! (MOLIÈRE). *ho !* venez ici. (ACAD.)

521. *Holà* sert à appeler quelqu'un absent, ou simplement à avertir ; c'est la réunion de *ho* et de *là*, qui signifient *arrêtez-là.* Exemples : *holà* quelqu'un , *holà !* ne pressez pas tant la cadence. (MOLIÈRE). *Ho, là !* M. Bobinet, M. Bobinet, approchez-vous du monde. (MOLIÈRE.)(*Omission de Noël et Chapsal.*)

522. *Hélas !* exprime principalement la tristesse , la douleur morale ; tantôt il précède, tantôt il suit la réflexion. *Hé, là !* sert à arrêter, à réprimer, à calmer. Exemples : *hélas !* nous sommes perdus. *Hé, là !* tout doucement . *hé , là ! hé, là,* mon petit ami. (MOLIÈRE.) (*Omission de Noël et Chapsal.*)

523. *Heim* a un son moins aigu que *hein* ; il marque le sentiment qu'éprouve une personne qui s'arrête avec complaisance sur la pensée qui l'occupe , et qui cherche à en pénétrer celui à qui elle parle. *Hein* sert pour interroger ou sonder la personne à qui l'on s'adresse ; mais il ne s'emploie qu'entre gens qui ont ensemble une grande familiarité ; *hem* , dont le *m* final se fait sentir, sert pour appeler, et a de l'analogie avec *hé.* Exemples: *heim,* comme la surprise a paru naturelle! (PIRON). *hem, hem !* viens çà. (ACAD.) *hein !* qu'en dis-tu , ma fille. (COLLIN D'HARLEVILLE.) (*Omission de Noël et Chapsal.*)

§ 2. Des expressions interjectives.

524. Indépendamment des interrogations propre-

ment dites, l'homme agité d'une émotion violente, pénétré d'une idée vive, a eu recours à des signes du langage analytique, qu'il a un peu détournés de leur signification primitive, pour les rendre propres à exprimer ses affections avec rapidité et concision. Delà cette foule d'expressions interjectives, dont le discours est rempli, et qui ne sont en général que des membres de propositions elliptiques. Nous ne présenterons ici que les plus usitées.

*Miracle !* c'est-à-dire voilà un miracle, venez voir un miracle.

*Miséricorde !* c'est-à-dire j'implore miséricorde.

*Malheur* aux vaincus ! c'est-à-dire *malheur* arrivera aux vaincus, où le malheur doit arriver aux vaincus.

*Paix ! silence !* c'est-à-dire donnez-nous la paix, faites silence.

*Courage !* c'est-à-dire prenez courage.

*Grâce !* c'est-à-dire faites grâce.

*Halte là !* c'est-à-dire faites une halte là, arrêtez-vous là.

*Patience !* c'est-à-dire prenez patience.

*Ma foi !* c'est-à-dire je jure par ma foi.

*Dame !* c'est-à-dire j'en jure par notre-Dame, etc. ( *Omission de Noël et Chapsal.* )

---

# CHAPITRE XI. — REMARQUES DÉTACHÉES.

### AIDER.

**525.** *Aider quelqu'un*, c'est simplement l'assister : AIDER QUELQU'UN *de sa bourse*, l'*aider* de ses conseils, de son crédit. (ACAD.)

*Aider à quelqu'un*, c'est l'assister en partageant ses efforts, sa fatigue, son embarras : *aidez à cet* *homme à porter ce fardeau ; aidez-*LUI *à se relever ; aider à cet enfant à faire son thème.* (ACAD.) (1).

ANOBLIR, ENNOBLIR.

**526.** *Anoblir,* donner des lettres de noblesse : *il n'y a que le roi qui puisse* ANOBLIR. (ACAD.)

*Ennoblir,* rendre plus éclatant, plus illustre : *les beaux-arts ennoblissent une langue.* (ACAD.) (2).

ALLER.

**527.** Dites : *je suis allé, il est allé,* si vous voulez simplement exprimer l'action de se transporter d'un lieu à un autre, qu'il y ait retour ou non : *le public de Paris* EST ALLÉ *souvent au Tartufe.* (VOLTAIRE.)

Dites : *j'ai été, il a été,* si vous voulez désigner non l'action d'aller, mais le séjour, la station dans un

---

(1) Cette distinction qu'établissent MM. Noël et Chapsal n'est cependant pas rigoureusement observée par les écrivains, qui disent indifféremment *aider quelqu'un* et *aider à quelqu'un,* dans le sens de partager ses efforts. Exemples :

*Turenne eut l'honneur d'aider puissamment* LE PRINCE *à remporter cette victoire.* (VOLTAIRE.)

*Nos précautions elles-mêmes* LES *aident à nous conduire au piège.* (MASSILLON.)

*Aidez-*LE *à chercher la vérité.* (Id.)

*Télémaque, voyant Mentor qui lui tendait la main pour* LUI *aider à nager, ne songea plus qu'à sortir de l'île.* (FÉNELON.)

*C'est une lueur trompeuse qui* LEUR *aide à se méconnaître.* (MASSILLON.)

*Aidez-*LEUR *à trouver la lumière qu'ils n'ont pas.* (PASCAL.)

Nous ajouterons même que Voltaire regardait *aider à quelqu'un* comme une expression populaire.

(2) MM. Noël et Chapsal omettent de dire que *anoblir* s'emploie aussi au figuré : ANOBLIR *son nom par ses ouvrages.* (ACAD.) *Il faut* ANOBLIR *cette expression trop familière.* (ACAD.) *La sagesse* ANOBLIT *l'esprit.* (LA BRUYÈRE.) *Tous ces traits par les fictions* ANOBLIS. (J. B. ROUSSEAU.) *Ces terres, ces palais de vos noms* ANOBLIS. (IDEM.)

lieu ; alors il y a retour : J'AI ÉTÉ à *Lyon* ; *Lucinde* A
ÉTÉ *au temple.* (GIRARD.)

*Je fus* ne doit pas plus s'employer pour *j'allai* que
je suis pour *je vais*, dit Voltaire.

ASSURER.

528. *Assurer quelqu'un*, c'est témoigner à quelqu'un : assurez VOS PARENTS *de mon estime.*

*Assurer à quelqu'un*, c'est affirmer, c'est donner
pour sûr à quelqu'un : *Mentor assura* A TÉLÉMAQUE
*qu'il reverrait Ulysse.* (FÉNELON.) (1).

ATTEINDRE.

529. *Atteindre à quelque chose*, suppose des obstacles à vaincre : *atteindre au but, atteindre au faîte de la
gloire.* (ACAD.)

*Atteindre quelque chose*, ne suppose pas de difficulté, et se dit des choses qu'on fait pour ainsi dire malgré soi : *atteindre le terme de l'armistice ; atteindre un
certain âge.* (ACAD.) (2)

---

(1) Cette distinction, admise par MM. Noël et Chapsal, n'a pas
pour elle l'appui des faits ; car les écrivains ont employé *assurer*
avec un complément direct dans le sens d'affirmer, de donner
pour sûr. Exemples :

*Valens assura* CONSTANCE *que l'armée du tyran était en fuite.*
(BOSSUET.)

*Ceux qui se portent bien deviennent malades ; il leur faut des
gens dont le métier soit de* LES *assurer qu'ils ne mourront point.*
(LA BRUYÈRE.)

*Assurant* TOUTES LES NATIONS *que le Messie devait venir.*
(BOSSUET.)

(2) Quoiqu'en disent MM. Noël et Chapsal, on dit également
bien *atteindre un but* et *atteindre à un but.* Exemples : *Je n'ai
pas atteint* MON BUT. (LA BRUYÈRE.) On dit aussi : *Atteindre à
la perfection* et *atteindre la perfection.* Exemples : *On croyait
avoir atteint* LA PERFECTION, *quand on avait su plaire à Madame.* (BOSSUET.) *Il arriva à la médecine, comme à la philosophie, d'atteindre* À LA PERFECTION *dont elle est capable, en pro-
fitant des lumières de nos voisins.* (VOLTAIRE.)

*Atteindre* se disant des personnes, signifie *égaler*, et veut toujours un régime direct : *il est difficile d'atteindre* Lafontaine *dans l'apologue.*

### BAIGNER, COUCHER, PROMENER.

550. Ne dites pas : *je vais baigner, il va coucher, nous irons promener.* Dans ce sens, ces verbes étant pronominaux, il faut dire : *je vais* ME *baigner, il va* SE *coucher, nous irons* NOUS *promener.*

### BÉNIR.

531. Ce verbe a deux participes : *béni, bénie,* et *bénit, bénite.*

La chose *bénite* a, pour ainsi dire, changé de nature par la consécration du prêtre : du pain *bénit,* de l'eau *bénite,* ce n'est plus ni du pain, ni de l'eau ordinaire ; alors *bénit* est un véritable adjectif.

Mais toutes les fois que l'action de bénir est caractérisée, ou quand l'objet béni ne sert point à un usage religieux, on écrit *béni, bénie.* Exemples : *on distribue aux assistants un pain ordinairement* BÉNI *par un prêtre.* (Bergier) ; *vos drapeaux* BÉNIS *dans ce temps fixeront la victoire.* (Massillon) ; *l'eau que le prêtre a* BÉNIE *est* BÉNITE, etc. (*Omission de Noël et Chapsal.*)

### DÉJEUNER, DÎNER, SOUPER.

532. On dit : *déjeûner, dîner, souper* AVEC *quelqu'un,* et *déjeûner, dîner, souper* DE *quelque chose : déjeûner d'un pâté, de café,* etc. Du reste, cette distinction est contestée. (Voir l'Écho des écoles primaires).

### DISPUTER.

533. Ce verbe rejète avant lui toute espèce de pronom quand il signifie *être en débat, en dispute.* Exemples : DISPUTER *contre quelqu'un ;* ils DISPUTENT *ensemble ;* ils DISPUTENT *perpétuellement, il aime à* DISPUTER. (Académie.)

Comme verbe réfléchi, *se disputer* veut toujours un complément direct. Exemples : *se* DISPUTER *l'hon-*

neur, la *gloire*, un *héritage*, etc. *Se* DISPUTER *le pouvoir.*
(VOLTAIRE.)

ÉCLAIRER.

534. *Éclairer quelqu'un*, disent MM. Noël et Chapsal, c'est l'instruire : *les hommes qui ont de l'expérience éclairent les autres.*

*Éclairer à quelqu'un*, c'est lui faire voir clair sur son passage à l'aide d'une lumière : *éclairez à monsieur.* (ACADÉMIE.) (1)

EMPRUNTER.

535. Avec un régime indirect de personne, on dit, suivant MM. Noël et Chapsal : *emprunter à* et *emprunter de* : EMPRUNTER *une somme* DE *quelqu'un* ou À *quelqu'un.* (ACADÉMIE.) (2).

---

(1) Si *éclairer à* n'est pas une faute, c'est du moins une expression surannée, et MM. Noël et Chapsal seraient fort embarrassés de produire des exemples classiques à l'appui de la distinction qu'ils établissent. Cette distinction a d'ailleurs été attaquée, dans le Journal grammatical, par MM. Ballin, Marle, etc. Ils ont forcé leurs adversaires dans leurs derniers retranchements en citant les passages suivants :

*Dans le temps que je lui donnais cet ordre, un homme entre dans ma chambre, un flambeau à la main ; il* ÉCLAIRAIT UNE DAME *qui me parut belle.* (LE SAGE.)

ÉCLAIREZ CES DAMES *dans l'escalier.* (LE BRUN.).

*Cette chandelle* ÉCLAIRE *assez* MONSIEUR *, il n'est pas nécessaire d'en allumer une autre.* (LAVEAUX.)

*Un fallot* ÉCLAIRAIT MES COMPAGNONS *dans leur marche nocturne.* (VOLTAIRE.)

*Nous ne craindrons donc plus de dire : Éclairez monsieur,* dans le sens propre, comme dans le sens figuré, et nous ferons remarquer que la phrase citée par MM. Noël et Chapsal : *Éclairez à monsieur,* a été supprimée dans la dernière édition du Dictionnaire de l'Académie.

(2) MM. Noël et Chapsal se trompent, et l'emploi de l'une ou de l'autre préposition est si peu facultatif dans certains cas, qu'il n'est pas permis de dire autrement qu'*emprunter d'Homère.* On ne peut *emprunter* À *Homère* qui n'existe plus : *C'est d'Homère qu'il a* EMPRUNTÉ *cette pensée.* (ACAD.) *Je n'ai rien* EMPRUNTÉ *ni de Perse ni d'Horace.* (BOILEAU.)

Avec un régime indirect de chose, on ne dit qu'*emprunter de* : *les magistrats* EMPRUNTENT *toute leur autorité* DE *la justice.* (ACADÉMIE.)

### ENVIER.

536. On *envie* les choses, et l'on *porte envie* aux personnes : *il* ENVIE *le bonheur d'autrui.* (ACADÉMIE.) *Le sage ne* PORTE ENVIE *à personne.* (1).

### ESPÉRER, PROMETTRE, COMPTER.

537. Ces verbes, disent MM. Noël et Chapsal, portent à l'esprit l'idée d'une chose future; il ne faut donc pas les faire suivre d'un verbe à un temps *présent* ou *passé.* (2).

Ainsi ne dites pas : J'ESPÈRE *que Pauline se* PORTE *bien* ; *je vous* PROMETS *que je l'*AI *vu* ; *je* COMPTE *bien que vous* ÊTES *maintenant plus laborieux.* Il faut alors employer les verbes *croire, penser, se flatter, assurer,* etc.

### ET.

538. Cette conjonction, marquant addition, ne

---

(1) Cependant, l'Académie elle-même, sur laquelle s'appuient MM. Noël et Chapsal, approuve *envier quelqu'un* et cite pour exemple : *Tout le monde* L'ENVIE.

(2) Cette remarque est entièrement fausse, bien qu'elle soit de Féraud, et qu'un certain M. Bonneau l'ait qualifiée de judicieuse. Dans cette phrase : J'ESPÈRE *que Pauline se* PORTE *bien, puisque vous ne m'en parlez pas.* (SÉVIGNÉ.) Il n'y a que le verbe *espérer* qui puisse être employé ; car, non seulement madame de Sévigné pense que Pauline se porte bien, mais sa pensée est mêlée de crainte et d'espoir. Or, quel mot peut mieux rendre cette pensée que le verbe *espérer* ?

Un de nos écrivains a dit de même : *Après avoir reporté mes regards sur moi-même,* J'ESPÈRE *que je* SUIS *encore uni avec vous par une antique alliance.* Ici encore on ne peut qu'*espérer*; l'auteur n'est pas certain, il ne peut donc *croire.*

Quant à *promettre,* employé pour *attester, affirmer, assurer,* c'est certainement un barbarisme.

doit jamais, suivant MM. Noël et Chapsal, unir des expressions synonymes, parce qu'alors quoi qu'il y ait plusieurs mots, il n'y a réellement qu'une seule et même idée. Ainsi ne dites pas : *son courage et sa bravoure étonne les plus braves ; âme grande et magnanime ; un mot sublime ravit et transporte ; mais dites : son courage, sa bravoure étonne les plus braves ; âme grande, magnanime ; un mot sublime ravit, transporte* (1).

----

(1) Si cette règle, que nous donnent MM. Noël et Chapsal, est juste, que de fautes alors il y a dans nos meilleurs écrivains ! Car lisez Voltaire, Racine, Bossuet, Massillon, Bourdaloue, Bourdaloue surtout, et vous serez étonné des faits nombreux que vous trouverez en opposition avec ce principe. Nous n'en citerons que quelques-uns.

*Le* savoir - faire ET *l'*habileté *ne mène pas jusqu'aux énormes richesses.* (La Bruyère.)

*Avouons que la* force ET *le* courage *a été comme le manteau royal qui l'a parée.* (Mascaron.)

*La* gloire ET *la* prospérité *des méchants est courte.*
(Fénelon.)

*La* douceur ET *la* mollesse *de la langue italienne s'est insinuée dans le génie des auteurs italiens.* (Voltaire.)

*La* politesse ET *l'*affabilité *est la seule distinction qu'ils affectent.* (Massillon.)

Voilà pour les substantifs ; passons maintenant aux adjectifs :

*Les âmes* barbares ET inhumaines. (Pascal.)

*Sentiments d'orgueil qui corrompent d'autant plus les âmes, qu'elles sont plus* grandes ET *plus* élevés. (Bossuet.)

*Ne croyez pas que ses* excessives ET insupportables *douleurs aient tant soit peu troublé sa grande âme.* (idem.)

*Que ne puis-je vous décrire cette âme si* noble ET *si* généreuse ! (Fléchier.)

*Cet officier avait l'âme aussi* corrompue ET *aussi* artificieuse *que Sésostris était* sincère ET généreux. (Fénelon.)

*Les âmes* simples ET crédules. (Massillon.)

#### ÉVITER.

**539.** Ce verbe, disent MM. Noël et Chapsal, ne doit pas s'employer dans le sens d'*épargner* (1). Ne dites donc pas : *je vous* ÉVITERAI *cette peine*, dites : *je vous* ÉPARGNERAI *cette peine*.

#### FAIRE.

**540.** Dites : *dix et dix* FONT *vingt* et non SONT *vingt*.

Dites : *je* LES *ai fait partir*, et *je* LEUR *ai fait écrire une lettre*. Le verbe *faire*, suivi d'un infinitif, veut un complément direct, quand l'infinitif n'a pas de complément de cette nature, et un complément indirect quand l'infinitif a un complément direct.

Dites : *on l'a fait mourir*, et non : *il a été fait mourir*.

#### FIXER.

**541.** Signifie arrêter, rendre stable : FIXER *un jour*, FIXER *un inconstant*. Il n'a pas le sens de *regarder*. Ne dites donc pas : *j'ai* FIXÉ *long-temps cette personne sans pouvoir la reconnaître ; mais dites : *j'ai* REGARDÉ *long-temps cette personne*, etc. (2).

---

*Un corps* FAIBLE ET MALADE *énerve l'âme*. (VOLTAIRE.)

*Âmes* PURES ET INNOCENTES. (BOSSUET.)

Il ne nous reste plus qu'à donner des exemples des verbes.

*C'est la religion qui fait les grandes âmes ; rien ne les* EX-PLE ET *ne les* ÉBLOUIT.

(1) Si *éviter* ne doit pas s'employer pour *épargner*, *épargner* peut-il s'employer pour *éviter* ? C'est une question que nous prenons la liberté d'adresser à MM. Noël et Chapsal, qui définissent le *pronom* un mot qu'on met à la place du substantif pour en rappeler l'idée , et pour en *épargner* la répétition. (31e édition, page 46.) Il n'est pas permis de rajeunir une définition à l'aide de barbarismes ou de solécismes.

(2) Le mot *fixer* n'est point français dans le sens de *regarder fixement*, d'attacher un regard fixe sur une personne ou sur une chose ; mais c'est une de ces expresssions que l'usage devrait avoir consacrées. Ce verbe offre une des figures les plus énergiques, une des hyperboles les plus éloquentes de la langue; c'est non seulement saisir l'objet sur lequel nous portons la vue,

### FLEURIR.

**542.** Au propre, ce verbe signifie pousser des fleurs; mais, quand on l'emploie au figuré, en parlant des arts, des sciences, des empires, il fait, au participe présent, *florissant*, et au passé simultané, *florissait*; la poésie française *florissait* sous Louis XIV; alors la France était *florissante*.

### IMITER.

**543.** *Imiter l'exemple*, selon MM. Noël et Chapsal, ne se dit que d'un modèle que l'on copie trait pour trait : *imiter une exemple d'écriture*. Hors ce cas, on dit *suivre l'exemple* : *il* SUIT *l'exemple de ses ancêtres* (1).

---

c'est encore l'arrêter, le rendre immobile, nous l'approprier, l'identifier par le seul effet de nos regards, *habere in oculis*, disaient tout aussi hardiment les Latins. —

J.-J. Rousseau, Duclos, Rivarol, madame de Genlis, Diderot, Anquetil, Thiébault, etc., l'ont fréquemment employé. Chateaubriand, tout en le condamnant dans un autre, l'avait laissé échapper deux fois dans la première édition du *Génie du Christianisme*, et les termes qu'il y a substitués depuis sont bien loin de racheter le sacrifice que cet écrivain a cru devoir en faire à la correction. Il lui appartenait, il appartient à quelques hommes qui doivent à leurs talents le privilège de donner aux mots le droit de cité, d'accueillir celui-ci, dont rien ne nous offre l'équivalent. Je le recommande aux lexicographes. ( CH. NODIER, à l'occasion des vers de Delille,

> Chacun sur le damier *fixe* d'un œil avide
> Les cases, les couleurs, et le plein et le vide...
>
> D'un regard paternel *il fixait* tour à tour
> Ce peuple de héros qui devaient naître un jour.)

(1) Où MM. Noël et Chapsal ont-ils pris cette règle ? Chez les maîtres d'écriture peut-être; mais, nous l'avons déjà dit, il est ridicule de réformer un usage sur la foi d'un maître d'écriture qui ne sait pas le français. Or, lisez nos meilleurs écrivains, et vous vous convaincrez qu'ils ont dit également bien, au propre comme au figuré, SUIVRE *l'exemple*, ou IMITER *l'exemple de quelqu'un* : IMITEZ *leurs exemples*. (FLÉCHIER.) *Je ne connais personne qui ne doive* IMITER L'EXEMPLE *que je donne*.

(RACINE.)

## IMPOSER.

544. *Imposer*, disent MM. Noël et Chapsal, renferme une idée de respect, de considération, d'ascendant; *en imposer*, une idée de mensonge, de déception. *L'honnête homme qui dit franchement la vérité* IMPOSE. — *Le fripon qui cherche à se tirer d'affaire par des mensonges* EN IMPOSE (2).

---

(2) Voilà qui est bien; mais il nous semble que MM. Noël et Chapsal auraient dû faire remarquer que les écrivains ont bien rarement observé cette distinction? Que parlons-nous des écrivains? MM. Noël et Chapsal s'inquiètent-ils de ce qu'ils ont dit? Nullement. Leur unique soin est de fabriquer des règles bien sévères et de garotter la langue. Par un travers d'esprit que nous ne saurions trop attaquer, ils se posent législateurs, et viennent dire à toute une nation : *Voilà notre code*, à nous, *et il ne vous est pas permis de vous exprimer autrement!*

Quand donc finira-t-on par comprendre combien il est ridicule et dangereux de s'en rapporter, en fait de langage, à la foi des grammairiens qui s'obstinent à ne point prendre pour guides nos meilleurs écrivains?

Prouvons donc que les faits, de même que la saine idéologie, n'établissent point d'idée étrange que *en imposer* signifie *tromper*, tandis que *imposer* signifierait *imposer du respect* :

Hier, j'avais espéré de briller avec trois ou quatre vieilles femmes qui certainement ne *m'imposent* point, et je devais dire les plus jolies choses du monde.
(MONTESQUIEU.)

Tu *m'imposais* ici pour me déshonorer. (VOLTAIRE.)

Il nous accuse de lui *imposer*.
(BOSSUET.)

On craindra de vous *imposer*, quand l'imposture n'aura plus à attendre que votre colère.
(MASSILLON.)

Loin d'ici ces riches du monde qui, par des fondations qui n'ont d'autres fonds que leurs ra-

Notre fière contenance *en imposa* aux ennemis.
(PLANCHE.)

Tantôt on supposait des prodiges, mais ce moyen qui pouvait *en imposer* au peuple n'*en imposait* pas à ceux qui le gouvernaient. (J.-J. ROUSSEAU.)

Je la voyais environnée de son époux et de ses enfants; ce cortége *m'en imposait*.
(IDEM.)

Il n'y avait pas là de quoi *en imposer* au vulgaire grand et petit. (VOLTAIRE.)

Ils veulent bien plus *en imposer* aux autres et faire valoir

### MÊLER.

**545.** On dit *mêler avec*, *mêler à* et *mêler dans*.

*Mêler avec* se dit de ce que l'on confond ensemble : *mêler de l'eau* AVEC *du vin*, *du blé* AVEC *de l'orge*.

*Mêler à* veut dire joindre une chose avec une autre : *mêler les affaires* AUX *plaisirs*, *la douceur* A *l'affabilité*.

*Mêler dans* signifie inculper, comprendre dans : *mêler quelqu'un* DANS *une accusation*, *l'y comprendre*. *Ne me mêlez point* DANS *vos discours*, DANS *vos caquets.* (ACAD.) (Omission de Noël et Chapsal.)

### OBSERVER.

**546.** On ne doit pas dire : *je vous* OBSERVE *que vous vous trompez*, car *observer*, c'est considérer, remarquer, dites : *je vous fais observer que...*

### PARLER.

**547.** Selon M. Boniface et quelques autres grammairiens, *mal parler*, c'est dire du mal, et *parler mal*, c'est s'exprimer mal. Mais nous ne voyons pas pourquoi on établirait cette règle ; les écrivains n'y sont pas favorables ; cette distinction d'ailleurs ne pourrait avoir lieu qu'à l'infinitif et aux temps composés, c'est donc une exception qui a tous les temps simples pour exceptions ; c'est une subtilité. Pourquoi ne pas distinguer aussi *faire mal* et *mal faire*, *dire mal* et *mal dire*, etc.

---

piñés, veulent *imposer* à la postérité !  (FLÉCHIER.)

Je demandais Arsace , afin de
  l'opposer
Au complice odieux qui pense
  *m'imposer.*  (VOLTAIRE.)
Tu ne peux *m'imposer*, perfide ;
  ne crois pas
Évitor, l'œil vengeur attaché sur.
  tes pas.  (ID.)

leur talent, que se rendre meilleurs et plus sages.
    (J.-J. ROUSSEAU.)
Sa conduite *en impose.*
    (VOLTAIRE.
Tu *m'en imposes*, tu me subjugues, tu m'attires ; ton génie écrase le mien, et je ne suis rien devant toi.
    ( J.-J. ROUSSEAU.)

Voilà des faits irrécusables, et qui ne permettent pas le plus léger doute sur ce point. Établissez donc après cela des règles sans consulter les écrivains !

### PINCER, TOUCHER.

**548.** On dit *pincer* la harpe, la guitare, etc. ; *toucher* l'orgue, le piano, etc. Nous croyons que l'on doit préférer le régime direct, *pincer* la harpe, etc., quand l'action se passe au moment de la parole ; cette dame *pince* maintenant sa harpe ; et le régime indirect pour désigner le talent. On préfère aujourd'hui le verbe *jouer*. (*Omission de Noël et Chapsal.*)

### CE QUI PLAÎT.

**549.** Dites : donnez-moi ce *qu'il vous plaît* (sous-entendu *me donner*), et non *ce qui vous plaît*, car cette dernière locution signifie *ce qui vous est agréable*.

### RAPPELER.

**550.** Ce verbe est actif, et veut un complément direct ; dites : *je me rappèle* CELA, *je me* LE *rappèle*, et non : *je me rappèle* DE CELA, *je m'*EN *rappèle*.

### RESSORTIR.

**551.** Quand ce verbe signifie *sortir une seconde fois*, il se conjugue comme *sortir* ; quand il signifie *être du ressort d'un tribunal*, il se conjugue comme *finir*. On dit : *Ressortant* d'un lieu, *ressortissant* à un tribunal.

### RÉUNIR.

**552.** Dites : Caton RÉUNISSAIT *la vaillance et la sagesse*, ou : Caton UNISSAIT *la vaillance à la sagesse*. On réunit plusieurs choses ensemble, on unit une chose à une autre.

### SAIGNER DU NEZ.

**553.** C'est perdre du sang par le nez, par hémorrhagie ; au figuré, c'est manquer de résolution. *Saigner au nez*, c'est perdre du sang par une blessure faite au nez, de même que *saigner à la tête, au genou*, etc. MM. Noël et Chapsal condamnent cette dernière expression ; il nous semble qu'ils ont tort.

### SUPPLÉER UNE CHOSE.

**554.** C'est ou ajouter cette chose, ou la remplacer

par l'équivalent : *s'il manque quelque chose, je* LE SUP-
PLÉERAI. (ACAD.) *Suppléer* A *une chose*, c'est en réparer
le défaut par une autre chose jugée susceptible de
produire le même effet : *dans la dispute, les injures*
*suppléent aux bonnes raisons.*

Ceci bien compris, on dira : la pomme de terre
*supplée au blé* quand il manque ; mais la pomme de
terre ne pourrait suppléer *le blé*, c'est-à-dire ne pourrait le remplacer tout-à-fait en tout temps.

### TÉMOIN.

**555.** La diction dépend de la grammaire, *témoin les*
beaux vers de Corneille. (VOL.) *Témoin* est ici invariable par gallicisme. Il prit les dieux et les hommes
à *témoin*. (VERT.) *A témoin* est une locution adverbiale, invariable ; mais *témoin* varie dans cette phrase:
je vous prends pour *témoins*.

### TOUS DEUX, TOUS LES DEUX.

**556.** M. Sicard a dit, et beaucoup de grammairiens, entre autres MM. Noël et Chapsal, ont répété :
*tous deux signifie ensemble, l'un avec l'autre*, en même
temps, et *tous les deux* signifie *l'un et l'autre*, mais
non en même temps. Nous avons trouvé tous les écrivains contraires à cette futile distinction ; ils emploient indifféremment les deux locutions dans les
mêmes cas.

## CHAPITRE XII. — DES FIGURES DE GRAMMAIRE.

**557.** On reconnaît en grammaire neuf figures de
construction : l'*ellipse*, le *pléonasme*, la *syllepse*, l'*in-*
*version*, l'*extension*, la *métaphore*, l'*énumération*, l'*at-*
*traction*, et le *gallicisme*.

### § 1. De l'ellipse.

**558.** L'*ellipse* supprime certains mots nécessaires
à la construction de la phrase pour la rendre pleine
et entière, mais inutiles au sens, parce que ceux qui
sont énoncés, les font aisément suppléer. Dans ces

phrases : qui l'a fait roi ? — *La victoire*. Que vouliez-
vous qu'il fît contre trois ? — *Qu'il mourût*. *Coupable*,
je t'aimais ; *malheureux*, je te sers : il y a ellipse. En
effet, pour que ces constructions soient pleines, on
voit qu'elles ont besoin d'être complétées : Qui l'a fait
roi ? — *La victoire*, c'est pour *la victoire* l'a fait roi.
Que vouliez-vous qu'il fît contre trois ? — *Qu'il mourût*, c'est-à-dire : je voulais qu'il mourût. *Coupable*,
je t'aimais ; *malheureux*, je te sers ; c'est pour : lorsque tu étais coupable, je t'aimais ; maintenant que
tu es malheureux, je te sers.

559. Pour qu'une ellipse soit bonne, il faut qu'elle
soit telle que celui qui lit ou qui écoute, entende si aisément le sens, qu'il ne s'aperçoive seulement pas
qu'il y ait des mots supprimés dans ce qu'il dit ou
dans ce qu'on lui dit. Toute ellipse qui rend le sens
louche ou équivoque est vicieuse ; telle est celle-ci :

> J'eusse été près du Gange esclave des faux dieux,
> Chrétienne dans Paris, *musulmane* en ces lieux.
>
> (VOLTAIRE.)

Dont le sens semble être : *j'eusse été chrétienne dans
Paris, j'eusse été musulmane en ces lieux*, tandis que
le sens véritable est : *j'eusse été chrétienne dans Paris,
je suis musulmane en ces lieux*.

### § 2. Du pléonasme.

560. Le *pléonasme* est le contraire de l'ellipse ; c'est
une surabondance de mots qui pourraient être re-
tranchés sans qu'à la rigueur le sens en souffrît,
comme dans ces phrases : je l'ai vu *de mes yeux* ; je
l'ai entendu *de mes oreilles*.

561. Pour qu'un pléonasme soit bon, il faut qu'il
soit autorisé par l'usage, et il est autorisé par l'usage
toutes les fois qu'il ajoute à la phrase plus de grâce,
de netteté ou d'énergie ; au contraire, il doit être
rejeté comme un vice, ou du moins comme une négligence, lorsqu'il n'est qu'une redondance stérile
de mots qui affaiblissent la pensée. Tels sont les
pléonasmes suivants : il faut s'*entr'aider mutuellement* ;
il m'a *comblé de mille éloges* ; il n'a *seulement qu'à se*

montrer; il y eut une *tempête orageuse*, que ce souvenir doit vous être *bien doux*. Pour être correct, on doit dire : il faut *s'entr'aider*; il m'a *comblé d'éloges*; *il n'a qu'à* se montrer; il y eut une *violente tempête*; *que* ce souvenir doit vous être doux, *ou combien* ce souvenir doit vous être doux.

### § 3. De la syllepse.

562. La *syllepse* est une figure par laquelle les mots se mettent en rapport avec les vues de l'esprit plutôt qu'avec les règles de la construction usuelle. Cette figure est plus commune dans notre langue qu'on ne le pense. Nous citerons des exemples suivants :

> *Le reste* pour son Dieu montre un oubli fatal,
> Et blasphème le nom qu'ont invoqué *leurs pères*.
> (RACINE.)

> Se déchaîne une ardente et vile *populace*.
> La haine arme *leurs bras*.  (DELILLE.)

> *Tout le peuple* au devant court en foule avec joie;
> *Ils* bénissent le chef que Madrid leur envoie. (VOLTAIRE.)

> *Entre le pauvre* et vous, vous prendrez Dieu pour juge;
> *Vous souvenant*, mon fils, que, caché sous ce lin,
> Comme *eux* vous fûtes pauvre, et comme *eux* orphelin.
> (RACINE.)

La construction grammaticale exigerait dans ce dernier exemple, *comme lui*, puisque le pronom se rapporte au substantif *pauvre*. Mais le poète, frappé de l'idée d'une multitude de pauvres, est entraîné par sa pensée, et l'expression est en rapport non avec ce qu'il a dit, mais avec ce qui occupe entièrement son esprit.

### § 4. De l'inversion.

563. L'*inversion* consiste à déplacer les mots de l'ordre naturel, qui veut qu'on énonce d'abord le sujet, ensuite le verbe, puis le régime direct, etc. Exemples : vous êtes *de nos rois* et la fille et la mère; fuyez *d'un doux poison* l'amorce enchanteresse. Dangereux à lui-même, à ses voisins terrible, la cons-

truction directe serait : vous êtes la fille et la mère
*de nos rois,* fuyez l'amorce enchanteresse *d'un doux
poison;* dangereux à lui-même, terrible *à ses voisins.*
L'inversion donne beaucoup de vivacité au discours,
en offrant d'abord à l'attention l'objet qui peut attirer l'esprit avec le plus de force et d'intérêt.

### § 5. De l'extension. (*Omission de Noël et Chapsal.*)

**564.** Quand on dit : les femmes ont coloré leur visage, quand les *roses* de leur teint se sont flétries. On
les voit aussi *rampants,* qu'ils ont été hautains. Des
corps de Russes *voltigeant* dans ces quartiers, ren-
daient la marche dangereuse. Et la vigne flexible et
le lierre aux cent mains, autour de ces débris *ram-
pant* avec souplesse...., on compare les *roses* du teint
aux *roses* naturelles. on fait *ramper* les hommes,
*ramper* la vigne et le lierre, *voltiger* des corps de Russes. C'est par extension.

### § 6. De la métaphore.

**565.** Il y a cette différence entre la métaphore et
l'extension que celle-ci se dit du mot qu'on détourne
de sa signification naturelle pour lui en donner une
de convention, propre à frapper l'esprit, et à former
une image qui n'est plus la réalité ; tandis que la
métaphore s'applique plutôt au sens qu'aux mots. Il
en résulte que le nom *d'extension* convient mieux à
la grammaire que celui de *métaphore. Comme une clé
ouvre la porte d'un appartement, et nous en donne l'entrée ; de même il y a des connaissances préliminaires qui
ouvrent, pour ainsi dire, l'entrée aux sciences plus profondes.* Ces connaissances des principes sont appelées
*clés* par métaphore : la grammaire est la *clé* des
sciences, la logique est la *clé* de la philosophie.

### § 7. De l'énumération. (*Omission de Noël et Chapsal.*)

**566.** Quand plusieurs mots, soit sujets, soit compléments, sont placés sur la même ligne, ils forment
une *énumération.* Exemples : il paraît sans *flambeau,*
sans *flèches,* sans *carquois.* Ce *tonnerre,* ces *feux,* ce

[...] annonçaient à Valois [...]
[...].

§ 8. De l'attraction. (*Omission de Noël et Chapsal.*)

567. Quand l'esprit est préoccupé d'un mot, quand il s'y arrête plus particulièrement, ce mot agit sur ceux qui le suivent et les attire dans sa sphère de nombre et de personne ; c'est ce qu'on appèle *attraction*. Les exemples suivants offrent une preuve de cette figure : Je ne suis géant ni sauvage, mais chevalier errant, qui *rends* grâces aux dieux d'avoir trouvé un objet si charmant. — Ce sera vous qui de nos villes *feras* refleurir la beauté. — Serait-ce bien moi qui me *tromperais?*

§ 9. Du gallicisme.

568. On entend par *gallicisme* toute manière de parler propre à la langue française, sans analogie avec les expressions d'une autre langue. Telles sont les suivantes : *le voilà bien ; il y va de ma vie. — J'ai beau faire et beau dire. — Vous n'en avez pas les gants,* etc.

---

# CHAPITRE XIII. — DE LA PROPOSITION.

### § 1. De la proposition en général.

569. Une *proposition* est l'énonciation de deux idées comparées entre elles.

570. La proposition n'annonce pas toujours un jugement, ainsi que l'ont avancé à tort MM. Noël et Chapsal. Quand je dis : *le lion est courageux,* j'énonce une proposition qui exprime un jugement ; mais si je dis : *Ernest est-il sage?* je forme aussi une proposition, et pourtant je suis loin d'exprimer un jugement. *Ernest, sois sage,* est encore une proposition qui est loin d'exprimer un jugement ; je doute même de la sagesse d'Ernest.

571. Il n'y a guère que les propositions formées de l'un des temps du mode *indicatif* qui expriment un

jugement ; les autres modes, *conditionnel*, *impératif* et *subjonctif*, ne présentant soit l'état, soit l'action du sujet que d'une manière douteuse, ne peuvent servir à l'expression d'un jugement. La proposition *interrogative* n'est pas non plus l'expression d'un jugement ; je suis loin d'en exprimer un quand je dis : *votre frère viendra-t-il ?* je cherche au contraire à l'asseoir.

572. Un *jugement* est l'acte de l'esprit qui juge ; c'est prononcer affirmativement sur la convenance ou la disconvenance des idées ; ou plutôt, c'est assurer qu'une chose *est* ou *n'est pas*. Quiconque parle sans avoir examiné ce qu'il dit, s'expose à dire une chose pour une autre ; et dans ce cas, il porte un *faux jugement* : car, avant de dire que *le lion est courageux*, je dois peser dans mon esprit si la qualité de *courageux* convient au *lion*.

573. Il y a deux sortes de jugements : le POSITIF, comme : *le lion est courageux*, et le NÉGATIF, comme : *le lion n'est pas timide.*

574. Il y a dans une phrase autant de propositions qu'il y a de verbes à *mode personnel*.

575. Tout verbe qui est à l'un des modes *indicatif*, *conditionnel*, *impératif* ou *subjonctif*, ou plutôt tout temps de verbe que l'on peut conjuguer, est à *mode personnel*. *L'infinitif* est le mode *impersonnel* (1).

§ 2. Des parties de la proposition.

576. Considérée grammaticalement, la proposition a autant de parties qu'elle a de mots. Considérée lo-

---

(1) Plusieurs grammairiens ont avancé que *l'infinitif* forme le verbe et l'attribut d'une proposition, dont le sujet est sous-entendu ; ainsi, suivant eux, *je veux m'habiller* formerait deux propositions : la première, *je veux*, et la seconde, *moi habiller moi*, ou *moi être habillant moi*. Nous croyons ce système tout-à-fait mauvais ; en effet, comment ces mêmes grammairiens analyseraient-ils : *Il vient de finir d'écrire, il a négligé son devoir, il faudra le lui faire refaire*, etc. Cette analyse serait si minutieuse et si difficile, que les bons grammairiens l'ont écartée, et n'ont reconnu de proposition que dans les verbes à *mode personnel*.

gnement, elle n'en renferme que trois : le sujet, le verbe et l'attribut.

577. Le *sujet* est l'objet principal de la pensée : *le sucre est doux* ; *sucre* est l'objet principal de la pensée : voilà le sujet.

578. L'*attribut* exprime la qualité ou la manière d'être attribuée ou refusée au sujet : *Dieu est juste.* *Juste* est l'attribut, parce que c'est la qualité que j'attribue à *Dieu.* *Le menteur n'est pas estimable.* *Estimable* est l'attribut, parce que c'est la qualité que je refuse au *menteur.*

579. Le *verbe* est le mot qui unit l'attribut au sujet ; il en marque la convenance ou la disconvenance, c'est-à-dire qu'il indique que la qualité exprimée par l'attribut convient ou ne convient pas au sujet. *Le soleil est brillant.* Ici le mot *est* unit également le mot *brillant* au mot *soleil*, et en marque la convenance. Quand je dis : *le soleil n'est pas brillant*, le mot *est* unit également le mot *brillant* au mot *soleil* ; mais il en marque la disconvenance au moyen des mots *ne*, *pas.* Le mot *est*, signe de l'existence, est indispensable. En effet, si au lieu de dire : *Dieu est juste*, je dis seulement : *Dieu juste*, je m'expose à n'être pas parfaitement compris, parce que je n'exprime pas d'une manière explicite la liaison que j'aperçois entre *Dieu* et *juste.* Mais, si j'ajoute le mot *est*, et que je dise : *Dieu EST juste*, on comprend aussitôt que je juge que *Dieu* existe avec la qualité de *juste.*

§ 3. Des différentes énonciations du sujet, de l'attribut et du verbe.

580. On peut énoncer le sujet de trois manières : 1° par un *substantif* ou une expression quelconque prise *substantivement* ; 2° par un *pronom* ; 3° par un *infinitif.* Exemples :

*Dieu* est puissant.
*Il* est miséricordieux.
*Mentir* est un vice.
*Le juste* sera récompensé.

581. On peut énoncer l'attribut de six manières :

1° par un *substantif*; 2° par un *adjectif*; 3° par un *pronom*; 4° par un *participe présent*; 5° par un *participe passé*; 6° par un *infinitif*. Exemples :

> La prudence est *une vertu*.
> Dieu est *bon*.
> C'était *lui*.
> La terre *tourne* (pour est *tournant*).
> Adam a été *créé* par Dieu.
> Souffler n'est pas *jouer*.

582. On peut énoncer le verbe par une des formes du verbe *être*, soit simple : *Dieu* EST *juste*; soit composée : *il* A ÉTÉ *adoré*; soit combinée avec l'attribut : *il* ENTEND *tout* (pour *il est* ENTENDANT *tout*.)

583. Le verbe *distinct* est le verbe *être*, comme :

> Joséphine *est* morte.
> Paul *fut* blessé.
> Ernest *sera* grand.
> Les ennemis *ont été* vaincus.

584. Le verbe *composé* ou *attributif* est l'un des verbes des quatre conjugaisons, comme :

> La terre *tourne*, c'est-à-dire *est tournant*.
> Le soleil *brille*, c'est-à-dire *est brillant*.
> Il *battit* son frère, c'est-à-dire il *fut battant* son frère.
> Vous *étudierez* bien, c'est-à-dire vous *serez étudiant* bien.

C'est parce que ces verbes remplacent l'attribut, qu'on les appèle verbes *attributifs* (1).

§ 13. Des différentes sortes de sujets et d'attributs.

585. Il y a quatre sortes de sujets :
1° le sujet *simple*;
2° le sujet *composé*;

----

(1) Il faut cependant observer que cette décomposition ou analyse se fait uniquement pour démontrer que l'esprit voit le verbe *être* et un *attribut* combinés dans les verbes attributifs. En effet, *l'enfant aime* ne signifie pas précisément la même chose que *l'enfant est aimant* : *l'enfant aime*, c'est-à-dire : l'enfant fait l'action d'aimer; *l'enfant est aimant*, c'est-à-dire a une disposition naturelle à aimer. (Voir ce que nous avons dit de cette décomposition à l'article du verbe.)

3° le sujet *grammatical* ou *incomplexe* ;
4° le sujet *logique* ou *complexe*.

**586.** Le sujet est *simple*, quand il n'indique qu'un seul être, ou des êtres de même espèce pris collectivement. Exemples :

> Le *chien* est fidèle.
> Les *chiens caniches* sont fidèles.
> La *vertu* est préférable aux richesses.
> Les *hommes* sont faibles.

**587.** Le sujet est *composé*, lorsqu'il indique des êtres d'espèce différente, et à chacun desquels se rapporte l'attribut. Exemples :

> La *colère* et l'*orgueil* sont des vices.
> Le *lion* et le *tigre* sont cruels.

**588.** Le sujet est *grammatical* ou *incomplexe*, quand il n'a pas de complément et qu'il n'est pas modifié, c'est-à-dire quand il est réduit à sa plus simple expression. Exemples :

> Le *soleil* est lumineux.
> La *terre* tourne.
> *Dieu* est puissant.
> *Il* est éternel.
> *Mon vœu* est accompli.

Ici le sujet est réduit à sa plus simple expression, c'est-à-dire qu'il n'est modifié par aucune espèce de complément.

**589.** Le sujet est *logique* ou *complexe*, lorsqu'il est modifié, qu'il a un complément qui sert à l'expliquer ou à le déterminer. Exemples :

> Les BELLES *contrées* DE FRANCE furent envahies en 1814.
> Le *bonheur* DES MORTELS dure peu.
> Les HAUTES *montagnes* DE LA SUISSE sont imposantes.
> L'*amour* MATERNEL est bien grand.
> L'*amour* ENVERS NOS PARENTS est un devoir.
> L'*amour* QU'ON LUI TÉMOIGNE est sincère.

**590.** Il y a quatre sortes d'attributs : l'attribut *simple*, l'attribut *composé*, l'attribut *grammatical* ou *incomplexe*, l'attribut *logique* ou *complexe*.

**591.** L'attribut est *simple* quand il ne donne qu'une qualité au sujet. Exemples :

> Dieu est *puissant.*
> Ces élèves sont *studieux.*
> Le soleil *brille* (est *brillant*).
> Le ciel est *pur.*

**592.** L'attribut est *composé* quand il donne plusieurs qualités au sujet. Exemples :

> Dieu est *juste* et *tout-puissant.*
> Il est *bon* et *miséricordieux.*
> Le soleil *éclaire* et *échauffe* (est *éclairant* et est *échauffant*).

**593.** L'attribut est *grammatical* ou *incomplexe,* quand il est réduit à sa plus simple expression, c'est-à-dire quand il n'a pas de complément qui le modifie. Exemples :

> La vertu est *heureuse.*
> Dieu est *bon.*
> Il est *miséricordieux.*
> Le soleil est *brillant.*

**594.** L'attribut est *logique* ou *complexe* lorsqu'il est accompagné de mots qui servent à l'expliquer, à le modifier, et qui le complètent. Exemples :

> Dieu est *souverainement bon.*
> Il est bon *envers tous les hommes.*
> Le soleil est *lumineux, même en hiver.*
> La gloire de l'homme *consiste dans la vertu.*
> Il *déposa les offrandes sur l'autel.*

### § 4. Des différentes sortes de propositions.

**595.** Il y a deux sortes de propositions : la proposition *principale* et la proposition *incidente.*

**596.** La proposition *principale* est celle qui occupe le premier rang dans la pensée de celui qui écrit ou qui parle ; c'est d'elle que dépendent les autres propositions. Exemple :

> L'or est souvent la cause de nos malheurs ; cependant nous le recherchons toujours avec avidité.

*L'or est souvent la cause de nos malheurs,* est une proposition principale ; c'est en elle que se trouve le

sens principal de la phrase, le reste n'est qu'accessoire.

597. Il y a deux sortes de propositions principales :
la principale *absolue*, la principale *relative*.

598. La proposition *principale absolue* est celle qui,
par elle-même, a un sens complet. Elle est généralement la première énoncée. Exemple : *Dieu existe :
tous les peuples reconnaissent son existence, lors même
qu'ils vivent encore dans l'état le plus sauvage.* La proposition *Dieu existe* est PRINCIPALE ABSOLUE, parce
qu'elle renferme le sens principal de la phrase, qu'elle
est la première énoncée, et qu'elle a un sens complet;
*tous les peuples reconnaissent son existence* est une PRIN-
CIPALE RELATIVE, parce qu'elle renferme le sens principal de la phrase, et parce qu'elle est liée à la proposition principale absolue : *Dieu existe.* Il ne peut y
avoir dans une phrase qu'une proposition principale
absolue.

599. On appèle *proposition incidente* toute proposition qui complète le sujet ou l'attribut, et qui commence par un pronom relatif ou par une conjonction.
Exemples :

*Rome, qui a été jadis la capitale du monde politique, est
maintenant la capitale du monde chrétien.*

*L'hypocrisie est un hommage que le vice rend à la vertu.*

*Qui a été jadis la capitale du monde politique* est une
proposition incidente : 1° parce qu'elle commence par
le pronom relatif *qui*; 2° parce qu'elle complète le
sujet *Rome.*
*Que le vice rend à la vertu* est une incidente : 1° parce
qu'elle complète l'attribut *hommage*; 2° parce qu'elle
commence par un *que* conjonctif.

600. Il y a deux sortes de propositions incidentes :
l'incidente *déterminative* et l'incidente *explicative*.

601. La proposition *incidente déterminative* est ajou-
tée au sujet ou à l'attribut d'une autre proposition,
pour le compléter d'une manière indispensable. On
ne peut la retrancher sans dénaturer ou détruire le
sens de la proposition qu'elle complète; ainsi l'ab-

sence de la proposition *incidente déterminative* nuirait à l'expression de la pensée. Exemples :

> Je sais *que Dieu est juste.*

> La gloire *qui vient de la vertu* est préférable à celle *qui s'ac-*
> quiert par les armes.

La proposition *que Dieu est juste* est une incidente déterminative ; on ne pourrait la retrancher sans nuire au sens de la proposition *je sais.*

Dans le second exemple, si l'on supprimait la proposition *qui vient de la vertu,* la phrase n'aurait plus de sens.

602. La proposition *incidente explicative* est celle qui est liée au sujet ou à l'attribut d'une manière sépara- ble ; elle sert à en expliquer le sens : elle peut être supprimée sans nuire au sens de la phrase. Exemples :

> Le lion, *qui est un animal féroce,* est sensible à de bons procédés.

> Les Phéniciens, *qui attendaient le vent,* paraissaient impa- tients de continuer leur navigation.

On peut, sans nuire au sens de ces deux phrases, supprimer les propositions incidentes : *qui est un ani- mal féroce, qui attendaient le vent.*

§ 5. De la proposition directe et de la proposition inverse.

603. Relativement à la construction des parties qui doivent entrer dans la composition de la proposition, elle est *directe* ou *inverse.*

604. La proposition est *directe* quand les parties qui la composent se succèdent selon l'ordre grammatical, c'est-à-dire lorsque le *sujet* est énoncé en premier lieu, ensuite le *verbe,* puis *l'attribut.* Exemples :

> Dieu est juste.
> L'amour de Dieu est infini.
> L'erreur est la nuit de l'esprit.
> L'homme vertueux brave l'envie.

605. La proposition est *inverse* lorsque les parties dont elle se compose ne sont point placées selon l'ordre

grammatical que nous venons d'indiquer pour la proposition directe. Exemples :

> Est-*il* heureux ?
> Puissant est *le Seigneur*.
> Au-delà de la tombe est placé *son empire*.

Pour convertir ces propositions inverses en propositions directes, il faudrait dire :

> *Il* est heureux.
> *Le Seigneur* est puissant.
> *Son empire* est placé au-delà de la tombe.

§ 6. De la proposition pleine et de la proposition elliptique.

606. Relativement à la totalité des parties qui doivent entrer dans la composition de la proposition, elle est *pleine* ou *elliptique*.

607. La proposition est *pleine* quand aucune de ses parties (sujet, verbe et attribut) n'est omise. Exemples :

> Dieu est juste.
> Le soleil brille.
> La neige est blanche.

Ici les trois parties de la proposition sont énoncées. *Dieu*, sujet ; *est*, verbe ; *juste*, attribut. — *Le soleil*, sujet ; *est*, verbe, *brillant*, attribut.

608. La proposition est *elliptique* quand il lui manque une ou plusieurs de ses parties. Exemples :

> *Sois* juste.
> Il est plus riche qu'*instruit*.
> La maison est *en cendres*.
> Quand viendrez-vous ? — *Demain*.

Ces propositions ne sont pas complètes ; elles sont des abrégés des suivantes :

> (*Toi*) sois juste.
> Il est plus riche (*qu'il n'est*) instruit.
> La maison est (*réduite*) en cendres.
> Quand viendrez-vous ? (*Je viendrai*) demain.

### §. 7. De la phrase.

**609.** Une *phrase* est un assemblage de mots présentant un sens complet.

> La voix de l'univers, c'est mon intelligence. (LAMARTINE.)

Cet assemblage de mots présente un sens complet; c'est une phrase.

> Mon intelligence est la voix de l'univers.

Cette nouvelle construction ne change absolument rien au sens; c'est donc la même proposition, mais c'est une autre phrase.

**610.** Il ne faut pas confondre la *phrase* avec la *proposition*. L'expression d'une pensée est phrase ou proposition : considérée sous le rapport de la quantité et de l'arrangement des mots, elle prend le nom de *phrase*; considérée relativement à ses termes, *sujet, verbe et attribut,* elle prend celui de *proposition.* Si au lieu de : *l'esprit lasse aisément, si le cœur n'est sincère,* je me borne à dire : *l'esprit lasse aisément,* j'énonce une pensée; mais le sens n'est point achevé : il y a une proposition et non une phrase. En ajoutant : *si le cœur n'est sincère,* j'énonce une seconde pensée qui complète le sens de la première; alors il y a une phrase.

Ces mots : *l'esprit lasse aisément, si le cœur n'est sincère,* forment donc deux propositions, et une seule phrase.

### §. 8. De la période.

**611.** La période est un assemblage de phrases qui concourent au développement d'une pensée principale. Cette phrase : *plus on est élevé, plus on court de dangers,* est composée de deux parties, et le sens en est suspendu jusqu'au second *plus,* où commence la partie principale : c'est une PÉRIODE. Cette autre phrase :

> Ton Dieu que tu trahis, ton Dieu que tu blasphèmes,
> Pour toi, pour l'univers, est mort en ces lieux mêmes.
> ( VOLTAIRE.)

est composée de trois parties, et le sens en est susspendu jusqu'aux mots *pour toi*, où commence la partie principale : c'est encore une PÉRIODE.

612. Les divisions de la période prennent le nom de *membres*. Il y a des périodes à deux, à trois, à quatre et même à cinq membres.

Cette phrase : *plus on est élevé, plus on court de dangers*, a deux membres.

Celle-ci en a trois :

Ton Dieu que tu trahis, ton Dieu que tu blasphêmes,
Pour toi, pour l'univers, est mort en ces lieux mêmes.

Celle qui suit en a quatre :

Si la loi du Seigneur vous touche,
Si le mensonge vous fait peur,
Si la justice en votre cœur
Règne aussi bien qu'en votre bouche,
Parlez, fils des hommes, pourquoi
Faut-il qu'une haine farouche
Préside aux jugements que vous portez sur moi ?
(J.-B. ROUSSEAU.)

---

# CHAPITRE XIV. — DE LA PONCTUATION.

### § 1. Génie de la ponctuation.

613. La ponctuation est l'art de distinguer par des signes reçus les parties des phrases entre elles, de manière à empêcher toute confusion. Les pauses que l'on fait dans la même intention en lisant, sont réglées sur les signes de ponctuation. Ces signes sont : le *point*, le *point interrogatif*, le *point admiratif*, les *deux points*, le *point-virgule* et la *virgule*. On peut y ajouter des *points suspensifs* (.....), le *trait de séparation* (-), la *parenthèse* () et les *guillemets* (« »).

614. Le premier soin qu'on doit avoir lorsqu'on ponctue, dit le judicieux Lemare, c'est de reconnaître où il faut mettre le *point*. Ce n'est qu'après cette première séparation d'une phrase d'avec celle qui la

suit par le moyen d'un *point*, qu'on peut songer à employer tel ou tel autre signe : tout dépend de cette première délimitation. Tracez ces premières limites d'une manière franche, mettez le point partout où l'enchaînement des mots cesse ; ne craignez point de les trop multiplier. Une ponctuation un peu forte soulage l'esprit et ne nuit point au sens ; car le *point* placé entre deux phrases n'est point une si grande barrière qu'on ne puisse ensuite apercevoir l'espèce de relation qu'elles ont entre elles. Il y a des auteurs qui volontiers ne mettraient le point qu'à la fin du chapitre. Alors, dans un si vaste assemblage de mots, comment reconnaître leurs différentes sortes d'enchaînement, et pouvoir marquer tous les degrés de subordination ? C'est l'impossible qu'on a entrepris, et il faut nécessairement qu'on succombe. Combien il est plus naturel et plus proportionné à notre faiblesse de faire cesser la chaîne où en effet la construction idéologique montre qu'elle finit !

### § 2. Division de la phrase.

615. Le point une fois placé, il faut voir si l'on peut ou si l'on ne peut pas diviser la phrase.

Par exemple, celle-ci :

Il y a des styles qui portent le nom de *styles personnels*.

ne présente qu'une série d'anneaux successifs, qui ne forment qu'un tout indivisible. Cette phrase n'est donc pas susceptible d'être divisée, ni par conséquent de recevoir dans son intérieur aucun signe de ponctuation.

616. Mais il n'est pas de même de la phrase suivante :

J'aime trois sortes de styles : { le style rapide, qui émeut, entraîne ; le style pittoresque, qui présente vivement les objets ; et le style méthodique, qui marche toujours avec ordre.

On voit que cette phrase se coupe naturellement en deux grandes parties, savoir :

La première, *j'aime trois sortes de styles;*
La seconde, *le style rapide*, etc.

Mais cette seconde se sub- ( le style simple , etc.
divise en trois branches, } le style pittoresque, etc.
savoir : ( le style méthodique , etc.

Chacune de ces branches se divise encore en ra-
meaux

617. On a vu que pour marquer la première division, celle de la phrase en deux parties, on a mis les
*deux points*; qu'on a séparé les premières subdivisions
par le *point-virgule*; et les secondes subdivisions par
la *virgule*.

Ainsi tous les signes graduels de la ponctuation
ont été employés dans la même phrase : ce qui arrivera toujours lorsqu'il y aura division, subdivision et
arrière-subdivision.

618. Les *deux points* annoncent toujours ces trois
coupes graduelles.

Mais quand il n'y a que division et subdivision,
le *point-virgule* et la *virgule* suffisent pour les marquer.

Quand il n'y a qu'une division on n'a plus besoin
que de la *virgule*.

DES DIFFÉRENTS SIGNES DE PONCTUATION.

§ 3. De la virgule.

619. La virgule indique la plus petite pause; on
l'emploie pour séparer les parties semblables d'une
phrase : comme la *proposition*, les *sujets*, les *attributs*,
les *compléments* et en *énumération*. Exemples :

On se menace, on court, l'air gémit, le fer brille.
(VOLTAIRE.)

Ils font de vains efforts, ils crient, ils s'irritent.
(J.-J. ROUSSEAU.)

Il sait régler ses goûts , ses travaux , ses plaisirs.
( VOLTAIRE. )

L'oncle, la sœur, la tante , le beau-père,
Ne brillaient pas parmi les beaux-esprits.      (IDEM.)

Les habitants de l'île étaient doux, honnêtes, affables, prévenants. (FÉNELON.)

**620.** On place la virgule avant et après toute partie de phrase qu'on peut retrancher sans dénaturer l'idée principale, comme les mots en *apostrophe*, *les compléments accessoires* ou *accidentels*, *les propositions incidentes explicatives*, ou pour remplacer un *verbe sous-entendu*. Exemples :

Le temps, *qui change tout*, change aussi nos humeurs.
(BOILEAU.)

Il a dit, *on le sait*, que les humains sont frères.
(VOLTAIRE.)

L'homme est, *dans ses écarts*, un étrange problème.
(ANDRIEUX.)

Je crains Dieu, *cher Abner*, et n'ai point d'autre crainte.
(RACINE.)

Craignez, reprit Mentor, qu'elle ne vous accable de maux.
(FÉNELON.)

Tribuns, vous céderez la place aux consuls.    (LEMARE.)

Le ciel est dans ses yeux, et l'enfer dans son cœur.
(RACINE.)

L'amour de la gloire meut les grandes âmes, et l'amour de l'argent, les âmes vulgaires.    (DOMERGUE.)

**621.** On emploie encore la virgule quand il y a pléonasme, afin de séparer les mots surabondants. Ex. :

*Patrocle et moi*, nous irons vous venger.   (RACINE.)

Et que me fait, *à moi*, cette Troie où je cours ?   (ID.)

**622.** On ne met point de virgule entre deux substantifs, deux adjectifs ou deux verbes qui sont unis par une des conjonctions *et*, *ou*, *ni*. Exemples :

Je ris *et* je pleure. J'irai aujourd'hui *ou* demain. Il ne boit *ni* ne mange.    (ACAD.)

Le sage est ménager du temps *et* des paroles.

C'est votre père *ou* le mien qui viendra.

Ce n'est *ni* vous *ni* moi qui serons de cet avis.
(LUGET-LAMAILLARDIÈRE.)

**623.** Si cependant les conjonctions *et*, *ni*, *ou* étaient répétées plus de deux fois ou si la première proposition avait trop d'étendue, il faudrait employer la virgule. Exemples :

Fénelon réunissait à la fois, *et* l'esprit, *et* la science, *et* la douceur *et* la vertu. (GRAMM. DES GRAMM.)

Le territoire d'Athènes était un terrain très-sec, qui ne renfermait *ni* courant d'eau, *ni* lac, *ni* même beaucoup de fontaines. (BARTHÉLEMY.)

Gertrude était dévote, *et* non point médisante. (VOLTAIRE.)

Votre père est maintenant à Paris, *ou* ne tardera pas à y arriver. (GRAMM. DES GRAMM.)

Tu n'as point l'air de te faire officier,
Ni courtisan, *ni* financier, ni prêtre. (VOLTAIRE.)

### § 4. Du point-virgule.

**624.** Dès qu'une fois le *point* a délimité la phrase, on ne peut plus guère être embarrassé pour le *point-virgule* surtout. La phrase n'a-t-elle que des divisions similaires ? Il faut, comme nous venons de le voir, recourir à la *virgule*. Est-elle divisée et subdivisée ? c'est la *virgule* que réclament les divisions subalternes ; le *point-virgule* est réservé, comme on va s'en convaincre, pour les divisons principales.

Quoique vous ayez de la naissance, que votre mérite soit connu, et que vous ne manquiez pas d'amis, vos projets ne réussiront pas sans l'aide de Plutus. (LA BRUYÈRE.)

Au dehors, le Spartiate était ambitieux, avare, inquiet ; mais le désintéressement, l'équité, la concorde, régnaient dans ses murs. (J.-J. ROUSSEAU.)

On voit que, pour employer le *point-virgule*, il suffit de reconnaître si la phrase a des degrés de division.

**625.** Ainsi donc on emploie le *point-virgule* : 1° pour séparer deux propositions d'une certaine étendue dont la seconde dépend de la première ; 2° pour séparer les parties principales d'une phrase ou d'une période dont les parties subalternes exigent la virgule. Exemples :

L'honneur ressemble à l'œil, qui ne saurait souffrir la moindre impureté sans s'altérer ; c'est une pierre précieuse dont le défaut diminue le prix. (BOSSUET.)

Le tracas des enfants, qu'on croit importun, devient agréable ; il rend le père et la mère plus nécessaires, plus chers l'un à l'autre, il resserre le lien conjugal. (J.-J. ROUSSEAU.)

Parler bien, c'est le talent du bel esprit ;
Parler beaucoup et mal, c'est le défaut du fat ;
Parler peu et bien, c'est le caractère du sage.
(GRAMM. DES GRAMM.)

626. On voit que cette phrase est composée de trois principaux membres dont le premier finit par *bel esprit*; le second, par *le défaut du fat*, et est de même nature que le premier membre duquel il dépend ; c'est pourquoi on a employé le *point-virgule* ; le troisième se termine par *le caractère du sage*, mais attendu que c'est la fin de la phrase, on a dû mettre un *point*.

La phrase suivante donne une idée exacte de l'emploi du point virgule :

Quand la poussière qui s'élevait sous les pieds de tant d'armées, qui sortait de l'écroulement de tant de monuments, fut tombée ; quand les tourbillons de fumée, qui s'échappaient de tant de villes en flammes, furent dissipés ; quand la mort eut fait taire les gémissements de tant de victimes ; quand le bruit de la chute du colosse romain eut cessé ; alors on aperçut une croix, et au pied de cette croix un monde nouveau.
(CHATEAUBRIAND.)

## § 5. Des deux points.

627. On emploie les *deux points* lorsqu'une phrase se coupe en deux parties dont le sens est également complet, mais qui se rapportent l'une à l'autre et annoncent entre elles une liaison.

Il faut autant qu'on peut obliger tout le monde :
On a souvent besoin d'un plus petit que soi.
(LAFONTAINE.)

On ne doit jamais se moquer des malheureux :
Car qui peut s'assurer d'être toujours heureux ?
(GRAMM. DES GRAMM.)

**628.** On emploie encore les deux points dans une phrase à la suite de laquelle on va rapporter les paroles de quelqu'un, ou après laquelle on va énoncer une énumération. Exemples :

Alors Narbal dit : Vous voyez, ô Télémaque, quelle est la puissance des Phéniciens. (FÉNELON.)

Souvenez-vous de cet adage : Aide-toi, le ciel t'aidera.
(LAFONTAINE.)

L'aigle de la montagne dit un jour au soleil :
Pourquoi luire plus bas que ce sommet vermeil ?
( LAMARTINE. )

Les rois font des hommes comme des pièces de monnaie : ils les font valoir ce qu'ils veulent, et l'on est forcé de les recevoir selon leur cours et non pas selon leur véritable prix.
( LA ROCHEFOUCAULD )

**629.** On pourrait ponctuer cette dernière phrase d'une autre manière et mettre le *point* à la place des *deux points* : Les rois font des hommes comme des pièces de monnaie. Ils les font valoir, etc. Mais alors elle cesserait d'être un tout. Le style, au lieu d'être périodique, serait coupé.

Ainsi donc le point se met après un discours, une période, ou une phrase entièrement finie.

Les lois étaient en oubli, les finances au pillage, la discipline à l'abandon. (MARMONTEL.)

Tous les livres, tous les discours des sages, toute l'antiquité nous met des exemples devant les yeux.
( *Pensée de* CICÉRON. )

### §.6. Du point interrogatif.

**630.** On place le *point interrogatif* après une phrase qui exprime l'interrogation. Exemples :

Qu'ai-je entendu, seigneur ? Quels bruits, quelles alarmes,
Quels dangers imprévus, quel dessein odieux
Trouble votre repos, vous attire en ces lieux ?
(CAMPISTRON.)

9

> Mais parle, de mon sort qui t'a rendu l'arbitre ?
>                              (GIRAULT-DUVIVIER.)

**631.** Quoique la phrase ne soit pas construite interrogativement, il faut encore employer le *point interrogatif* si le sens est interrogatif :

> Tu n'as point d'aile, et tu veux voler ? Rampe.
>                              (VOLTAIRE.)

> Un précepte est aride ? il le faut embellir ;
> Ennuyeux ? l'égayer ; vulgaire ? l'ennoblir.     (DELILLE.)

Mais on dira bien sans le *point interrogatif* : l'interroge-t-on, il se tait. Ici la phrase, quoique construite interrogativement, n'a pas le sens d'interrogation. C'est comme s'il y avait : *si on l'interroge*, il se tait.

### § 7. Du point exclamatif.

**632.** Le *point exclamatif* se place après les phrases qui expriment la *tendresse*, la *pitié*, la *surprise*, la *douleur*, la *crainte*.

> A tous les cœurs bien nés que la patrie est chère !
>                              (CORNEILLE.)

> Grands dieux ! que mon amour ne lui soit point funeste !
>                              (RACINE.)

> Hélas ! à quoi nous sert dans la nuit du tombeau
> D'avoir porté le sceptre ou le rateau ?     (THOMAS.)

**633.** Souvent l'exclamation a la forme interrogative : suis-je assez malheureux !

> Quoi ! vous osez, dit-elle, à mes yeux vous produire,
> Après que votre race a tâché de me nuire !
>                              (LAFONTAINE.)

> Que vois-je ! cria-t-il.     (LEMARE.)

On voit que l'exclamation, comme l'interrogation, peut être dans la forme même de la phrase ou seulement dans le ton.

### § 8. Des points suspensifs.

**634.** Les *points suspensifs* annoncent réticence ou désordre, ou interruption dans le sens; on en met trois, au plus quatre. Exemples :

> Montre-lui cet écrit.. qu'elle tremble.... et soudain
> De cent coups de poignard que l'infidèle meure.
> Mais avant de frapper... Ah! cher ami demeure.
> (VOLTAIRE.)

> J'aime.... à ce mot fatal je tremble, je frissonne.
> (RACINE.)

### § 9. Du trait de séparation.

**635.** Le trait de séparation indique le changement d'interlocuteur et sert à éviter la répétition fréquente des mots : *dit-il, reprit-elle,* etc. Exemples :

> Quand tout fut accompli, reprenant la parole; — « Jocelyn,
> me dit-elle, encore, encore un don! » — Et lequel, ô ma mère? »
> —Oh! mon fils, ton pardon. »          (LAMARTINE.)

> Jouis — Je le ferai — Mais quand donc ? — Dès demain.
> — Eh! mon ami, la mort peut te prendre en chemin.
> (LAFONTAINE.)

### § 10. De la parenthèse.

**636.** La parenthèse sert à renfermer certains mots isolés qu'on pourrait retrancher, mais qui servent cependant à l'éclaircissement d'une phrase. Ex. :

> La peste ( puisqu'il faut l'appeler par son nom ),
> Capable d'enrichir en un jour l'Achéron,
> Fesait aux animaux la guerre.          (LAFONTAINE.)

> Je croyais, moi, (jugez de ma simplicité ),
> Que l'on devait rougir de la duplicité.          (DESTOUCHES.)

### § 11. Des guillemets.

**637.** On place les guillemets au commencement et

à la fin d'une citation et quelquefois au commencement de chaque ligne qui la compose. Exemples :

M. Royer-Collard a dit : « Il s'agit de savoir si la société appartient aux fonctionnaires, ou si les fonctionnaires appartiennent à la société. »

Lacretelle a dit : « Le plus grand crime que puissent commettre des magistrats, c'est de méconnaître une loi d'amnistie. »

M. de Ségur met ces paroles dans la bouche d'Alexandre : « On m'assure en vain que je suis le fils de Jupiter; cette plaie me fait trop sentir que je ne suis qu'un homme. »

FIN.

---

# TABLE DES MATIÈRES.

FIN.

# EXTRAIT

*Des procès verbaux des séances de la Société d'Emulation pour le perfectionnement de l'Instruction primaire en France, sous la présidence de M. TAILLEFER, chevalier de la Légion d'honneur, doyen des Inspecteurs de l'Académie de Paris.*

———

Les Pourquoi et les Parceque de la langue française. Prix, 1 fr. 50, et par la poste, 2 fr. 15 fr. la douzaine.

Cet ouvrage est bien fait pour piquer la curiosité. Les auteurs, dont l'expérience en grammaire est depuis long-temps reconnue, réfutent d'une manière triomphante, avec les faits à la main, près de 300 erreurs qu'ils ont trouvées dans les grammaires les plus répandues, et principalement dans celle de MM. *Noël* et *Chapsal.* Toutes les personnes qui s'occupent de l'enseignement et de l'étude de notre langue, ne peuvent se dispenser de le consulter; elles y trouveront, outre de nombreuses anecdotes grammaticales, qui rendent la lecture de ce livre fort intéressante, une foule d'aperçus nouveaux et d'idées justes, qui contribueront, nous en sommes sûrs, aux progrès de la science.

LES CLASSIQUES ET LES ROMANTIQUES, ou LEÇONS ANALYTIQUES de LITTÉRATURE et de STYLE, basées sur l'examen critique et raisonné du style des écrivains les plus célèbres, depuis Louis XIV jusqu'à nos jours; 50 livraisons de 32 pages in-8°, beau papier satiné, 50 cent. la livraison pour Paris et 60 c. par la poste. Publié sous la direction de MM. CH. MARTIN ET BESCHERELLE, aîné. 16 livraisons ont déjà paru.

Cet ouvrage est une des publications les plus vivement désirées depuis longtemps dans l'instruction publique. En effet, à l'exception de quelques personnes qui ont des connaissances spéciales sur une ou plusieurs époques de notre littérature, la foule des lecteurs n'a point étudié nos grands écrivains, sous le rapport à la fois littéraire et grammatical. Il était donc important qu'on fît un travail sur chaque auteur, où l'on développât les principes qu'il a posés, comme *penseur*, comme écrivain, comme artiste. et où l'on accompagnât ces intéressant détails d'une notice de ses œuvres, afin d'en donner une idée bien précise. MM. Ch. *Martin* et *Bescherelle*, aidés de *littérateurs* et de *grammairiens* de leur choix, ont comblé cette lacune de notre littérature, dont ils offrent un *Cours analytique et pratique* bien plus utile que tous les prétendus cours de ce genre, qui n'offrent jamais qu'un choix de morceaux extraits de nos bons auteurs, sans aucune critique de style. Les maîtres, ainsi que les élèves, y trouveront des principes sûrs pour se former le goût et se perfectionner dans l'art si difficile de bien parler et de bien écrire. C'est un traité raisonné de la narration.

## RÉSUMÉ DE L'HISTOIRE DE FRANCE ; 1 fort vol.,

belle édition, avec six tableaux chronologiques et quatre cents questions sur les faits les plus importants de notre histoire ; donnant les inventions et les découvertes de chaque règne. Prix, cartonné 0, 90 cent.

La plupart des auteurs se sont bornés à des nomenclatures de dates et de noms, dont la sécheresse détourne les enfants de l'étude si importante de l'histoire de leur patrie. Loin d'imiter ses devanciers, M. *Ch. Martin*, tout en donnant les faits qu'offre l'*Histoire de France*, s'est attaché à faire comprendre aux enfants les lois progressives de notre civilisation, l'importance d'une invention ou d'un évènement sur toute notre époque, la grande influence du Christianisme sur notre législation, sur nos mœurs, sur notre littérature. Toutes ces grandes questions, dont les conséquences morales sur l'avenir sont développées d'une manière tout-à-fait élémentaire, rendent cet ouvrage précieux à l'enseignement primaire.

## LECTURES MORALES ET RÉCRÉATIVES, dédiées à

la jeunesse, 1 vol. in-12 ; prix, cart. 9 fr. la douzaine.

Une sage pensée a guidé l'auteur, en donnant pour base à son ouvrage la religion et la morale. Offrir aux enfants, dans de touchants récits, les sublimes vérités de la Foi, leur prouver qu'elles sont en harmonie avec les lumières de la *raison*, c'est préparer ces jeunes enfants à une vie vraiment chrétienne. L'*Histoire d'Alfred* ou *l'Amour filial* saura émouvoir en eux cette sensibilité profondé qui porte l'enfant à se dévouer pour sa mère dans les jours d'infortune. La *Vanité corrigée, Curiosité et Indiscrétion, l'Orphelin, Châtiment et Repentir*, etc., présentent les sujets les plus capables de porter les enfants à la vertu. Les maîtres trouveront donc dans ce bon livre une source de leçons utiles et de nobles préceptes pour leurs jeunes élèves.

ABRÉGÉ DE LA GRAMMAIRE POPULAIRE, un beau vol. grand in-18; prix, cartonné, 7 fr. 20 c. la douz.

Depuis longtemps on réclamait de toutes les parties de la France un abrégé de cette *Grammaire*, surnommée à juste titre *populaire*. Malgré la clarté et la simplicité de cet excellent ouvrage élémentaire, il s'y trouve encore plusieurs règles et une foule d'exercices peut-être trop relevés pour les enfants du premier âge. M. Ch. Martin acquiert donc un nouveau titre à la reconnaissance des instituteurs en rendant accessible, même à la première enfance, la *méthode-pratique* qu'il a si heureusement mise en pratique dans nos écoles élémentaires et supérieures.

ART D'ENSEIGNER LA LANGUE FRANÇAISE, 1 beau vol. in-12; prix cart. 1 fr. 75.

Il ne suffisait point de donner aux élèves une *Théorie* simple, une *pratique* facile; il fallait encore offrir aux maîtres un *Guide* sûr qui les aidât dans l'enseignement si délicat de la grammaire. M. Ch. Martin est le premier qui ait songé à diriger ainsi le maître, toujours abandonné à sa faible expérience dans des fonctions telles que le grammairien lui-même y éprouve de grandes difficultés. Aussi est-ce par cet ouvrage que M. Ch. Martin a le mieux mérité de l'instruction primaire en France. De sages observations, d'utiles conseils répétés à chaque page, révèlent au maître les points difficiles à saisir, la manière de les développer aux enfants, les exemples qu'il faut employer pour les résoudre. Par cette méthode, en quelque sorte toute paternelle, l'instituteur trouve une marche toute tracée; il peut guider sûrement ses jeunes élèves à travers toutes les difficultés de la grammaire, en passant graduellement du connu à l'inconnu.

COURS PRATIQUE DE COSMOGRAPHIE ET DE GÉOGRAPHIE, appliquée surtout à l'étude de la

France, avec questionnaires et problêmes. Par MM. Ch. Martin et Edouard Braconnier ; 1 beau vol. in-18 ; prix , cartonné. 9 fr. 60 c. la douzaine.

Tandis que les feseurs de *géographies à l'usage de la jeunesse* ne s'occupent qu'à recueillir mille détails sur une foule de pays presque inconnus, ils négligent l'étude si indispensable de la France. MM. *Ch. Martin* et *Edouard Braconnier* ont au contraire négligé les détails des contrées lointaines, pour concentrer toute l'attention des enfants sur l'étude *si nationale* de leur patrie. MON PAYS AVANT TOUT : telle est leur devise, et on doit y applaudir. Après avoir donné toutes les notions les plus utiles sur la *cosmographie* et la *géographie physique et générale*, ils ont traité la France d'une manière toute spéciale, sous les rapports historique, descriptif, administratif, commercial, etc. Ils ont enrichi surtout leur ouvrage de nombreux QUESTIONNAIRES, et d'une foule de PROBLÈMES aussi intéressants que variés, dont le but est d'exercer à la fois la mémoire et l'intelligence des enfants. Il faut espérer que cet utile ouvrage remplacera bientôt partout ces productions stériles qui inondent malheureusement nos écoles.

**ANALYSE GRAMMATICALE RAISONNÉE, 1 vol.** in-12 ; prix, cartonné 0, 80 c. Neuvième édition.

**ANALYSE LOGIQUE RAISONNÉE , 1 vol. in-12;** prix cart. 0, 80 c. Neuvième édition.

*Pour élever un enfant jusqu'à soi*, a dit sagement M. Ch. Martin, *il faut savoir descendre jusqu'à lui.* Ce principe vrai révèle dans l'auteur l'expérience qu'il a acquise dans l'enseignement primaire. Convaincu de l'importance que *l'analyse logique et grammaticale* a dans l'enseignement de la grammaire, il résolut de les mettre à la portée des enfants, suivant les principes qu'il avait posés *dans la grammaire populaire* et dans l'*Art d'enseigner la langue française.* Le succès a couronné son entreprise, et les deux ouvrages ont été justement appréciés par les instituteurs.

**PETITE GÉOGRAPHIE POPULAIRE**, appliquée surtout à l'*Étude de la France*; avec questionnaires, 1 vol. in-18 ; prix, cartonné 7 fr. 20 c. la douzaine.

Ce petit ouvrage est l'abrégé du COURS PRATIQUE cidessus. Les auteurs ont sagement agi en offrant ainsi

enfants de [...] un livre tout-à-fait élémentaire. [...] notions trop élevées de la cosmographie ont [...] fidèles à leur principe de nationalité,
[...] une étude toute spéciale de la France :
[...] tour, telle est toujours leur devise. La
[...] et la précision qui règnent dans ce petit ouvrage
[...] rendent très-précieux à la première partie de l'enseignement primaire.

DICTIONNAIRE GRAMMATICAL, CRITIQUE ET
PHILOSOPHIQUE DE LA LANGUE FRANÇAISE,
1 fort vol. grand in-8°, de plus de 700 pages ; prix,
broché 5 fr.

On sait quel accueil bienveillant les journaux de la
France et de l'Étranger firent à cette importante publi-
cation, lorsqu'elle parut. Depuis long-temps, les amateurs des études sérieuses sur notre belle langue, récla-
maient un recueil complet des difficultés qu'offre notre
grammaire, soit dans l'origine des mots, soit dans leur
définition, soit dans leur forme ou leur emploi. Pour cela,
il fallait joindre à des connaissances très-étendues sur
notre belle langue, un goût sévère, un style pur, une logique serrée et surtout une grande habitude de la discussion. M. Vanier, dans son judicieux travail, a fait preuve
de ces belles qualités rarement réunies. Aussi son ouvrage restera-t-il comme un de ces grands monuments
littéraires de notre époque. Les observations de l'auteur
ont de la profondeur, sans tomber dans l'obscurité ni
dans l'abstraction ; la critique, toujours noble, offre ce ton
d'urbanité qui décèle une âme toute française. Enfin,
les solutions qu'il a données d'une foule de questions
mal observées, mal résolues ou livrées à l'arbitraire, lui
ont concilié l'estime de tous les amateurs du beau, du
vrai et du solide. Le *Dictionnaire grammatical* sera donc
le complément nécessaire des études que les professeurs,
les instituteurs et les institutrices ont faites sur la langue
française.

TABLEAU SYNOPTIQUE DES QUATRE CONJUGAI-
SONS, à finales rouges et radicaux ; ouvrage adopté
par l'Université ; sur deux feuilles jésus, avec un livre
d'instruction ; prix 2 fr. 50 cent.

On sait combien grande est pour les enfants la difficulté
du verbe, lorsqu'ils commencent à étudier

la grammaire. M. *Vanier* a heureusement levé cette difficulté par son tableau synoptique. Cet ingénieux procédé
offre à l'enfant qui conjugue un verbe le système complet des terminaisons qu'un verbe peut admettre dans
l'une des quatre conjugaisons. L'enfant comprend donc
parfaitement qu'il lui suffit d'ajouter à ces terminaisons
la partie immuable du verbe appelée *radical*, qui représente l'état ou l'action qu'on affirme. L'adoption du Conseil royal n'a fait que confirmer l'estime que tous les maîtres ont pour cet utile travail.

ARITHMÉTIQUE RAISONNÉE, à l'usage des Écoles
    primaires ; 1 fort vol. in-12 ; 1 fr. 50 ; par M. Baget.

Nous ne manquons certes pas de Traités d'Arithmétique ;
mais les uns, fruits des méditations de nos maîtres habiles,
s'élèvent trop haut dans la science pour être compris des
jeunes enfants et ne sont par conséquent guère propres
aux élèves des écoles primaires. Les autres moins scien-
tifiques et généralement peu volumineux, n'offrent aux enfants que des extraits incomplets ou des préceptes sans
théorie, ou trop de théorie et pas assez de préceptes ; la
plupart surtout pêchent par la méthode.

M. Baget, l'un de nos plus habiles professeurs de mathématiques, a senti que pour faire une bonne arithmétique
des écoles primaires, il ne s'agit pas de démontrer à com-
biner machinalement des chiffres, mais que cette science
doit au contraire aider au développement de l'intelligence
par le secours des chiffres. Son ouvrage nous a paru renfermer une innovation importante. Jusqu'ici on confondait,
bien à tort sans doute, le *calcul* avec l'*arithmétique*. Il était
essentiel à la prospérité de cette science que la distinction
qui sépare ces deux choses fut nettement déterminée. C'est
ce qu'a fait avec un vrai triomphe M. Baget. Non seulement il montre le calcul proprement dit ; mais, par des
procédés qui n'appartiènent qu'à lui, il en démontre l'intelligence. Son ouvrage, essentiellement pratique et basé
sur la méthode des faits, fera faire un pas immense à la
science. Aussi maîtres et élèves trouveront-ils beaucoup à
apprendre dans ses leçons d'arithmétique raison-

PARIS. — Imprimerie d'AMÉDÉE SAINTIN, rue S...

www.ingramcontent.com/pod-product-compliance
Ingram Content Group UK Ltd.
Pitfield, Milton Keynes, MK11 3LW, UK
UKHW020154130726
13696UKWH00002B/510